正常就好

正常就好

郭于華

香港城市大學出版社
City University of Hong Kong Press

國際統一書號：978-962-937-567-6

出版

　　香港城市大學出版社
　　香港九龍達之路
　　香港城市大學
　　網址：www.cityu.edu.hk/upress
　　電郵：upress@cityu.edu.hk

When You Could Be Normal
(in traditional Chinese characters)

ISBN: 978-962-937-567-6

Published by

　　City University of Hong Kong Press
　　Tat Chee Avenue
　　Kowloon, Hong Kong
　　Website: www.cityu.edu.hk/upress
　　E-mail: upress@cityu.edu.hk

Printed in Hong Kong

目錄

作者序

我們似乎活在一種荒誕之中，匪夷所思之事應接不暇，荒唐怪誕之事常常後浪撲倒前浪，一波甚於一波；然而我們卻對荒誕習以為常，安之若素，彷彿不關心問題就不存在，閉上眼就歲月靜好。荒誕荒唐是社會生態惡化的表現，而社會病症有其內在的結構肌理和制度機制。

新時期中國的社會轉型，是以 70 年末 80 年代初的經濟制度變革為起點的，而且是從農村改革開始的。這一社會轉型過程，就是從計劃經濟體制向市場經濟體制的轉變，這一真正意義上的改革進行了將近十年就停滯了，不但停滯，而且出現了倒退的趨勢。今天大家在說，「改革進入了深水區」，根據常識性的理解，深水區意味着，能改的都改了，剩下都是改不動的，改不動的是什麼？是制度，這個制度是改不動的。簡單說就是權力沒有受到限制，這是最根本的問題。

改革關係到普通人的日常生活，或者說普通人的日常生活與制度的好壞直接相關。雖然有些人說，普通民眾不關心體制問題，不關心姓資姓社的問題，只要日子好過，生活有盼頭就可以了；憲政民主自由，是學者關心的事。實際上，普通人的生活好不好，是不是一個比較幸福的生活、有尊嚴的生活，與制度是直接相關的。大家會討論改革的成本收益問題，代價與好處的問題，以社會學的視角來看，不僅要看成本收益，更要關注「誰」的問題：誰從改革中獲益，誰獲益最多，而且每次改變都獲益；誰承擔了最大的代價而沒有獲得多少好處，而且

每一次改變都是他們在承擔代價；什麼樣的結構位置使得他們得到好處和付出代價。

我們怎麼走出轉型的困境？中國能不能走出這樣的困境？問題在於，中國是無路可走嗎？是不知道該往哪裏走嗎？是不是還要繼續在河裏摸三十年石頭？我認為非不能也，不為也。改革有時不一定非要做什麼，可以從不做什麼開始，不做的意思就是你放手，放開；放鬆緊繃的神經——改變敵對思維和高壓維穩，放開緊握的拳頭——不要把各種各樣持不同意見的人都視作敵人。社會轉型的路途可以開始走，哪怕走得慢，哪怕走走停停，哪怕步子邁得很小，都沒有關係，你先走起來。

龐大而不受制約的權力是一種理性的僭越和致命的自負。歷史已經清楚地證明：以最平等、最理想、最美好社會作為終極目標來追求，而且為達至目標不擇手段，不惜代價，最終必然導致巨大的災難性後果。我們應重溫蘇格拉底的名言：「認識人的無知乃是智慧之源」。文明並不是由理性的設計而來，那種認為人已然擁有了一種建構文明的心智和能力，從而應當按其設計創造文明的觀念，是一種謬誤。

一個社會向文明的演進，需要公民的參與和行動。我們着眼於公民的成長和社會的發育，在生長過程中形成推動變革的力量。作為長期研究社會基層的學者，本書寫作意在從社會學視角討論公共議題，努力呈現我們身在其中的社會生態諸相，以學術性和公共性相結合的方式，探尋走出困境的可能性，即如何形成良性社會生態，如何促成社會的正常發育，以及作為普通人在推動社會走向文明的過程中應該和能夠做些什麼。

要求不高，正常就好。

郭于華

社會生態與「平庸的惡」

1 勿因平庸而作惡

　　我所居住的小區近日正上演一場「綠地風波」：事情並不罕見，部分業主佔用公共綠地，破壞原來種植的草木，圈為私有種瓜種菜，更有甚者竟然在綠地上搭建房屋開辦「社區超市」。對此另一些業主在社區網上強烈抨擊，要求物業和有關部門進行管理，也呼籲廣大業主起來抵制。一位網友用了「自私，無恥，冷漠，殘忍和卑鄙」，以及「混蛋的理由」，總而言之是「醜陋」來形容和批評這種損公肥私的作為。令人多少有些匪夷所思的是，這位網友並未得到預想中的大多數人的支持，反而遭到不少網友以較之激烈、惡毒得多的話語進行的反擊。幾個回合下來，反倒是批評者被版主以言辭「惡毒、極端」為由、以「和諧社區」為名封了 ID。

　　這場「風波」至今仍未平息，侵佔綠地的行為也愈演愈烈。這不能不讓人感到有些驚詫：我們還有基本的是非觀念嗎？我們喪失了分辨善惡的能力了嗎？侵佔公共物品的不是惡，批評侵佔行為「只是語言刻薄一些」的反而是惡？以鄰為壑的行為沒破壞和諧，抨擊這類行為反倒破壞了和諧？這到底是什麼邏輯？這類煩人瑣事迫人思考有關人性善惡的問題。當然，普普通通的市井小民，所為醜行惡行也無非是：喜歡喧嘩，給周圍鄰居製造噪音；喜歡溜狗卻不喜歡拴狗鏈，給孕婦、孩子帶來

＊　本文原載於《SOHO 小報》，2009 年第 102 期，北京：SOHO 中國。

驚嚇；喜歡在垃圾箱裏掏弄廢品，同時把垃圾散落一地破壞環境；喜歡佔小便宜，有時捎帶小偷小摸順走他人財物；特別是喜歡侵佔公共物品，諸如用公共水源澆自家瓜菜、拆除公共設施用於自家庭院建設，還有就是侵佔公共空間私搭亂建或私栽亂種，這也算是同類行為中最讓人難以忍受的了。不難判斷，這些做法並非極端的惡行，這些普通人更決非大奸大惡之人。

我自己也直接批評了鄰居侵佔公共綠地種菜的行為，但得到的回答卻頗耐人尋味：「最高領導都不遵從自己制定的法律，你怎麼不去批評他們？」這個問題可轉換為，平民百姓的平常之惡與體制弊端有什麼關係？思想家漢娜‧阿倫特（Hannah Arendt）提出的「平庸的惡」概念可以恰如其分地描述這類行為。

所謂「平庸的惡」是相對於「激進的惡」而提出的，在阿倫特意義上，「激進的惡」是原創的、既無法懲罰也無法饒恕還無從解釋的極端邪惡，例如納粹德國針對猶太人的種族滅絕，就無法用自私、縱欲、貪婪、怨毒、嗜權、懦怯這些動機加以解釋；而「平庸的惡」出自阿倫特所觀察到的納粹分子阿道夫‧艾希曼（Adolf Eichmann）在耶路撒冷的受審：這稱得上是個彬彬有禮的人，他在種族屠殺中犯下彌天大罪，而他的犯罪動機卻是極平常的「服從命令」和「盡忠職守」。他所體現的「平庸的惡」就是因「不思想」而失去判斷是非的思考能力。於此借用「平庸的惡」這一概念，主要不是關注「極權制度下個人的道德責任」，而是理解「喪失判斷是非能力」所導致的災難性後果。艾希曼強調「自己只是龐大系統中的一個小齒輪」，從而使得納粹的彌天大罪具有了「平庸」的特徵。而在阿倫特看來，正是由於人們輕易地放棄了個人判斷的權利，一個個的艾希曼、一樁樁「平庸的惡」共同成就了「極端邪惡」的實現。在特定制度下，人們的「不思想」和麻木「所造成的災難可以超過人作惡本能的危害的總和」。

這一判斷並非危言聳聽，不思想、無是非和麻木不仁已經極大地腐蝕戕害了社會肌體，甚至造成孫立平所說的「社會的潰敗」[1]。從山西「黑磚窰」，到「三鹿」毒奶粉，從至今仍是一團迷霧的湖南黃靜案到湖北高鶯鶯案，從「躲貓貓」到「七十碼」……從我們日常經歷的種種不安全、不合法、不公正，我們一再感受到的權力因腐敗而失控、信息因掩蓋而失真、普通人因冷漠而不思考、不行動，這些都是「平庸的惡」之惡果。為實現一己之利不惜傷天害理，面對他人痛苦無動於衷，「平庸的惡」一旦彌漫，就意味着人們精神世界的毒化，意味着整個社會生態的惡化。如若我們生存的社會變成一個叢林法則統治的「黑磚窰」，沒有人可以倖免。「平庸的惡」，會把整個民族帶入萬劫不復之地，可以毀掉整個世界。

「平庸的惡」源於同樣平庸的人性弱點：人是趨利的動物，自私自利是其本性；但人同時又是社會性動物，必須生活於群體之中，必須與作為同類的他人相處與合作。因而作為人就必須思考如何滿足自身利益而又不傷害他人的生活方式，思考的結果就是制定公正的遊戲規則——制度，從而達到"living and let living"自己活也讓他人活。這件事說起來簡單做起來並不容易，否則就不會有古往今來大大小小不斷上演的矛盾、衝突、爭奪和戰爭。建立和實施好的制度、規則要有思想和理性，要有大智慧。就此而言，不思想、非理性，黑白不分，是非不明，是平庸之惡的來源。

人性本善還是人性本惡，這亙古長存相伴人類的永恆命題，恐怕也是永遠沒有答案的問題。在我看來，這個問題只可在哲學層面討論，卻沒必要在現實中爭論。現實中只需解決用

1　2010年，清華大學社會學系教授孫立平於網上發表了一篇名為〈中國社會正在加速走向潰敗〉的帖文，引發極大迴響。

什麼方式限制作惡，並且促使人性向善而避惡。人們曾就此開出了各種治世藥方——道德的、宗教的、文化的、制度的。我認為，只有通過社會建設和制度建設，具體而言就是培育公民精神和公民社會、在公共領域中確立規則，才能克服和抑制「平庸的惡」。侈談人性善性，沒有意義；僅僅訴諸於道德，對於根本不講德性之人毫無約束力；把中國人的種種毛病歸之於文化傳統，更是自己不行賴祖宗的推脫責任：先人早就說了：「人之初，性本善」，我們為什麼不努力向善？祖宗早就強調了「己所不欲，勿施於人」，為什麼還有那麼普遍的損人利己、以鄰為壑的行為？我們更不能仰仗於意識形態的教化，意識形態是統治的思想，是權力的工具，決無可能真正約束權勢者和教化普通百姓。唯有從制度入手，建立人類社會的遊戲規則，並且在實踐這類規則的同時不斷地完善它，才有可能抑制「平庸的惡」。

只有在能夠約束人性之惡的合理制度下，我們才有可能說：我本凡俗，亦很平庸，但勿因平庸而作惡。

2　黑窯之惡 文明之痛

　　山西的黑磚窯事件像一塊燒紅的烙鐵，灼痛了許多人的心。人們的震驚、憤怒、悲哀，甚至絕望的心情都不難感同身受。而痛定思痛之時更需思考的是這「陽光下的罪惡」是如何發生的？是什麼讓奴隸制的悲劇出現在21世紀的今天？

是什麼將人性之惡發掘到極致？

　　黑窯奴工們一張張烏黑的臉、襤褸的衣衫、傷痕累累的身體、充滿驚恐或呆滯、麻木的眼神，都讓人痛徹心扉地感受到黑窯之惡，那不是一般的惡，而是大惡、極惡。將人甚至未成年人、殘障人當作牲畜一般地役使、驅趕、殘殺。是什麼使天良喪盡？又是什麼把人性中最黑暗的一面展露無遺？人們對如此罪惡的憤怒首先自然集中在直接的行惡之人——黑窯主、包工頭、打手們身上，人們也必然發出疑問：難道他們不是父母生養的？他們的心不是肉長的？沒有人生來就是邪惡坏子、禽獸不如，究竟是什麼將人心中的惡發掘到極致？黑窯之惡是人性之惡？資本之惡？還是權力之惡？

　　有人將黑磚窯事件概括為「非法用工」問題，認為「對於違法用工情況，勞動合同法是可以管住的」，進而認為「保護勞動

者合法權益需明確政府有關部門及其工作人員的法律責任」；也有人將黑窯之惡歸結於資本的血腥：資本的本性就是不擇手段地追逐利潤，黑窯生產過程與資本原始積累過程可有一比；還有人認為「黑窯最根本的問題是文化，是文化的核心——道德人倫的沉淪」[1]。這些分析或許都不無道理，但也都未切中要害，有的甚至是避重就輕，或顧左右而言他。有關負責人的道歉總結更是引起群情激憤：黑窯的存在「暴露出山西在農村地區勞動用工和流動人口管理方面存在着明顯的漏洞和薄弱環節，以及政府監管不到位等嚴重問題」，「這暴露一些黨政企幹部，政治素質不高，政治敏銳性不強……」[2]。

當然，更多的批判將矛頭直接指向權力關係、制度原因，特別是地方政府的不監管，不作為，甚至其本身黑惡化。著名評論家鄢烈山指出：「如果瀆職的官員受到的是真正『嚴肅的黨紀政紀處分』和刑事追究，誰敢草菅人命絕無好下場，我相信中國的局面定會有大改觀。」「『善有善報，惡有惡報』如果不是一句空話，『人性』是不會這般變態的。」張鳴用「地方政府制度性的冷漠」概括黑窯事件的癥結。笑蜀則明言：「那樣大規模地，長時間地維持的奴工產業鏈，沒有公權力的配合，是完全無法設想的。」

簡而言之，如果沒有權力的黑惡化，人性不會變得如此邪惡，人心不會如此麻木，資本的殘酷剝奪也不至發揮到如此淋漓盡致。制度、文化、人性惡性互動，共同在「黑窯」中淪陷。

1　王大麻子，〈黑窯——文化沉淪於無底深淵的見證〉，見https://www.16lo.com/article/421764。

2　〈山西省長就黑磚窯事件道歉〉，見http://news.sohu.com/20070623/n250727785.shtml。

以謀利為目標的權力

對權力的惡化和黑惡權力的邏輯還需具體分析。

以黑窯典型洪洞縣曹生村王兵兵的磚窯為例：據有關報道，從 2004 年開始，王兵兵在山上開磚瓦窯。「那幾年，王兵兵也沒有賺多少錢」，「因為規模不大，且僱傭的是當地人，每天工作八九個小時就回家了，工錢還不能拖欠，有的工人還經常曠工」。因此王兵兵的產量上不去，利潤很微薄。但在 2005 年底，王兵兵的「轉機」到了。他去運城修磚機時，認識了運城包工頭衡庭漢。幾次洽談後，王兵兵請衡庭漢去洪洞發展。條件是：王把磚窯承包給衡，並以每一萬塊磚 360 元的價格收購衡生產出來的所有的磚。2006 年正月，衡庭漢自帶二十多個工人來到王兵兵磚窯，其中有怯生生的小孩，也有一走一瘸的傻子。衡對村民們説，這些工人都是他老鄉，他們家裏困難，就帶出來賺點錢，他們的工資由衡回去時親自交給他們的家長。隨後，村裏人多次發現，人販子陸續帶工人來到磚窯廠。包工頭衡庭漢則以工人的「質量」估價，一般是孩子和傻子的價格是每人 300 元，正常成年民工是每人 500 元。據後來警方發佈的信息，衡庭漢曾從運城一個關閉的磚場拉來了 20 名工人，後來又增加了十幾個，所有被騙的 31 名人員，分佈於全國 12 個省，但都是從西安車站、鄭州車站和運城磚場脅迫、誘騙而來。其中癡、呆、傻等智障人員有 9 名。

黑磚窯的生產就這樣運轉起來。窯主和包工頭在瘋狂獲取利潤的同時拼命節省「成本」：工人們一年創造價值約三十萬元，但卻沒有獲得一分錢的報酬，得到的是非人的待遇，甘肅民工劉某還命喪打手的鐵鍬之下。

包工頭為獲取更多的利潤請來六名打手，監督工人們幹活，動作稍慢的工人就會遭到毒打；另外，無情延長勞動時間。來自四川的民工老鄧說，「每天天亮就起來幹活，深夜才讓睡覺，除了吃飯時間外，大家都是在機械地幹活。」每天工人們幹活時間達到 15 至 16 個小時。31 名工人吃的是便宜的饅頭、沒有油的白蘿蔔湯和白菜湯，三個月也見不到一次葷菜。工人們連洗臉、理髮等生活必須的消耗都免了。與王兵兵前幾年辦的磚廠先比，衡庭漢手下的工人因為不是本地人，要「好管理得多」、「產出也很高」。

　　有人為王兵兵的黑磚窯算過一筆帳，根據王兵兵妻子張梅記的帳目，衡庭漢承包一年多以來，共產出 300 萬塊磚。記者在當地了解到，當地成品磚的市場均價在 0.10 元左右；也就是說，31 名工人一年時間直接創造價值為 30 萬元。包工頭將這些磚以「每一萬塊 360 元」的事先約定賣給窯主王兵兵，按這個價格計算，衡庭漢從王兵兵手中共獲得 10.8 萬元。這些錢除去需要支付的六個打手的工資、以每人 300 至 500 元價格從人販子手中收購工人的錢、工人們每天吃饅頭和蘿蔔白菜的生活費用，就是包工頭衡庭漢的所得。不難想像他當然要盡可能把「成本」壓到最低。

　　窯主王兵兵在這一年多時間內賺得六萬元利潤。但這還不是他能拿到手的收入，據了解，一年中王兵兵磚廠向廣勝寺礦管所交了 2,000 元罰款（沒有開具任何收據）。礦管局的工作人員說罰款數額應為 4,000 元，還幾次上門來催繳。2006 年 4 月 18 日，監察隊曾去過王兵兵窯場，要求立即停產，恢復地容地貌，但同時還要按照磚窯每月燃燒的煤和排除的廢氣收取排污費用。對此也不難想像，窯主除了保住自己的收益，哪還會去管工人的死活？

從有限的信息中已經可以看出，有關的管理部門只收取罰款和相關費用，但對磚窯用工情況卻毫無監管，全不作為。官員為什麼瀆職？權力為什麼不作為？原因之一在於黏土磚的生產利潤實在太過微薄，無多少利可圖。對比一下同在山西的「官煤勾結」現象就不難得到上述的判斷。有「官煤勾結」而無「官磚勾結」，昭示出謀利型權力的實作邏輯：有利則爭利；無利則放棄。這正是黑窯之惡得以形成的制度條件。

底層叢林社會的形成

　　被權力和治理放任和拋棄的社會底層，其生態無疑會迅速惡化。

　　黑窯奴工的形象和境況令人心痛，而被曝光和落網的黑窯主、包工頭和打手們的光景也多少出乎人們的想像。這些惡人並不是腦滿腸肥、衣着光鮮的權勢者形象，而是與普通農民、農民工相去不遠。事件當事人中最大的官是窯主王兵兵的父親，不過是一個村的黨支部書記、縣人大代表；惡包工頭衡庭漢本身也是打工出身；而致人死命的打手趙延兵，原本就是磚廠工人，自己就曾被衡庭漢用氣筒打破了頭，後來被發展成打手。這些人本來也應歸入社會下層，當然這並不能為他們的罪大惡極辯護，更不能成為他們逃脫法律制裁的藉口。但我們需要警醒和思考的問題是，同屬社會下層的人們為何變得如此暴虐？黑窯昭示了怎樣的社會底層生態？

　　黑磚窯事件告訴人們，一個叢林社會正在底層形成：底層欺負底層！底層踐踏底層！底層虐殺底層！這樣的底層生態中是叢林規則在起支配作用，弱肉強食，暴力橫生。難道不是嗎？看看那些可憐的童工，年齡最小的才八歲；看看那些智障

工人茫然呆滯的眼神，看看那些在暴力血腥中麻木的人們。而那些黑窯主、包工頭、打手們又無不是對奴工們暴虐冷血，而對上司、官員搖尾乞憐。正是「面對羊時是兇殘的狼，面對狼時是溫順的羊」。

底層生態的惡化意味着整個社會生態的惡化，意味着文明的沉淪。我們不知道這種沉淪是何時開始的——是從孫志剛被收容打死開始的？是從湖南黃靜案開始的？還是從湖北高鶯鶯案開始的？一次又一次的人權危機事件，不斷撞擊着我們的心靈，折磨我們的神經，底線一次次被突破，罪惡一次次超乎想像，無法預想下一次將會是什麼。我們在「審惡」中「疲勞」，我們在無望中麻木。這種文明的陷落令人不寒而慄，因為如若整個社會變成一個黑磚窯，沒有人可以倖免。這就是我們真實的處境。官商勾結、警匪一家、公權私用的謀利型權力的邏輯如果不改變，不難斷言：惡化的不僅是山西，淪陷的絕對是文明。

2007 年 7 月 1 日

3　培養「精明人」的社會

　　記得一次在倫敦街頭購物，因買了不少書需要一個背包裝了打道回府。在英倫友人的陪伴下在一個不起眼的路邊小店選中一個 Nike 牌的雙肩背包，付過錢我幾乎是無意識地問了一句：這是真 Nike 還是假 Nike？友人對這個問題大惑不解，深表驚詫，問到：「廠家商家為什麼要造假的賣假的？那不是等於自尋死路嗎？」這時我才意識到我習慣性地問了一個非常中國的問題，而西方的消費者和商家對這種問題卻完全沒法理解，他們與我們處在非常不同的市場環境和制度背景下。

　　很多人可能都感受過作為一個中國消費者的難處和難度：你得具備方方面面的知識並非只是常識，有些還相當專業——從物理、化學、機電、材料、建築、通訊到醫學、農業、經濟、法律，乃至社會、文化、心理；你要能在各種不同的專業領域中辨識真假，會運用法律保護自己的權益；你得有很強的實踐操作能力——能自己動手解決生活中不時發生的水、電、電器、家具等方面的故障，會修理馬桶漏水、電路短路、電腦故障等等；你還得人情練達，通曉世故，有很強的社會交往能力，遇事能找到熟人，拉上關係，解決正常情況下難以解決的問題；同時自身要具備良好的心理素質，粗壯的神經線，能夠承受各

＊　本文原載於《經濟觀察報》，2003 年 7 月 28 日，B4 版，經濟觀察報社。

種打擊而百折不撓、保持樂觀。想想吧，在這個社會中作一名普通消費者容易嗎？哪裏僅僅是花錢買商品、買服務這麼簡單呢？沒有規範的市場、合理而有效的制度，普通消費者就被迫逐漸趨於全知全能，因為最普通的需求的滿足也會讓人感覺是處處陷阱、事事磨難，沒有足夠的「精明」，只能自認倒霉。而實際上這種被要求全知全能的消費者又是最缺少知情權的，信息殘缺，虛假廣告，官、商、名人聯合作秀會讓消費者在以為是自主選擇和舒服愉悅中被愚弄和被宰製。

擴展一點來看，在一個制度不健全、規則運行不靈的社會中，普通社會成員也只能越來越「精明」，這種「精明」是社會環境培養出來的。時常能聽到國人嘲笑西方人「傻」和「笨」：比如，購物時一旦收款機出了故障，店員就不會算帳，只能等着機器恢復正常；家庭用品有一點毛病就得等專業人員上門修理，甚至連換個燈泡、安個保險絲這樣的小事自己也做不了。殊不知一個制度設計合理良性運作的社會並不需要每個個體都聰明過人，都成為專業人士。

人人都必須「精明」透頂才能生存得好一點，恰恰反映了社會的毛病。沒有合法合理的制度與規則就只能依靠個人的精明和算計，人人做事事都得提着心，吊着膽，把任何對方都看成不懷好意的騙子，稍不留神就會上當吃虧。而時至今日，即使是熟人、朋友也難以信任，「殺熟」之舉不是已經屢見不鮮了嗎？這樣的市場環境、生存環境會讓生活於其中的人們不堪其累，因為基本的信任結構已經崩塌，交易成本高得驚人。而比比皆是工於算計的「精明人」，與小人的距離已不遙遠。

盛產「精明人」的另一重要機制就是社會的評價體系。「精明人」精於包裝炒作，擅長吸引眼球，把沒有實際內容的形式妝點得花俏熱鬧。而一個社會評價機制如果不斷地肯定、褒獎

這種做法，而且讓這些人得到各種好處，那將使更多的精明人層出不窮，會敗壞一個社會的風氣並給下一代人的選擇帶來極壞的影響。虛誇浮躁之風盛行對社會發展和人性良善決無益處，「精明」的基因是否會改變生理遺傳特性尚不得而知，但由「文化遺傳」帶來的價值判斷和追求的改變決難是良性的。「歷史是傻人創造的」，任何一種事業的大廈是樸實無華的磚石樑柱支撐的。支撐民族共同體的脊樑是實實在在的勞動和創造，而非虛誇浮表的裝飾和炒作。

試想一旦各行各業中該由制度承擔的設計、籌劃、安排和計算都得由個體承擔，這個社會的運行將會多麼艱澀，多麼彆扭。誰都承認中國人絕頂聰明，老謀深算，甚至稱得上詭計多端，善於「打擦邊球」，鑽制度和政策的空子。但是別忘記，絕對理性的個人加在一起完全有可能成為非理性的社會。人人都被培養成「精明人」的時候，整個社會的理性和智力便會衰落。一個喪失了智慧只會取巧的社會必定是小人得志的社會。我們不妨想一想在這種情況下我們得到了什麼？失去的又是什麼？究竟是得到的更重要？還是失去的更有價值？

4 少兒不宜·百姓不宜·
官員更不宜

由電影分級制度想到的

一個以憲政民主為政體形式、以自由主義為理念的現代社會，需要就文學藝術、報刊雜誌、大眾傳媒的表現內容、形式和程度做出相應的制度安排，以確定在保證個人自由和社會多元的同時維護道德水準和行為規範，特別是保護青少年健康成長的權益。在這方面，人們接觸最多和有相當共識的大概就是電影分級制度。

以美國MPAA（The Motion Picture Association of America 即美國電影協會）制定的影視作品分級制度為例，不難看到其條文規定的詳細及其背後的文化觀念：

G級（General Audiences）：大眾級，適合所有年齡段的人觀看——該級別的電影內容可以被父母接受，影片沒有裸體、性愛場面，吸毒和暴力場面非常少。對話也是日常生活中可以經常接觸到的；

PG級（Parental Guidance Suggested）：普通級，建議在父母的陪伴下觀看，一些內容可能不適合兒童觀看——該級別的電影

---

*　本文原載於《社會學家茶座》，2007年第4期，山東人民出版社。

基本沒有性愛、吸毒和裸體場面，即使有時間也很短，此外，恐怖和暴力場面不會超出適度的範圍；

PG-13 級（Parents Strongly Cautioned Under 13）：特別輔導級，13 歲以下兒童尤其要有父母陪同觀看，一些內容對兒童很不適宜——該級別的電影沒有粗野的持續暴力鏡頭，一般沒有裸體鏡頭，有時會有吸毒鏡頭和髒話；

R 級（Restricted Under 17）：限制級，17 歲以下必須由父母或監護者陪伴才能觀看——該級別的影片包含成人內容，裏面有較多的性愛、暴力、吸毒等場面和髒話；

NC-17 級（No One 17 and Under Admitted）：禁止級，17 歲以下觀眾禁止觀看——該級別的影片被定為成人影片，未成年人堅決被禁止觀看。影片中有清楚的性愛場面，大量的吸毒或暴力鏡頭以及髒話等。

不獨美國，許多發達國家和發展中國家都有自己或繁或簡的同類分級制度，體現了各個社會對身心發育尚未完成的青少年的保護和關愛。值得注意的是，這類分級制度對「不宜」的內容都是按照年齡段劃分的，而非根據權力、地位、財富、聲望等社會分層標準來劃分的。

視民如子與「愛民如子」

中國的社會治理和道德約束對普通民眾尤其處於社會底層的民眾複製了如電影、書籍分級制度的「少兒不宜」原則，可約略表述為「百姓不宜」。例如，夫妻不宜在家中看黃碟，農民工不宜觀看色情表演，網民不宜瀏覽內容不健康的情色網站，公眾不宜接觸政治上或道德上不良的信息⋯⋯凡此種種都基於一

種管理思路，不讓你們接觸「反動的」和「不健康」的內容是為了你們好，如同老子管教兒子。

將老百姓當作自己兒子、孫子一般來代表、來管束是中國政治文化的傳統。古時聖人即有言：民可使由之，不可使知之。民眾歷來被統治者視為心智不健全、道德不完善、人格有缺陷的未成年人，沒有統治者和教化者的規訓與監督，他們會信仰怪力亂神（淫祀），他們會追求低級趣味（低俗），他們會把大量的人、財、物「浪費」於祖先崇拜、「封建迷信」，甚至犯上作亂。而只有在聖人和長官的牧養、馴服、教化之下他們才能成為良民。教化既有訴諸道德的說教，也有訴諸暴力的懲罰。有時即使懲罰的過了頭甚至打錯了，百姓也不能有所抱怨，因為有所謂「父母打孩子也有打錯的時候，孩子怎能抱怨父母？」正是在此意義上，治理一方的好官好吏自稱為「父母官」，老百姓當然是他們的子民。而這樣一種吏治理念直到今天仍不時有所耳聞。

百姓不宜而官員宜基於這樣一種邏輯：位於權力階梯上層的長官自然地佔據道德制高點，他們對於不健康、不正確、不良好的影響具有天生的判斷力、免疫力和批判能力；而位於下層的百姓當然不具備這些能力，他們會因接觸不良信息而身心受損，給社會管理和國家治理造成麻煩，一如家庭中的子女或社會上的少年兒童。

這種「長官道德高尚論」不由讓人想起流傳於社會上的「老農系列」的兩個段子：

其一，老農進入縣委大院辦事，把自己的驢拴在樓外樹上。出來時被保安叫住，被告知驢把樹啃了要罰款；老農大怒，一邊打驢一邊罵道：你個畜生！你以為你是領導幹部啊，走到哪吃到哪？

其二，老農嫖娼，被抓，被要求寫出深刻檢討。老農沉痛地寫道：由於放鬆了政治學習，忘記了自己是一個普通農民，把自己等同於黨員領導幹部，以為想幹什麼就可以幹什麼，才犯下如此大錯。

個人隱私與公眾監督

「只許州官放火，不許百姓點燈」的事情在中國歷史上並不少見。皇帝老兒讓老百姓都得忠厚老實、淳樸高尚，不得作奸犯科，自己卻享用着三宮六院七十二嬪妃，過着酒池肉林驕奢淫逸的生活。太平天國時的「天王」洪秀全定下「男女分營」居住的「天條」，即便是夫妻，如「私犯天條，男女皆斬」，而他自己卻合法地霸佔妻妾八十八人（一說一百零八人）和後宮一千多宮女，荒淫無度。我們還記憶猶新的文革時期，老百姓在銀幕上只能看到八個樣板戲和「中國的新聞簡報；越南的飛機大炮；朝鮮的哭哭笑笑；阿爾巴尼亞的摟摟抱抱」，而一定級別以上的高幹則可觀看各種來自境外的「內部影片」以供批判的名義。但凡獨裁、專制、極權的統治者都會制定類似的宜與不宜的條例並用以整飭民眾，治理社會。中國的歷史雖已翻過那荒謬的一頁，進入一個開放的、現代的、努力與世界文明接軌的新時代，但上述邏輯或者稱治理的「慣習」卻仍未全然成為過去。按照如此邏輯，便會出現種種真正的弊端：

百姓不宜嫖娼，官員宜包二奶；百姓不宜集體上訪或越級上訪，官員可以有法不依和腐敗瀆職；百姓不宜自私自利見利忘義，官員適宜以權謀私受賄索賄；農民工即使在長期夫妻分離的情形下也不宜採取不良方式（包括觀看A片和色情表演）解決一下生理需求問題，而同時大大小小的貪官卻創下性消費和性佔有方面的多項「健力士紀錄」（內地譯「吉尼斯紀錄」）：計有「數

量健力士」（140個）、「質量健力士」（一要大學本科畢業生，二要漂亮，三要未婚、「年輕健力士」（16歲）、「管理健力士」（用MBA管理方式令「首席情婦」管理其他多名情婦）、「創意健力士」等等（因「不宜」之故，恕不一一列出）。

有人可能會認為，官員和公眾人物也有私人生活的空間，也有保護個人隱私的權利，此話固然有理，但在百姓的私人空間因種種「不宜」的規定而受到侵犯的同時，官員（當然是極少數的）獨能享受私生活的特權（包括物質的特權、性的特權），難道不是不受制約的權力在作祟嗎？更何況，作為公眾人物，特別是執掌公權力的公眾人物，必須接受公眾的監督、批評，在做了「不宜」之事後會被媒體曝光，要接受懲罰，這是掌握權力的代價，是在享有權力帶來的好處的同時承擔起責任和道德義務。君不見，在一些民主國家，公眾有權關注和指責政客或公權人物的種種個人行為——從政治醜聞到生活緋聞，甚至言談舉止、穿着打扮方面的不宜。

李銀河曾因主張寬容不同傾向、不同方式的性活動而被誤解、曲解甚至謾罵，直至聲明「盡可能少發表與性有關的言論」。實際上她是在「為普通公民的性權利辯護」，特別是為少數人的權利辯護——人們有對自己身體的合法權利。她所強調的其實不是性，而是人的權利。在中國的政治傳統和文化傳統中，「我們有權利做的事一向太少太窄，而我們沒權利做的事一向太多太寬」。當然這裏的「我們」不包括權勢者。權力決定了「適宜」與「不宜」的標準和界線。

鑒於上述權力的邏輯，應該說：少兒不宜、百姓不宜的東西官員更不宜。

2007年6月28日

5 這是一個相互投毒的社會？

為奧運成功舉辦而歡欣的激情還未退去，「三鹿毒奶粉」事件已提上案頭。這又是一次觸動人們內心、衝擊道德底線的事件，以至有人驚呼：這是一個怎樣的民族，竟然對自己的孩子下毒手!？

暫且不説毒奶粉是由於「不法分子在原奶收購過程中添加了三聚氰胺所致」是多麼不能自圓其説，也不談「下毒元兇耿氏兄弟（擠奶戶）已經被捕」是如何荒謬可笑（也太低估中國民眾特別是網民的智商了吧），人們對「三鹿事件」的共識之一是：這只是「冰山一角」，其下的水到底有多深、有多渾還無法度量。這不，寫到這時，剛剛聽到「22家奶粉生產企業69批次產品檢出三聚氰胺」的噩耗，真是怕什麼來什麼。其實聽到這類消息已經不太讓人感到震驚了，也許，一方面是因為習慣而麻木，另一方面也多少是預料之中了。

千萬別跟我們説這只是「個別」現象、特殊事端。一而再，再而三，三而四，我們不知道下一次將是什麼，但知道一定還會有下一次；我們揣測不出底線在哪裏，但可以預期墮落還未到底。作為一個中國的普通消費者，難道真的需要煉就百毒不侵、千毒不壞的金剛之身嗎？而這次的受害者卻是新生稚嫩的祖國花朵啊！

稍微回顧一下，近年來我們不斷地受到食品安全問題（當然不只是食品安全問題，其背後是什麼問題大家心知肚明）的刺激：從「注水肉」到「瘦肉精」，從「掉白塊」到「蘇丹紅」，從「毒粉絲」到「毒大米」，從「二甘醇」到「三聚氰胺」，從「大頭娃」到「結石兒」……匪夷所思，層出不窮；而且由此形成一種惡性互動的怪圈：製造毒大米的人當然不吃自己生產的米，可能選擇吃麵；而向麵粉裏摻滑石粉大白粉的則可能選擇吃大米；造毒奶粉的絕不喝自己生產的奶，或許選擇喝豆奶，可別忘了豆奶中毒事件也曾發生過；好吧，既然豬肉可能注水或含瘦肉精，禽蛋產品可能有麗紅素，那大家就多吃天然的蔬菜水果吧，可是別忘了，菜農卻可能種一小塊不施農藥化肥的菜地自己消費，而把有化肥農藥甚至是劇毒農藥殘留的菜賣給其他消費者。如此，所有的造假者、摻毒者同時也是其他有毒有害食品的食用者。嗚呼！難道這是一個造假成性的民族？難道這是一個相互投毒的社會？

我在多年前曾寫過一篇〈培養精明人的社會〉的文章，提到在一個沒有規範的市場、合理而有效的制度的社會中，普通消費者就會逐漸趨於「精明」甚至全知全能，否則就只能自認倒霉。而在這種社會中交易成本高得驚人，人們活得不堪其累。工於算計的「精明人」與小人的距離已不遙遠，而如今「小人」早已被超越，這是一個盛產惡人的社會。這個社會究竟怎麼了？

網上一篇帖子說得好：

生產害人奶粉的人，生產偽劣產品的人，可能就是跟我們很近很近的那些親友，那些沒有權勢的弱者，那些普普通通的民眾。沒有人知道他們是誰，具體數量有多少，只知道他們是一個個的個體，匯聚成一個個小的利益團體，就融入我們中間，甚至和我們血肉相連，但我

們卻分辨不出來。他們一方面從來是社會傷害的承受者，另一方面也是道德淪喪的推波助瀾者，偽劣商品的製造者、經營者。當太多來自官方腐敗的醜惡開始掠奪我們的善良時，加入群體的人也就跟著越來越多，自覺和不自覺、有意識和無意識相結合，終於導致了整個社會自上而下又自下而上的集體麻木和對生命尊嚴的漠視與踐踏。[1]

這道理好比眾人都砍了受害者一刀的話，誰也不用為死者負責一樣。因此，不會有多少人會在良心和道義上背負沉甸甸的負罪感，相反，他們還會心安理得地享受體面工作換來的工資和安穩。問題是：我們是怎麼走到這樣一條沒有誠信、沒有聲譽、沒有畏懼、沒有神聖、人人都要為道德的淪喪買單的絕路上來的呢？

對這個問題的思考使人想起漢娜·阿倫特（Hannah Arendt）所分析的「平庸的惡」——與納粹和斯大林主義的「激進的邪惡」、極端的邪惡相對應的「平庸的邪惡」。作為這種「平庸的惡」的體現者阿道夫·艾希曼（Adolf Eichmann），「一個看上去彬彬有禮的人，他在種族屠殺中犯下彌天大罪，而他的動機卻是極平常的服從命令和盡忠職守。在艾希曼身上，阿倫特看到了邪惡平庸的活生生的體現：除了一心向上爬之外，艾希曼確實沒有任何動機……用通俗的話來說，他只是不知道自己在做什麼。他所體現的邪惡平庸指的是無思想，甚至無動機地按罪惡統治的法規辦事，並因而心安理得地逃避自己行為的一切道德責任。邪惡因動機的膚淺而平庸，邪惡的動機是平平常常的人

1　藍藝，〈我們比任何時候都需要信仰〉，見http://www.aisixiang.com/data/20837.html。

性弱點，這動機人人能懂，並不需要高遠深奧的理論解釋」（見徐賁〈平庸的邪惡和個人在專制制度下的道德責任〉）。

多種嬰幼兒奶粉含三聚氰胺事件表明，這種「平庸的惡」已經滲透到整個社會的肌體，其結果就是整個信任結構的崩塌，就是惡人當道、小人得志，就是相互投毒的社會。

平庸而普遍的惡是如何形成的？有人歸結為利益，有人歸結為信仰（文化），有人歸結為人性，有人歸結為制度。在我看來，謀利型權力（與民爭利，放棄責任）所形成的制度條件，造成了制度、文化與人性的惡性互動，致使整個社會相互欺騙、相互「投毒」——商家、廠家欺騙消費者，教師欺騙學生，公僕欺騙百姓，所有人欺騙所有人。於是從官員到群眾，從精英到平民，從上層到底層競相沉淪，加速度地墮落。落到什麼時候是底？誰又如何守得住底線？

張五常教授最近說：由經濟的高增長證明「中國的整體制度是最好的。腐敗沒那麼嚴重。全世界歷史上沒有見過這麼好的制度。其中的沙石可以修改一下」。我寧願相信他的判斷是正確的，可眼前的現實卻怎麼讓人感到不只是「沙石」出了問題，而是整個結構壞了、爛了呢？

天作孽，猶可違；自作孽，不可活。

2008 年 9 月 16 日

6 大學生態系列

苟且於其中我們每個人都是張鳴

近來的「張鳴事件」已在網上爭論得沸沸揚揚。不少對張鳴先生有所了解的人覺得本性平和、寬厚、研究風格也扎實沉穩的他這次採取如此「衝動」的方式有些難以理解。事件的起因看似並不重大，評定職稱和相關的學術評價機制問題幾乎所有在大學工作的教師都會遇到。但事件背後的問題絕對不小，這就是張鳴在不同的文章中反復提到的學術行政化，學校衙門化，學界官場化，學者奴才化的大學現狀。張鳴也確實想就這些關乎學術生死存亡的問題做一場理性的公民討論。而張鳴的「激動」也好「衝動」也罷，我完全能感覺到真的是出於忍無可忍。對於張鳴的拍案而起，我想每個有正常感覺、正常思維和尚有良知的學術工作者或教育工作者都不難理解，因為我們每日都生活於和張鳴同樣的大學生態中，我們對這樣的生存環境感同身受。

行政指揮棒每日在我們頭頂打轉：昨天是每個導師要給自己的博士生每人每月200元生活補助；今天是博士生必須在所謂核心期刊發表四篇論文方可答辯畢業；明天是研究生畢業論文要有開題報告、中期報告、預答辯、正式答辯；後天可能又來了×××評估檢查……可謂疊床架屋，層出不窮。對於這些數不勝

數的規定、要求、招式我們就不能問一聲從哪來的？誰定的？依據何在？把教師和學生當作什麼？以政治學為業的張鳴要問一句所有這些「規定」的合法性在哪裏，不是再正常不過了嗎？

機制的問題是學術腐敗的癥結所在。以強制要求研究生發表論文為例，說它是「逼良為娼」一點不為過。首先是「憑什麼」的問題，也就是合法性與合理性在哪裏？這時候怎麼不講和國際接軌了？哪所國際知名大學有這種強制性規定？接下來是能否操作的問題，不知道做出此規定的官員算沒算過，共有多少「核心期刊」，擴招後有多少研究生、博士生，版面夠不夠發每人四篇論文。再接下來就是形成腐敗鏈的過程，對期刊版面的需求量大增，許多期刊向學生和青年研究者收取數額不菲的版面費，給原本沒有工作收入的學生雪上加霜；而這些版面費哪去了？讓人不由得懷疑是不是有關部門官員參與了分肥（當然只能是懷疑，局外人無法知道其中內幕）？另一方面，一些刊物為了自己的聲望影響，要求學生的文章有導師屬名才予發表，又增加了導師侵佔學生成果的機會，造成另一種形式的學術腐敗。而且不難想像，這種以量取勝的大躍進式的學術水準又怎麼可能好得了？強制發表如果有「正面」效應，那大概就是學校的成果數量、有關領導的學術業績和政治業績、在官辦的學術評估中取勝；而負面效應在於，對老師和學生而言絕對是災難；生產出大量垃圾對學術本身更是嚴重的破壞。

從那麼多畢業學子爭當公務員、甚至達到上千人瞄準一個位置，從那麼多學者爭當官員，在體制內謀取一官半職，從那麼多官員想方設法獲取學歷學位，學而官或官而學的現象中，我們不難窺出個中緣由。但是作為官外人，作為體制邊緣人，作為「白丁教授」，我們卻不知所措，無計可施。面對一部龐大的官僚機器，我們甚至不知道究竟是誰在指揮我們、監控我

們、噁心我們。這是讓我們壓抑、憋悶的原因，那感覺就是胸中如有燃燒的塊壘，澆不滅，化不開，衝撞得心口疼痛不堪。因此我完全能切身地感受張鳴的激憤和反應，對此我也要豎起大拇指說一聲「好樣的！張鳴」。

我們該何以自處？

面對不合理的種種規定、指示、要求，我們通常的作法是想方設法、東補西抹，變通也好，妥協也罷，最後應付過去了事。而這次對付過去了，下次又不知來什麼新招——申報博士點，申報一級學科，申報校級或國家級重點學科，申辦××基地（注意：與拉登的組織無關），申報××工程……似乎永遠沒個完結。值得注意的是，過去中國社會的習慣性運作方式就是搞運動，比如歷次政治運動，比如張鳴先生專文批判過的大躍進運動，而現在大概「運動」的名聲太臭，而「工程」和「計劃」大約與經濟發展科學發展有關而被經常使用了，「985工程」，「211工程」，「百人計劃」，「千人計劃」，「萬人計劃」……但無論如何替代，意思還是差不多，內涵也就是學術大躍進。長此以往，工程越來越多，越搞越大，而學術的生存空間卻越來越逼仄，我們的人格、特性和鋒芒也越來越抽抽兒。

習慣成自然，日復一日，年復一年。從憤怒、抗爭逐漸走向妥協、順從最後甚至加入其中。制度形塑了我們，我們也參與並支持了制度的運作，成為其共謀者。其實，壞的制度安排也是好人慣出來的，因為它每次都實施成功了。如同面對一堵厚重的牆，我們曾經試圖撞開它，但撞來撞去，牆未倒，撞牆的卻碎了，甚至變成了築牆的磚石。今日大學生態的形成，我們每個人都有磚石之功。

説到行動，張鳴也不過就是要講講道理，是不平則鳴，是帶着憤怒講道理。但每當我們表示憤怒要講道理的時候，幾乎身邊所有的人——我們的家人、親屬、知己、朋友、同事都會勸説「算了」，理由簡單至極——「沒有用」；而我們也每每用同樣的話勸解我們的家人、親屬、知己、好友。我們是犬儒的集中體現，我們每日裏揣着明白卻裝作糊塗，我們常常義憤填膺卻什麼都不做。我們就是犬儒。徐賁將現代犬儒主義表述為一種「以不相信來獲得合理性」的社會文化形態。現代犬儒主義的徹底不相信表現在它甚至不相信還能有什麼辦法改變它所不相信的那個世界。犬儒主義有玩世不恭、憤世嫉俗的一面，也有委曲求全、接受現實的一面，它把對現有秩序的不滿轉化為一種不拒絕的理解，一種不反抗的清醒和一種不認同的接受（見徐賁，〈當今中國大眾社會的犬儒主義〉）。

　　如此大學生態有着一種「冷水煮青蛙」的效果，最後誰也蹦不起來。在憤世嫉俗、嬉笑怒罵中沉淪和墮落，這是我們這個社會最可怕也最讓人絕望的地方。在這種生態中我們該何以自處？何以使心智正常而良知未泯的自我保持人格不分裂？如何面對作為未來社會棟樑的莘莘學子？何以對學生説我們應該向阿倫特那樣「積極生活」，參與公共事務或向韋伯那樣「以學術為志業」？我們又有何德何能培養學生成為真正的公民？這一切，誰來告訴我？

2007 年 3 月 22 日

這是一個沒正經的社會

從一部《社會學概論》說起。

最近由《社會學概論》編寫組完成的作為「馬克思主義理論研究和建設工程重點教材」[1](業內簡稱為「馬工程」)之一的《社會學概論》正式發佈,這可謂社會學界的一件大事。該教材並且提出「進高校,進課堂,進頭腦」,遂以非自願選擇的方式要求所有高校講授該課程的青年教師參加專門培訓。在培訓班上,面對許多青年教師的提問和質疑,主持編寫的首席專家有言:該套教材的主要內容經由中央領導(政治局常委)過目,部分甚至由總書記親自審定,「為此教材開了個會,錦濤同志參加了」云云。

聽聞此事並大致瀏覽這部重點教材之後,我深感驚詫,竟然一時不知今朝何朝。首席專家的「經總書記審定」之說太令人匪夷所思,想來有兩種可能:一是確無此事,首席專家有「拉大旗做虎皮」之嫌或有「以啥啥啥之名而行啥啥啥之實」之弊,實為陷黨、軍隊和國家領導人於不義;二是確有此事,但如果確有其事,就更讓人感到詫異,它說明這個社會已經太不正經了。作為國家領導人是審教材的嗎?每天有多少民生、民主、國內、國際的大事等着他們去決策、料理?如果一部《社會學概論》必須由中央領導審定,那麼《政治學概論》、《哲學概論》、《經濟學概論》、《歷史學概論》、《文藝學概論》……和數不清的××學概論豈可受到歧視而偏廢?

1　「馬克斯主義理論研究和建設工程」由2004年開始推動,旨在以馬克思主義的基礎宣傳並鞏固中國特色社會主義。該工程包括編寫高校各學科(社會學)教材,其中一本為2011年出版的《社會學概論》。

思想家柏拉圖在其經典的《理想國》中討論理想城邦的正義原則，他指出：「每個人必須在國家裏執行一種最適合他天性的職務」，或「每個人都作為一個人幹他自己份內的事而不干涉別人份內的事」，這就是各司其職、各守本分的原則。雖然柏拉圖的理想城邦是分等級的，他強調的是城邦內統治者、軍人、勞動者各守其責，互不僭越的意思，但如此才能實現分工、合作，使城邦能夠正常、正當地運行。柏拉圖此處的正義原則說來也簡單，無非就是術業有專攻，該幹嘛幹嘛去。

　　在這樣一部社會學的重點教材中，雖然編寫者們也不怎麼提及涂爾幹，但還是沒法否認這位社會學開創者和古典社會學三大家之一的地位。涂爾幹將社會分工視為人們必須接受的社會現實和行為規範，同時也是社會責任。分工除了發展出不同特質的專業，使不同的社會成員各盡其才，而且產生比經濟作用更重要的道德影響 —— 在人們之間建立一種團結感、帶來社會凝聚與社會整合的功能，使社會由「機械團結」轉變到「有機團結」。

　　分工合作、各司其職、各守本分、相互制衡、互不僭越是現代社會正常運行的基本條件。否則社會就會異常，變得不正經，出現種種社會問題。道理很是簡單：沒有人是全知全能的，沒有誰能包打天下；不受限制的權力或力量必然導致惡果。中國社會的分工不清楚和不正經由來已久，而這種不正經在文革時期達到極致：工人不能好好生產而必須先抓革命；農民在強迫集體化中長時間吃不飽還沒有勞動生產積極性；解放軍指戰員練不好軍事技術因為不敢以軍事壓政治；知識分子怕成「知識越多越反動」的白專典型而不學無術；全國經濟衰退、趨於「崩潰邊緣」，人民在溫飽線上掙扎卻整日裏「胸懷祖國，放眼世界」，時刻準備「解放全世界三分之二的受苦大眾」；簡

單概括就是幹什麼的不會幹什麼，幹啥的不像幹啥的，全體沒正經。直到這樣的不正經再也無法持續了，才經改革開放逐漸走上正常的經濟、社會發展之途。

沒想到的是，經歷了三十年改革開放，在我們已經基本確立了市場經濟體制、社會已經逐漸走上正軌的今天，特別是我們的學術事業已經相當專業化、學術化、國際化的今天，一些人們又開始不正經、不靠譜了。作為這本教材編寫者的首席社會學家們自身就很不正經，而且全然不顧自己的職業聲望，不信請試看幾例：

該教材的導論第二節中，小標二、「西方社會學的形成和發展」；小標三、「馬克思主義與社會學的發展」（頁8–13），就此讓人不禁要問：馬克思難道不是西方思想家？馬克思主義與社會思想是對立的麼？如果教材名為《馬克思主義社會學概論》也就罷了。將馬克思的社會思想與西方社會思想對立起來、只講馬克思而有意忽略韋伯、涂爾幹等並列的社會學創始人、甚至將馬克思主義作為指導、批判其他社會思想的教條來對待，不僅有悖於古典社會學的實際，而且是明顯的階級鬥爭思維的表現，是以政治取代學術。而如此對待馬克思主義實則是在埋葬馬克思主義。

該教材在談及「社會學在中國的發展」之二「新中國成立以後的社會學」時，先說「1949年中華人民共和國成立以後，在馬克思主義指導下，社會學獲得了廣闊的發展空間。」旋即就提到「1952年全國高等院校專業調整時，原有的社會學系、社會學課程相繼被取消，同社會學有密切聯繫的社會心理學、社會人類學、社會工作與人口學等，也相繼被取消。這對新中國社會學的建設和發展造成了重大影響。」（頁16）原來社會學獲得的廣闊發展空間就是完全徹底被取消？編寫者這不是自抽耳光吧？

還是導論第三節中小標一、「毛澤東思想中的社會學思想」讓人感到似曾相識，不知編寫者是不是自經歷了文革？記得文革時期中國出版過一系列幾乎包羅萬象的《馬恩列斯論×××》的語錄本，如果是《馬恩列斯論反對帝國主義》、《馬恩列斯論殖民地民族解放運動》或《馬恩列斯論共產主義社會》還算正經，那麼《馬恩列斯論文藝》、《馬恩列斯論鐵路》、《馬恩列斯論電氣化》……則完全是把馬克思主義用作教條、工具、甚至棍子的政治行為。「毛澤東思想中的社會學思想」與這類文革思路和做法可謂異曲同工，嗨，簡直是同曲同工，難道又想以搞政治運動的方式搞社會學？

　　該教材第一章〈社會學研究方法〉第一節「馬克思主義社會學方法論」，第三節「社會調查方法與實踐」首列「一、馬克思主義經典作家與社會調查」，接下來是「二、中國共產黨的社會調查」，「三、中國社會學者的社會調查」，「四、西方社會調查與社會學方法評析」，這就不免讓讀者犯暈了，原來馬克思、中國共產黨、中國社會學者和西方社會學有各自不同的調查研究方法？前三者與通行的社會學研究方法是對立的？這樣給初學者講授社會學方法實在太不正經了。還有，方法一章中講到，定性研究方法包括訪談法、觀察法、文獻法三種搜集資料的方法和定性描述方法、定性解釋方法兩種分析資料的方法；定量研究方法包括問卷法、實驗法兩種搜集資料的方法和定量描述方法、定量解釋研究、計算機統計軟件三種分析資料的方法（頁41–53）。三下五除二就把社會學研究方法對付了，如此方法實在也太不專業了！

　　教材的第二章「個人與社會」（談社會與文化的基本概念），第四章「社會組織」，第五章「社會制度」，第六章「階級、階層與社會流動」，本都是社會學概論最重要的內容，但卻幾乎一篇社會學理論經典文獻都沒提到，所引用的唯有馬克思、恩

格斯、列寧、毛澤東、鄧小平，難道他們不是無產階級革命導師、黨和國家領導人而是社會學理論家？這是十足的不正經。

教材第六章「階級、階層與社會流動」中第三節「當代中國的社會流動」稱，「在垂直流動方面，多數人的流動呈上升趨勢。我國社會學界所做的調查結果顯示，改革開放以來大多數人的生活水平明顯上升」（頁239）。暫且不說這樣的判斷與社會現實有多大的距離，單問一句：大多數人的生活水平明顯上升等於多數人向上流動？

教材第八章「社會發展與社會公正」第二節「社會發展中的社會問題」專門談到「網絡社會問題」，指出「網絡世界的虛擬性造成了人際互動的匿名化和社會成員的陌生感；網絡上不良信息的傳播很容易形成社會焦慮心理；網絡媒體對新聞事件的過度報道、片面報道、虛假報道，使一些負面行為以高速度和規模性擴散，為一些不法人員提供了模仿的樣本；互聯網產生的網絡依賴症和網絡成癮人數的不斷升高……網絡色情、暴力、賭博、欺詐等問題屢盡不止嚴重侵蝕和敗壞社會風氣……各種形式的網絡犯罪、敵對勢力借助互聯網進行思想文化滲透，已經對經濟發展、社會安定和國家安全構成了威脅（頁290）。如此非社會學的問題意識和論述，整個是一個社會治安綜合治理的思路，直讓人懷疑編寫者究竟是社會學家還是網絡管理員或網絡警察？

教材最後列出的閱讀文獻：馬克思和恩格斯八種；列寧一種；毛澤東四種；鄧小平四種；江澤民四種；胡錦濤四種（倒是平分秋色）；中共中央文件二種；除去編寫者自己著作的中國社會學者著作八種；西方社會學譯著十種。如此本書不該叫《社會學概論》而應該叫《馬恩列毛鄧江胡論社會學》。

至此打住，錯亂和謬誤還有許多，但已讓人無語。

如此「重點教材」除了誤人子弟、玷污學術、浪費納稅人錢財之外還有什麼用？噢，對了，運用得當可以作為反面教材，通過對照、反思、批判讓社會學初學者明白何為真正的社會學，什麼是中國社會的真問題。

在不敬業，不認真做事成為社會通病的社會中，作為一名社會學的學習者、實踐者，我強烈呼喚一個正經的社會！呼喚正經的社會學概論！

2011 年 9 月 16 日

學術研究不是打仗，不需什麼領軍人物

社會轉型過程中的學術界或稱為知識界，正面臨前所未有的紛繁複雜的局面：在一些人歡呼學術的春天來臨時，另一些人卻感受到寒冬的凜冽。我很能理解為何人們有春天之感，因為確乎有繁花似錦的熱鬧局面。而這並不是發明創新和研究成果的繁榮（早有人發出為何中國缺少創新和創造力之問），而是各種頭銜、名目、計劃、工程的五花八門。

先來看頭銜，自 1998 年中華人民共和國教育部與香港李嘉誠基金會「為提高中國高等學校學術地位，振興中國高等教育」，共同籌資設立「長江學者」獎勵計劃以來，各地各方各種學者頭銜呈「湧現」之態，計有黃河學者、珠江學者、閩江學者、枝江學者、紫江學者、香江學者、湘江學者、贛江學者、錢江學者、皖江學者、三峽學者、龍江學者、松江學者、兩江學者（重慶）；以山命名的有泰山學者、黃山學者、華山學者、衡山學者、恆山學者、嵩山學者、天山學者、珠峰學者、昆侖學者、井岡山學者；沒有名山大河的就只好以地域命名：綠洲

學者、燕趙學者、楚天學者、天府學者、三秦學者、三晉學者、黔靈學者、八桂學者、北洋學者、齊魯學者、中原學者、東方學者、瓊州學者；有人統計達 38 種之多，真可謂名目巧立，名山大川佔盡，地理知識見長。

不獨頭銜，計劃和工程也名堂多多。計有中科院吸引人才的「百人計劃」；中組部引進海外人才（一般是在海外高校拿到教職的）的「千人計劃」（包括引進海外博士畢業生或者博士後的青年千人計劃）；中組部面向已經在國內高校、研究所工作人員給予資金支持的「萬人計劃」。此外，還穿插着統稱為「四青」的「青年千人」、「傑青」、「青年長江」、「萬人計劃青年拔尖」計劃等。

接下來是工程：有人們耳熟能詳卻有些不明其意的「985 工程」，「211 工程」，還有人們不甚了解的「馬工程」。「985 工程」是我國政府為建設若干所世界一流大學和一批國際知名的高水平研究型大學而實施的建設工程（因確立於 1998 年 5 月而得名）；「211 工程」是中國政府為了迎接世界新技術革命的挑戰，面向 21 世紀，要集中中央和地方各方面的力量，分期分批地重點建設 100 所左右的高等學校和一批重點學科、專業，到 2000 年左右在教育質量、科學研究、管理水平及辦學效益等方面有較大提高，在教育改革方面有明顯進展，力爭在 21 世紀初有一批高等學校和學科、專業接近或達到國際一流大學的水平的建設工程。目前許多重點著名高校都明文規定：青年人才必須本科畢業於 985 和 211 大學方能獲得引進，不知這種類似於出身論的規定合法合理性何在。

至於「馬工程」係指「馬克思主義理論研究和建設工程重點教材」（業內簡稱為「馬工程」）項目，近年來可稱得上是鮮花着錦、烈火烹油；不僅教材要進學校進課堂進頭腦，各學校「馬工

程」項目首席專家的數量在影響學科評估、專業排名加分上，可謂是舉足輕重。

上述頭銜、計劃和工程當然不僅僅是名譽聲望，更是資源配置的機制，有沒有這些招牌關涉到能否獲得、獲得多少薪金、資金、獎金、基金的最重大問題，哪個學校哪級領導會掉以輕心呢？

層層疊疊的項目預期為培養高層次學術帶頭人、各學科領域領軍人才，初心不可謂不良好。然而，五花八門，疊床架屋的安排與學術研究和創新發明真的有關嗎？學者們在頭銜項目林立中忙於申請，報批，競爭甚至搶奪，如何能夠心無旁鶩，專注於追求真實、真知、真理的研究工作，又如何能夠忠於自己的良知和本職？我的同事沈原曾經把當今的科研體制稱之為「項目制運作，鬥狗式管理」，可謂話損理不錯。亂花漸欲迷人眼，骨頭陣中失心智，科學研究如何能夠不迷失於頭銜計劃工程的叢林之中？人為設置種種頭銜，讓學者趨之若鶩，其內涵就是學術大躍進。長此以往，計劃工程越來越多，越搞越大，而學術的空間卻越來越逼仄，我們的人格、特性和鋒芒也越來越萎縮。最後落空的恰恰是辦大學的實質性目標——教育與學術，在這種氛圍中，誰若拿學術當回事，就沒人拿你當回事；那些不想當官而只想好好教書、做學問的教師沒有適合的空間而且沒有尊嚴，於是大家都不免蜂擁而上地奔向權勢，把學術場域變成官場、名利場甚至戰場。

巧立名目是當今科研體制的一個維度，另一維度則是事無巨細、強制束縛的行政化教育科研管理。這種管理是全方位的，僅舉以下幾個方面：

首先是申報課題。以國家社會科學基金項目為例，每年由中宣部領導下的全國哲學社會科學規劃辦公室開列項目課題指

南，指南說明共計 19 條，就選題要求、申請人條件、申請單位條件、申報範圍、立項要求、具體填寫要求、資助額度、結項要求、完成時限等等等等做出規定。第一條規定，「申報國家社科基金項目的指導思想是，高舉中國特色社會主義偉大旗幟，堅持以馬克思列寧主義、毛澤東思想、鄧小平理論、「三個代表」重要思想、科學發展觀為指導，全面貫徹落實黨的十八大和十八屆三中、四中、五中、六中全會精神，深入貫徹習近平總書記系列重要講話精神和治國理政新理念新思想新戰略，堅持解放思想、實事求是、與時俱進、求真務實，堅持以重大理論和現實問題為主攻方向，堅持基礎研究和應用研究並重，加快構建中國特色哲學社會科學，發揮國家社科基金示範引導作用，為黨和國家工作大局服務、為繁榮發展哲學社會科學服務。」其後再為 23 個學科列出每個學科大多超過一百項的具體研究題目。顯而易見，科學研究是以科學精神和科學方法對未知未明的探索，如果事先為科學研究規定了指導思想，科學便已不再是科學。

　　學術研究是以問題發起的，現實中的問題或者學理上的問題引起研究者的學術好奇心，構成研究的緣由和動力。由一個主管部門規定研究問題卻不知原因，動力何在？主管部門的負責人也不可能是各學科的專業人士。更何況，許多題目的設定真可謂「命題」：××虛偽本質的研究，××自信的研究，堅定××信仰和理想信念的研究，強化××意識的研究，偉大××（四個）及其相互關係的研究……不難看出，題目設定不合學術的基本邏輯，既已知曉了答案、判斷了性質、明確了信念（信仰），問題就不存在了，還用得着研究嗎？

　　再看科研的財務管理方面。有關研究課題的報銷制度從來以繁瑣、苛刻、不近情理著稱，而今愈發呈變態趨勢。比如，差旅住宿費用的報銷要求提交往返機票（火車票）和相應天數的

當地住宿發票（並附水單—還不知是什麼東東），缺一不可；如果有其中一項由接待方或私人負擔了，必須提供證明材料，否則就無法報銷。

再如，研究者購買書籍資料，除要開具發票外還要求附上寫有具體書名的小票以證明購書確實與研究課題有關，但不知是否「有關」的判斷如何做出及由誰來做出，難不成是由負責報帳的財務人員來做？

要求所有課題負責人辦理公務卡（信用卡），所有研究開銷要刷卡消費，之後研究者自己要先墊付還款，報銷後再返還給研究者個人。如此課題經費管理方式幾乎是無法操作的，比如，研究生完成其碩／博士學位論文需要進行田野工作，調查差旅費用是由導師支付的，如果有不止一位研究生在田野中工作，一張公務卡該如何使用？讓誰刷不讓誰刷？刷後又如何向財務報帳？

這樣一套不合邏輯又不近情理的科研財務管理制度大概是為了防止腐敗而設計的，管理者們是不是以監督防範官員貪腐的思路來對待教授們？像看賊一般看着教師們，有沒有想到這樣地不信任、不尊重研究者，百般刁難的報銷制度，讓研究者如何能順心、安心、全心地投入科研工作？又或者制定如此財務制度的人們是不是犯了以己度人之誤？

教學管理也是大學工作的重要面向。行政化的教學管理從教材、教法、教學大綱、培養計劃、社會實踐、教學紀律……到授課時間與學生課下學習時間的比例要求，甚至開放交流時間（open office hour），無論巨細全有規定和要求，難以一一盡述。

僅開放交流時間為例：學校要求每個教師（無論本學期是否上課）必須固定每週一小時面向全校學生開放答疑時間，按此規

定時間、地點落實後要層層上報學校有關部門（聽上去怎麼像是「雙規」？）。這種強制性規定交流時間的做法，與其說是為了建立密切的、跨學科專業的師生互動，不如說更像是一種形式或儀式，其實際的交流是否有必要、效果如何，恐怕不是設計者考慮的問題。

眾所周知，首先，師生之間的交流互動（其實包括任何正常交流）本是自願的、開放的、自由的主體之間的互動，應該完全建立在自主交流的基礎上，由教師與學生經自主協商自行安排，而不應由行政方式強制安排；強制安排這種關係與活動的做法與真正意義上的學術交流、思想交流背道而馳。其次，自主的交流可以有多種方式、多樣的場合、情境、機會，比如帶學生做田野調查（社會學、人類學的主要研究方法），參加學術會議等各類學術交流活動，課後的問題討論，與學生一起出行、運動、娛樂，請學生吃飯、喝茶……並不是一定要在規定時間、規定地點比如坐在辦公室裏才能進行交流的。更何況，喜歡和能夠與學生通過平等交流教學相長的老師自然會這樣做，不需強加這樣的安排；不願意或不能做的老師即使被迫安排了「開放交流時間」也無法實現真正的交流。

如此簡單自然的事情，一經行政化的強制就變得無比彆扭。將教師和學生的手腳都捆得死死的，似乎教師是根本不會教書的白癡，學生是完全不會學習的傻瓜。殊不知這裏是高等學校，不是幼兒園（即便是幼兒園也須培養孩子自主學習的習慣和能力！）。

種種原本與教學和研究無關的東西偏偏要強行干預甚至支配教學和科研，這如何能夠實現教育的真正目標？既要馬兒跑，又要絆住馬兒腳，至此著名的「錢學森之問」（2005年，溫家寶總理在看望錢學森的時候，錢老感慨說：「這麼多年培養

的學生，還沒有哪一個的學術成就能夠跟民國時期培養的大師相比。」進而發問：「為什麼我們的學校總是培養不出傑出的人才？」）已有答案。有無數××學者頭銜，無真正的學者，有各種人才計劃，無真正的人才，有大項目，無大師的大學現狀，實在不足為怪。

教書與做學問是創造性的勞動，是追求卓越的事業，最需要自由的意志、獨立的人格、開放的頭腦和舒展的心靈，而服膺於權力的人格是扭曲分裂的、靈魂是萎頓猥瑣的、心胸和眼光是狹小的，又如何能夠完成教育的使命？環繞着權力打轉的旋渦成了今日的大學生態，其中耀人眼目的只是浮於表面的光鮮而短暫的名利泡沫，而真正的科學精神、人文底蘊、學術志業、社會關懷統統被捲入水底。大學的本質、教育之根本萬萬不可什麼都要，唯獨缺了良知和學術。簡而言之，學術研究不是打仗，不需要行政圈定的領軍人物，只須有正常寬鬆的學術環境和自由獨立的學人。

2017 年 12 月 6 日

7　群體性事件與信息黑洞

　　胡錦濤總書記向全體人民發出的「不折騰」[1]號召似乎未能得到很好的響應，近年來中國愈發進入了一個群體性事件頻發的時期。據《2005年社會藍皮書》和《瞭望》週刊等報道，我國群體性事件數量從1993年的1萬起增加到2003年的6萬起，2004年則上升至7.4萬起，2005年為8.7萬起，2006年超過9萬起，並一直保持上升勢頭。概覽部分重大的群體性事件，不難發現它們有一些相似之處：總是有行「打、砸、搶、燒」暴力行為的不法分子存在，總是有「極少數別有用心的壞人」造謠挑動，總是有「大多數不明真相的群眾」受其挑動而盲目參與；近期還出現了一種「無直接利益相關者」(指絕大多數參與者與最初引發事件的原因並沒有直接利害關係)大規模參與其中的「社會洩憤事件」。這些共同之處使人不難想到，群體性事件發生和解決的過程中，信息的發佈、傳遞、接受的渠道和方式出了

＊　本文原載於《社會學家茶座》，2009年第4輯，山東人民出版社。

1　2008年紀念中國共產黨十一屆三中全會召開三十週年大會上，前中共總書記胡錦濤發表講話：「只要我們不動搖、不懈怠、不折騰，堅定不移地推進改革開放，堅定不移地走中國特色社會主義道路，就一定能夠勝利實現這一宏偉藍圖和奮鬥目標。」其中「不折騰」為北方俗語，意指決策不會來翻來覆去。由於鮮有國家領導人於正式講話中使用俗語，因而成為一時熱話。

問題。人們不禁會疑惑：多數群眾為什麼總是「不明真相」？少數「別有用心者」為什麼一煽動就奏效？「無直接利益相關者」為什麼會積極參與？正如有網友所問：「你們掌控着一切宣傳資源，怎麼卻煽動不了人呢？」

信息高度不對稱

多數人不明真相首先緣於信息高度不對稱，信息不對稱是因為信息壟斷——不公開、不透明、大一統，因而無真相。信息不對稱本是經濟學概念，主要指經濟活動中不同的利益相關人掌握有關信息的程度不對等，因而一方可以利用信息優勢損害對方利益，同時使自身利益最大化（George Akerlof, *The Market for Lemons*, 1970）。信息不對稱的情況在社會生活和社會事件中也同樣大量存在，它表明社會不公正的程度，而且同樣導致社會不穩定的惡果。

以 2008 年的「6·28甕安事件」為例，一位少女的離奇死亡演變為一場大規模群體性事件：憤怒的遊行人群向警方投擲礦泉水瓶和泥塊，先後燒毀警車和點燃公安大樓，在七個小時的騷亂中，共造成縣委大樓、縣政府辦公大樓104間辦公室被燒毀，縣公安局辦公大樓47間辦公室、四間門面被燒毀，刑偵大樓14間辦公室被砸壞，42台交通工具被毀，被搶走辦公電腦數十台。全縣43萬人口的戶籍資料被全部燒光。騷亂共造成一百五十餘人受傷。在事件發生的第一時間，大量的現場圖片和各種版本的「事件原因」通過網絡等非正式渠道發佈出來；而同時正式的報道只有新華社對甕安事件發出的一條308字的消息，稱其為一起「圍攻政府部門的打砸燒事件」。其後，官方提供的過程描述中的「俯臥撐」一詞不脛而走，但這一關鍵詞在一個女孩的非

正常死亡和如此大規模的暴力事件之間實在難以建立合乎邏輯的關聯，公眾仍無法獲知事件如何發生的真實信息[2]。

甕安事件之後，貴州省委書記三次向百姓鞠躬道歉，並明確指出：事件的直接導火索是女中學生之死，但「背後深層次原因」是當地在礦產資源開發、移民安置、建築拆遷等工作中，侵犯群眾利益的事情屢有發生。事件被定性為「一起起因簡單，但被少數別有用心的人員煽動利用，甚至是黑惡勢力直接插手參與，公然向黨委、政府挑釁的群體性事件」。黑社會組織被稱為是導致事件暴力升級的罪魁禍首；一些本地幫派如「玉山幫」、「雞家幫」也被「從辣椒罐子裏刨了出來」。至7月初，甕安事件專案組共查獲涉案人員116人，排查出涉案人員共計249名。雖有如上之解釋，仍不難看出，這一解說和查證仍有語焉不詳之處，仍存在信息缺環。

在兩會期間，貴州省委書記總結了甕安事件的經驗教訓：事件發生之初，網上有許多謠言。但是通過媒體披露事件真相後，群眾的質疑得到了回應。堅持信息透明是迅速平息甕安事件的最重要原因。他同時強調，主要領導幹部第一時間到群眾中間傾聽群眾呼聲，並借助輿論監督、啟動幹部問責制，才能平息事態。然而這一「經驗教訓」並未被很好地記取，其後不久的

---

2 「甕安事件」發生後，貴州省公安廳發佈新聞稿解釋案情：「現已查明：2008年6月21日20許，李樹芬與女友王某一起邀約出去玩，同李樹芬的男朋友陳某及陳的朋友劉某等吃過晚飯後，步行到西門河邊大堰橋處閒談。李樹芬在與劉某閒談時，突然說：『跳河死了算了，如果死不成就好好活下去』。劉見狀急忙拉住李樹芬，制止其跳河行為。約十分鐘後，陳某提出要先離開，當陳走後，劉見李樹芬心情平靜下來，便開始在橋上做俯臥撐。當劉做到第三個俯臥撐的時候，聽到李樹芬大聲說『我走了』，便跳下河中⋯⋯」詳見中國新聞網，〈貴州通報甕安「6·28」打砸搶燒事件真相〉，摘自：www.chinanews.com/gn/news/2008/07-01/1299094.shtml。

「石首事件」再次「在種種傳言的發酵下釀成衝突」：同樣是一起非正常死亡案，面對諸多疑問，官方的解釋亦未能成功地說服死者家屬和廣大公眾。在數天內，政府的新聞發佈模糊不清，據不完全統計，代表政府立場的新聞稿只有三篇；而與之形成對比的是大量非正式信息在網絡上傳遞，網友以各種媒體方式發佈信息、追尋真相。某網站的貼吧中出現了近五百個相關主帖；在一些播客網站，也出現了不少網友用手機拍攝的視頻。

信息不對稱所導致的後果已經被人們清楚地意識到了，「石首事件」[3] 一週後《人民日報》指出：

> 面對突發事件，政府和主流新聞媒體僅僅發佈信息還不夠，還必須迅速了解和把握網上各種新型信息載體的脈搏，迅速回應公眾疑問，這需要政府尤其是宣傳部門具有快捷準確的輿情搜集和研判能力。如果在突發事件和敏感問題上缺席、失語、妄語，甚至想要遏制網上的「眾聲喧嘩」，則既不能緩和事態、化解矛盾，也不符合十七大提出的保障人民知情權、參與權、表達權、監督權的精神。（《人民日報》，2009年6月24日）

其實早在 2003 年的 SARS 事件中，就有相關官員因瞞報疫情的信息責任而引咎辭職，說明信息透明的重要性已經提上日程。此後，汶川地震的緊急救援時期，比較有意識地注意了災情和救災工作的信息透明。而信息相對開放的結果被認為「極

3　2009年6月17日，湖北石首市永隆大酒店23歲廚師涂遠高從酒店三樓墜樓死亡。酒店起初圖以金錢賠償解決事件，要求死者家屬停止追究責任，並承認事件屬於自殺案，惟死者屍體有傷痕，家屬因而拒絕並要求警方徹查事件。後來警方試圖移走屍體，死者家屬及在網絡上得知消息而前來現場聲援的過萬民眾上前阻止，事件逐漸發展成警民衝突。案發時，石首市政府網站發出題為〈我市發生一起非正常死亡事件〉的新聞稿，含糊掩蓋事件的嚴重性。

大地振奮了民族精神，增強了社會凝聚力，也提高了政府的威望」。今年的成都公交車起火事件，更是被有關文章稱為「突發公共事件處置的成都樣本」：在「第一時間公開信息，成了應對這場危機的一項基本原則」；「兩日內的五場密集新聞發佈」；「隨着事件輪廓的逐漸清晰，公眾不安與恐慌的情緒得到緩解」。(《瞭望》)

在信息不對稱、不透明帶來的諸多弊端已經被充分意識到的情況下，群體性事件的發生依然缺少透明度，依然看不明白其中的邏輯，這向決策部門、治理部門和整個社會提出了新的問題與挑戰：信息相對多元了、豐富了，但同時混雜無比，公眾依然無法得到清楚的真相，無從做出合理的判斷。人們要問為什麼信息多元了還是沒有真相？為什麼信息相對公開了，事件反而越來越模糊？官方從嚴密控制封鎖信息到主動公開一些信息，但卻仍然缺少公信力，這又是為什麼？

信息黑洞

如同《人民日報》就石首事件所提到的：「在網絡時代，每個人都可能成為信息渠道，都可能成為意見表達的主體。有個形象的比喻，就是每個人面前都有一個麥克風。這對輿論引導提出了更高要求」。雖然官方也承認信息透明有助於提升政府的公信力，有利於化解矛盾、維護社會穩定和健康發展。但是在多起群體性事件過程中，人們仍不難看到，一方面是官方的失語和權威信息的匱乏，另一方面則是與之成鮮明對照的網絡上各種傳言「巨浪滔天」，各色人等出於各種目的發佈各類消息，其中難免包括不實信息，甚至也有人為吸引眼球、吊起胃口而誇大、扭曲和編造消息，就像「石首事件」發生時，一些網民連死者的性別都沒搞清楚就跟帖起哄的情況。

信息多元了但依然不透明，傳聞豐富了卻還是沒真相，信息的接受者和搜尋者迷失在稠密渾濁、魚龍混雜的信息大海中。受眾所面對的是一個信息黑洞：其內部密度極高，其中隱匿着巨大的引力場，這種引力大到任何東西、甚至連光都逃不出它的手掌心，因而黑洞內部的事物無法被外界看見，只能通過受其影響的周圍物體來間接地了解它。從信息的高度不對稱到信息黑洞的出現，應該引起我們更深入的社會學思考。

首先，面對大量信息人們依然無從判斷緣於他們不相信——林林總總、數量巨大的信息反而讓人們無所適從，這意味着社會信任的喪失，特別是公信力的喪失；我們不難看到，公眾經常寧願去相信各種「來路不明」的消息，也不時有網民在綜合各類消息的基礎上進行主觀演繹、推斷，但他們卻不願相信來自正式渠道的信息，而且越聲稱是權威的、官方的、專家的消息和解釋，人們就越不相信。雖然，「在互聯網、移動通信支撐的社會多元表達平台上，政府發聲和輿論引導有過成功的經驗，例如汶川地震救援時期，政府一天一場、有時是好幾場新聞發佈會，主流媒體放開新聞報道，互聯網、手機、無線電、衛星通訊等新技術傳播媒介也各顯神通，保障了災情和救災工作的高度透明」，但是，這種緊急危機時期的信息有限公開的做法並未能應用在群體性事件中，強調「宣傳」的作用總是超過告知真相。例如「甕安事件」所總結的「五大教訓」之一「權威信息失語，虛假信息氾濫」並未成為前車之鑒，在距其一年後的「石首事件」之後，有關領導在總結相關經驗教訓時仍未注意到信息公開和告知真相的重要性，反而着力強調「要抓住事件中關鍵的人，掌握主動，利用各種主流宣傳媒體進行正面宣傳」[4]。

4　〈石首事件死者家屬獲賠8萬〉，《新浪網》，2009年06月26日，見http://news.sina.com.cn/c/2009-06-26/073815855029s.shtml。

其次，人們對主流媒體和權威信息失去信任是長期信息壟斷甚至虛假信息的必然結果。當說假話已經成為一種慣習時，還能指望民眾的信任嗎？當空泛虛假新聞每日充斥耳鼓的情境中，還能指望人們相信偶然有之的真實消息嗎？更何況，謊言的荒謬與編造的離奇時常超出人們的想像：儘管在利益無涉的情況下大多數國民都屬於「打醬油」一族，但如果謊言過於污辱人們的智商，還是會遭遇激烈的民意反彈，不信可以看看每次群體性事件所產生的「流行語」、「關鍵詞」：從「甕安事件」我們知道了「俯臥撐」，從「雲南晉寧事件」我們了解了「躲貓貓」，從杭州飆車撞人事件我們聽聞了「七十碼」，從上海「在建樓房倒塌事件」中我們懂得了「壓力差」；此外還有層出不窮、驚詫不斷的「做惡夢」、「洗澡澡」、「發燒死」、「自縊死」……這些說詞的突出特點在於離奇——遠離常態，挑戰常識，違背常理，超乎想像。雖然不是文學作品，但比文學還魔幻，比虛構還神奇，比神奇還離譜——因為虛構也需要合乎邏輯、符合常理，而現實卻是如此地令人匪夷所思，頻頻挑戰人們的想像力。如果對照漢娜‧阿倫特（Hannah Arendt）「平庸的惡」的概念，這種離奇可以稱得上是一種「離奇的惡」，而且值得思考的是，什麼造成了「離奇的惡」？

再次，「離奇的惡」將會導致民心喪盡的惡果，因為這種「離奇」和「惡果」來自於不受制約的權力。為什麼會有那麼多「無直接利益相關者」參與群體性事件？為什麼「鄧玉嬌」吸引了幾乎全部的同情和支持？為什麼人們總是在「不明真相」的情況下激烈行動、逢官必反？這無疑都來自於對權利失衡的不滿，尤其是對不受制約的權力的痛恨。以「鄧玉嬌案」為例，當一弱女被「三條男子漢」亦即「三個淫官」逼迫時，她只能在屈從和「手刃」這兩極之間選擇時，權力的失控和橫暴已然顯露無遺。而該案審判後張思之律師所言「一審能做出這樣的選擇，

愚以為出於高手點撥，來自高官指揮，我從中感到一些人的政治智慧在增長，在提高；只是沒有看到獨立審判的影子」則更揭示了權比法大的現狀。

權力的失控即「權力成為不但外部無法約束而且內部也無法約束的力量」[5]，如此上無約束，下無監督，左右無制衡，作惡和枉法就已經處於「不可治理」的狀態。權力失控導致權力合法性的喪失，各種潛規則支配着社會的實際運作，對整個社會的公平正義和道德理念造成嚴重侵蝕；整個社會的信息系統已經高度失真；公眾的信任感和社會認同急劇喪失；進而越來越多的人「不憚以最壞的惡意來揣測」[6]權力部門，在遭遇侵害時訴諸暴力，手起刀落。

社會學對集體行動與社會運動的研究都將制度作為矛盾衝突的解決之道，即認為一個健全正常的制度應該具有容納衝突的常規能力，並且應該有制度化解決衝突的方式。制度建設的一個重要方面就是使公民獲得知情權與表達權。就此而言，信息權應該是公民權也是基本人權的組成部分。因為在充分了解信息、知曉真相的情況下人們才能做出理性的選擇，以保護自身的權益，實現每個人與生俱來的「生命權、自由權和追求幸福的權利」。同時，通暢的信息渠道和充分地知情也是公民監督、批評政府機構和官員的先決條件；這些都是從根本上解決群體性事件、化解矛盾衝突、建設和諧社會的應有之義。

2009 年 8 月 31 日

---

5 清華大學社會學系社會發展研究課題組，〈走向社會重建之路〉，《戰略與管理》，2010 年第 9/10 期合編本。見 http://www.aisixiang.com/data/37329.html。

6 魯迅，《紀念劉和珍君》。

8 讓我如何不暴戾？

　　我們正身處一個高風險、不安定、具有很大的不確定性、甚至充滿暴戾之氣的社會之中。人們不難意識到，在各級政府大力推行「維穩」舉措的情況下，社會是不穩定的；在強調構建「和諧社會」的時候，社會是不夠和諧的。種種突發的暴力性事件——無論是楊佳暴力襲警、鄧玉嬌手刃色狼，還是發生在不同派出所、看守所的各種離奇死亡，當然還有爆發於各地的帶有暴力性質群體性事件，乃至日常生活中微不足道的小事都可能引發的流血衝突，都讓人們對此社會戾氣感同身受；而多起發生在學校幼兒園的襲童案更使暴戾為人感知的程度達到極致。這一系列充滿血腥味道的「社會事實」，迫使人們意識到：這個社會出了問題，有了疾患而且是致命的病症。

是什麼造成了絕望？

　　暫且拋開不同的生命意識和生命價值觀不談，如果一個人不惜孤注一擲、以命相搏，決定了斷他人和自己的生命，必定是出於深深的絕望。在找尋不到解決問題或麻煩的任何辦法，也看不到任何可能的出路之時，暴力方式就成為非常可能的選

＊　本文原載於《南都周刊》，2010年第31、32期。

擇。絕望的人多了，社會戾氣的增加也就不足為怪。問題在於，個別人的絕望可以歸咎於個體心理障礙、人格缺陷、遭遇奇特甚至運氣不好；而若許多人絕望則一定是社會有了毛病，無法歸因於心理問題。

行政與司法腐敗，權力不作為或胡作為是引發暴力的重要原因之一。在當下的社會轉型過程中，由利益分化造成的各種矛盾衝突本屬正常現象，人們的種種利益訴求和表達既是爭取或保護自身的權益，也同時表現了對社會公平正義的要求。而面對利益訴求和公正要求權力部門和執法部門如若不能合法、正當地行使權力、履行職責，必然造成嚴重後果。在這一過程中，上述部門的不作為和胡作為都是權力行使的失當。

對於弱勢者來說，行政與司法失當無異於雪上加霜。進而，以極端的方式應對不公正的待遇和巨大的傷害，有時是弱者僅有的選擇。以鄧玉嬌事件為例，不難理解這類「手刃」的衝動。如果理性的、非暴力的、法律的道路能夠走得通，我們沒有理由不相信絕大多數人都不會選擇以「手刃」的方式解決。但現實中，事實卻一而再再而三地向人們展示通過合法途徑保護自己的絕境，致使「手刃」的衝動不斷積聚。這種積聚其實早就開始了：從湖南的黃靜案，湖北的高鶯鶯案，還有一次次超出人們想像能力的「俯臥撐」，「躲貓貓」，「洗澡澡」，「做夢夢」，「七十碼」……哪一次徹底還了受害者一個公道？給了公眾一個明確的說法？若論辦得清楚利索的恐怕就數「楊佳案」了，的確達到「斬立決」之功效。但凡事得講個前因後果，楊佳案的後果是清楚的，前因卻十分模糊，究竟是什麼深仇大恨導致他手刃數人？其精神狀態是否屬於正常？

近日發生在江西省九江市修水縣港口鎮的大規模群體事件，又是權力不當作為所致。據報道，7月5日，港口鎮洞下村

村民因不滿當地政府強行搬遷而集體到北京上訪，當地公安出動數十輛警車將村民攔截回鎮政府。因被截訪回來的女村民被當地公安毆打昏迷不醒，數千憤怒圍觀群眾將鎮政府圍的水洩不通，用石頭、磚塊砸毀鎮政府辦公室所有玻璃窗，數十輛警車被民眾推翻、砸爛玻璃，當時馬路上和鎮政府一片狼藉[1]。這類以暴抗暴的悲劇在各地不斷上演，公眾似乎對此已經失去了敏感。

因絕望而訴諸暴力還緣於怨氣無處發洩，怒氣無從釋放。在利益衝突加劇、社會不公明顯的情況下採取的高壓「維穩」，常常導致憤怒和絕望迅速升級。如同我們在〈以利益表達制度化實現社會的長治久安〉一文中指出的：基層政府經常用「穩定壓倒一切」的口號來阻止和壓制弱勢群體的利益表達和利益訴求。在這種情況下，無論是信訪還是報刊，無論是網絡還是社會組織，都難以成為弱勢群體表達利益的有效渠道。實際上，當我們以穩定為由不允許農民工組織起來集體追討被拖欠的工資，不允許被拆遷戶就拆遷補償進行討價還價之時，維穩實際上已經變成維護拖欠農民工工資的不法企業和承包商利益的工具，成為維護開發商掠奪被拆遷戶利益的工具。而當維穩工作成為壓倒一切的首要任務的時候，一些地方政府對社會矛盾和社會不穩定的局勢估計得過於嚴重，那些短期內可能帶來一定利益衝突、造成一定社會波動、但從長遠看能有利於理順社會中利益關係的政策和措施往往被擱置，一些必要的改革措施因此錯失出台時機，導致不均衡的利益格局遲遲得不到有效調整，既得利益集團不斷坐大，甚至社會對其失去應有的制約。

1　〈江西修水百餘人不滿搬遷補助打砸鎮政府派出所〉，《騰訊網》，2010年7月8日，見https://news.qq.com/a/20100709/000137.htm。

高壓維穩會形成一種「越維穩越不穩」的惡性循環：越是要強調社會穩定、強化維穩工作，政府特別是基層政府就越是不能容忍民眾的利益表達；民眾越是缺乏有效的利益表達，社會中的利益格局就越是傾斜，尤其是底層群體受到的損害也就越大；利益格局越是傾斜，利益矛盾和衝突也就越尖銳，不滿情緒也就越強烈；由於正當的利益要求受到壓制，一些群體或個人就只能採用體制外的方式、有時甚至是暴力的方式來表達和發洩不滿，於是導致社會矛盾越加激烈[2]。當整個社會被維成一個高壓鍋的時候，暴力的突發幾乎難以避免。

公信力喪失，是戾氣的產生與傳導機制。在一個充滿戾氣的病態社會中，人們首先發現的是社會信任不復存在，特別是公信力喪失，而且越是來自官方的、專家的、權威的消息和說法公眾就越是不相信。正如有人調侃式總結的：不僅身邊的男人靠不住，女人靠不住，兄弟靠不住，公司靠不住，而且領導也靠不住，組織更靠不住。信任結構崩塌帶來的明顯後果首先是社會交易成本激增，社會交換和社會生活無法正常進行。這樣的市場環境、社會生態會讓生活於其中的人們不堪其累，因為即使最普通的需求的滿足也會讓人感覺艱澀不堪，而且是處處是陷阱、防不勝防。此外，就整個社會而言，沒有合理而有效的制度保證契約信用關係和規範的市場，人們只好訴諸暴力，以暴力維持秩序，或者依靠暴力組織得到保護，而這必然帶來社會生活的「西西里化」或「那不勒斯化」。正如孫立平所分析的，在這兩個以意大利黑手黨活動猖獗而著稱的地區，人們普遍地缺乏相互信任，在這種自私和缺乏信任的社會中，由於不存在最基本的公認規則和信任、缺少正常的社會交往方

2　見清華大學社會學系社會發展研究課題組，《以利益表達制度化實現社會的長治久安》，2010年4月。

式，人們若想在交換和競爭中獲取利益或處於有利位置，只能仰仗暴力和暴力組織。「他們在爭奪中最現實的目標不是戰勝對手，而是傷害對手。人們唯一的目標，就是從比自己地位高的人那裏尋找特權，向跟自己地位相同的人強行要求特權，並把最小的一部分分給地位低的群體」。而黑手黨的組織和行動方式無疑是最適應這種環境的。黑手黨的成功「不僅在於它能夠防禦性地應對信任的缺乏，而且也能使用殘忍的、必要的暴力手段，通過不斷地排外，把不信任變成有利的行動。它最重要的行為就是在盡可能大的領域內壟斷盡可能多的資源」。黑手黨作為一種獨特的社會組織，造就了當地畸形的社會規則與秩序，「一種以強化不信任為機制、以暴力為基礎的相對穩定的社會結構」[3]。

公信力喪失與信息壟斷造成的信息不透明、不對稱有直接關係。群體性的暴力事件經常是「不明真相的群眾」所為，但人們為什麼「不明真相」？在多起群體性事件過程中，不難看到，一方面是官方的失語和權威信息的匱乏，另一方面則是與之成鮮明對照的網絡上各種傳言「巨浪滔天」。在信息控制和封鎖之下公眾又如何明真相、辨是非？事實證明，信息公開有助於提升政府的公信力，有利於化解矛盾、維護社會的穩定和健康發展。有暢通的信息渠道才能實現公民的知情權——了解真相的權利；有真相才有信任。近年來發生的「甕安事件」、「石首事件」等群體性事件幾乎都與信息的發佈、傳遞、接受的方式有關。公眾經常寧願去相信各種「來路不明」的消息，卻不相信來自正式渠道的信息。公信力的喪失是信息壟斷甚至虛假信息的必然結果。當說假話、空話已經成為一種慣習時，還能指望人

3　參見孫立平，〈90年代中期以來中國社會結構演變的新趨勢〉，《轉型與斷裂：改革以來中國社會結構的變遷》，清華大學出版社，2004年。

們相信偶然有之的真實消息嗎？而對言論自由的壓制，甚至再興「文字獄」，無疑只會更加失去公眾的信任。就此而言，開放信息、公開真相實在是消除戾氣的良善之舉，明智之舉。

權力不受約束必然成為暴力並引發更多的暴戾

上述造成絕望和導致暴力的幾個方面原因都與權力不受約束有關，或者說都源自不受規制的權力。權力不受約束必然成為暴力；而且必然導致整個社會的暴戾。

中國當下所處的可稱之為後總體性社會的階段，具有權力獨大、權貴結合、權比法大的特點。具體而言，政府的體量和控制能力空前強大，市場亦受到權力的支配和影響，而社會這一本應是自組織的空間受到權力與市場的合力擠壓而十分狹小、力量薄弱甚至缺失。在此情境下正常的社會生活與社會組織必然十分稀缺和弱小，國家、市場、社會的三維均衡態勢無從形成。這些社會結構性特點正是暴力醞釀和爆發的土壤與條件。

權力不受制約的表現之一是官民關係極為失衡：官員能做的事和百姓能做的事有如天壤之別。不難理解，如此失衡的官民關係會導致劇烈的官民衝突，甚至見官即仇、逢官必反的惡性事件。

就現實而言，在缺少自主的市場和自主性社會的情境下，權力非但解決不了經濟和社會的問題，甚至連它自己的行為也無法控制。權力一旦失控，即「權力成為不但外部無法約束而且內部也無法約束的力量」[4]時，作惡和枉法就已經處於「不可治

4　清華大學社會學系社會發展研究課題組，〈走向社會重建之路〉，《戰略與管理》2010年第9/10期合編本。見http://www.aisixiang.com/data/37329.html。

理」的狀態。如此上無約束，下無監督，左右無制衡的不可控權力，必將導致權力合法性的喪失，各種潛規則支配着社會的實際運作，對整個社會的公平正義和道德理念造成嚴重侵蝕；與此同時，公眾的信任感和社會認同也會急劇喪失；進而越來越多的人「不憚以最壞的惡意來揣測」權力部門，在遭遇侵害時訴諸暴力。

不受制約的權力必然帶來自身的腐敗，而且導致整個社會的潰敗。在幾年前的山西「黑磚窰」事件發生時，我曾經分析過失控的權力會帶來整個社會生態的惡化：謀利型權力的實作邏輯是，有利則逐利、爭利、奪利；無利則放任和放棄。21世紀的奴隸制黑磚窰現象是基層政權以黑社會方式喪心病狂地逐利、同時上級部門因無利而放任和瀆職所造成的。被權力和治理放任和拋棄的社會底層，其生態無疑會迅速惡化，暴力成為社會運作的主要機制，無疑就是底層叢林社會的形成。底層生態的惡化意味着整個社會生態的惡化，意味着文明的沉淪。這就是我們真實的處境。

這裏所說的社會生態惡化即孫立平概括的「社會潰敗」。所謂社會潰敗是指社會系統自身的組織或細胞出了嚴重的毛病，如同人體的免疫系統疾病，功能喪失、內生性腐敗，堪稱社會癌症。首先，社會潰敗源自於權力腐敗，由於權力失控，腐敗也必然處於失控和「不可治理狀態」。應當看到，腐敗是失控的權力的必然結果，沒有對權力的有效約束，任何反腐敗措施都是不可能奏效的。其次，權力失控導致社會的公信力喪失，包括政府的公信力喪失，司法的公信力喪失，媒體的公信力喪失。在一些地方，越是官方的、權威的說法公眾越是不相信，甚至只有政府說這是白的，人們才能相信這是黑的。公信力的喪失意味着社會治理能力的根本性瓦解。第三，權力失控和腐敗必然導致巨大的社會不公正，缺少正義的社會難免是社會矛

盾尖銳，社會衝突頻發，上下交相惡，以鄰為壑，規則不存，亂相環生；這種景象我們已經從連續數起的校園襲童案和近期的富士康頻發跳樓自殺事件中領略到了；而叢林社會環境中的民眾會喪失基本的價值理念和是非觀念，精神世界的淪陷和底線不保對一個民族而言將是滅頂之災。

消除暴戾需要大悲憫大智慧

化解社會暴戾首先需要制約權力，而制約權力必須從社會建設入手。這是一項理性的、溫和的、持久的、具有積極的建設性意義的重要任務。

波蘭的著名公共知識分子亞當‧米奇尼克明（Adam Michnik）明確地提出在建設公民社會過程中非暴力的主張。這位出身於波蘭的一個革命家庭、並曾擔任「團結工會」顧問和在瓦文薩執政期間出任國會議員的知名異見人士，將妥協和改良作為走向民主和成功進行社會轉型的起點和主要途徑。米奇尼克認為，「民主是灰色的，而妥協是金色的」；他面對前蘇聯極權主義統治下的波蘭社會，「相信通過革命來推翻專制，既不現實又很危險。那些運用暴力攻佔巴士底獄的人，很容易建造一個更加悲慘的巴士底獄。」「極權主義的起源可以追溯到革命暴力的運用……不管誰運用暴力贏得了權力，他必須運用暴力維護權力。那些被教導運用暴力的人不可能放棄暴力。」而「爭取自由的鬥爭曾經聚焦在權力層面而不是創造公民社會。因此它最終導向集中營」。「暴力折斷了社會的聯結，並且，當社會如此原子化，其內部政治崩潰，它就變成自動導向極權主義……因此關鍵問題在於建立一個民主社會，沿着團結的合作嘗試的道路改變社會的權力系統，使得極權主義成為不可能。」在米奇

尼克看來，「所有的政府，實際上各種人類利益、每一種善和每一種富有成果的行動，都是建立在妥協和交易的基礎之上。」[5]

米奇尼克向人們證明了暴力和血腥決不是人類社會進步的出路，他也由此而成為「在權力、意識形態之外，面對公眾發言，推進獨立的社會運動，告訴公民應該如何做，而不是告訴當局如何做」的社會進步的啟蒙者。「在他身上，真正體現出知識分子的社會良心和普世精神。」[6]

化解社會暴戾需要悲天憫人的情懷，需要大慈悲，這不僅是對自己人、對同道、對社會下層的普通人，也應該包括對待自己的對立面、持不同意見者，或者可以說要把對方當作對手而不是敵人。有此情懷才有可能開始對話、博弈與合解，而博弈同樣也需要大智慧，這也是需要在實踐過程中學習和積累的智慧。道理確乎很簡單："living and let living"（自己活也讓他人活），世界本來應該是多元多樣性的存在。不同的或者對立的雙方在博弈過程中不免有對抗性的爭執、互不信任甚至激烈的衝突；但是雙方都不應把對方逼入死角，全是一方的利或全是一方的理，事情就沒辦法解決，如同市場中的交易和社會交換一樣。博弈也是讓步甚至妥協的過程，需要溝通、商量、討價還價。雙方都有退，雙方才能都有進，而社會正是在這有進有退中獲得改善和進步的。

悲憫和智慧的獲得都離不開正常的社會生活，人畢竟是社會性動物。從理論上說，一個正常、健全的社會應該是權力、市場、社會三種力量鼎足而立、相互制衡。在市場和社會發育

5　何家棟，〈灰色的民主和金色的妥協──《通往公民社會》序〉，亞當・米奇尼克，《通往公民社會》，崔衛平主譯。

6　同上。

程度低而權力獨大的情況下，發生權力的濫用、失控和腐敗是不可避免的，而暴力抗爭、以暴易暴幾乎也是不可避免的。試想一下，如果那些砍殺孩童的人有正常的社會生活，有親情、友情，可以進行表達並得到一定的社會支持，會形成那麼極端的反社會人格嗎？會以極度扭曲、黑暗的心理去實施瘋狂、血腥的暴力嗎？如果那些跳樓的富士康青年員工有正常的社會交往和社會生活，對未來有所期待，會選擇輕易地放棄生命嗎？

化解社會暴戾必須使權力得到控制，而約束權力、制約資本，唯有靠社會建設。作為公民，應該通過社會參與和積極行動實現和保護自己的合法權利同時推動公民社會的建設。而對權力而言其實也很簡單：放鬆緊繃的神經，放開緊握的拳頭，向社會開放合法性空間，讓公民社會正常發育。

公民權利的獲得與社會的成長路途尚且遙遠，努力推動正未有窮期。讓我們堅持。

9 「山寨」文化的山寨理解

　　已經過去的 2008 年的熱門詞語中，「山寨」無疑名列前茅。從「山寨手機」開始，「山寨電池」、「山寨電腦」、「山寨鳥巢」、「山寨明星」、甚至「山寨春晚」……接踵而至，讓人有些目不暇接，甚至連春晚剛剛走紅的小瀋陽都有了自己的「山寨版」，真可稱得上是山寨之山寨啊。中國無疑是個山寨大國，也有人直接說中國本身就是山寨；韓寒甚至說「沒有山寨就沒有新中國」。需要說明的是，這裏所談論的是「山寨文化」而不是「山寨產品」，後者涉及仿製、盜版、假冒，有侵犯知識產權之嫌，是知識產權保護法要治理的對象，不在本文討論之列。而「山寨」作為文化，或作為某種符號，為草根創造，屬民間文化，是一種相對於權威、精英、主流和正統文化的象徵與產物。在今日中國，誰都無法否認「山寨」已然登堂入室，在現實生活、文藝舞台、網絡媒體中頻頻亮相，成為無可否認的「社會事實」。如此看來，山寨文化當然有必要進入社會科學和文化研究的視野。

山寨今昔

　　據現代漢語詞典，山寨：山林中設有防守的柵欄的地方；或，有寨子的山區村莊。在傳統文化背景中，山寨乃綠林好漢

聚嘯山林之地，具體如《水滸傳》所描述的一百零八好漢所居水泊梁山之地，又如齊天大聖孫悟空與孩兒們快活生存的花果山，以及歷代各地落草為寇者居住的山野地方。

歷史上的山寨有着自己鮮明的特色，或者説有自己獨特的文化，這是在與朝廷、官府、廟堂、正規軍隊等相比較時呈現的。上述各類無疑都屬於官方的、正統的、上層的、權威的力量，與之相對應的山寨當然就是民間的、異端的、底層的、非正式的社會力量。雖為山寨草寇，卻有屬於自己的生存空間和組織結構，有各自的營生和維繫山寨社區或族群的規矩，即所謂「盜亦有道」。

在社會主義新制度下，各種各樣的山寨當然都蕩然無存了，山寨文化也大多被改造或納入社會主義新文化之中。只有在改革開放之後，特別是各種形式的大眾文化日漸繁盛之時，社會才空前地釋放出山寨文化得以存在的空間。文藝舞台上，從各種原生態到模仿秀，從「星光大道」到「超女」大賽；網絡媒體上更是百花繁茂，一首以「兩會主題」為名批評不良社會現象的段子可以作為這類民間創作的代表：

> 中行、建行、農行，行行出事；
> a股、b股、h股，股股下流；
> 昨天、今天、明天，天天下跌；
> 主板、小板、三板，板板完蛋；
> 農民、市民、股民，民民有難；
> 股市、樓市、車市，市市傷心；
> 麵粉、米粉、奶粉，粉粉有毒；
> 股票、鈔票、彩票，票票害人；
> 小官、大官、高官，官官皆貪；
> 二奶、三奶、牛奶，奶奶傷人。

其實在「山寨」一詞升溫大熱之前，同類現象的上演已經一波三折。發生於 2005 年的「饅頭 PK 無極」[1]事件中，「惡搞」一說登堂入室，迅速成為草根小人物表達自己想法和訴求的方式，它在使以網民為主體的普通人拍手稱快的同時也讓專業領域中的精英們大光其火。

2009 年初伴隨着「整治互聯網低俗之風專項行動」[2]，新物種「草泥馬」與「河蟹」等神獸橫空出世，一時間，視頻、音頻、博文、評論乃至相關玩具、錢幣、漢字令人眼花繚亂。這種表達方式，正如我已在相關文章中所言：作為互聯網時代的「弱者的武器」，「草泥馬」是網民執着地創造並維持一個社會空間與表達渠道的無奈之舉，而且事關網絡生存與社會生態的重要問題。

「惡搞」和「草泥」無疑都可屬「山寨」一族，是與廟堂相對的民間場域，是與正統並存的草根文化，在中國特定的制度背景下呈現出獨特的文化景觀。

山寨何為

作為民間場域中的草根文化，「山寨」應該是民俗學或民間文化研究關注的重要現象。它具有民間創作、非正式傳播、匿名性、模仿性、地方性、變異性等民間文化的一般特點。其中山寨文化的模仿性特點尤其受到人們的關注，這與諸多的山寨

1　2006年，自由工作者胡戈剪輯拼湊中央電視台節目《中國法治報導》及電影《無極》，並加上旁白製成約二十分鐘的網絡短片《一個饅頭引發的血案》。導演陳凱歌因其電影被「惡搞」感到不滿，同時亦引起二次創作的版權問題爭議。

2　2009年1月5日，中國互聯網違法和不良信息舉報中心發佈新聞稿，宣佈整肅網上的淫穢及低俗內容。該份新聞稿點名批評多個網站，要求網站處理並阻截淫穢及低俗內容的散播。行動延續至今，大量詞彙因整治而被禁用，山寨詞彙如「草泥馬」及「河蟹」因而衍生以替代原詞。

產品、山寨事物的仿製特性有關。但應注意的是，山寨文化的模仿並非簡單的仿效，甚至主要目的也不在仿效，正如陶東風所指出的：

> 山寨的核心是滑稽模仿，亦即戲仿。戲仿不是一般意義上的模仿。如果說一般的模仿把模仿對方當成仿效與學習的楷模，是學習的一種方法與手段；那麼，滑稽模仿就是旨在顛覆模仿對象的一種模仿。在這裏，模仿並不意味着學習，而是意味着顛覆。戲仿並不尊重原作，而是故意冒犯原作。在戲仿中經常使用的手法是隨意的拼貼，把被戲仿的對象抽離其原來的語境，加以隨意的拼貼，由於語境錯置而產生荒誕、滑稽的效果。

就此而言，「山寨文化的激進意義主要就表現為對於話語等級與話語秩序的顛覆與消解」[3]。

在我看來，山寨文化除了上述模仿——戲仿特性外，還包含更多的特性，或者說在不同情境中有着多重面貌。

首先，有些山寨式表達就是對主流文化的模仿，其前提是認同主流、欣賞主流，或者經由開始的模仿再逐步發展成熟以成為主流，例如各種類型的明星模仿秀。這類山寨文化比較接近山寨產品的仿製本義。

其次，有些山寨現象雖然形似模仿，主旨卻不在模仿，而是通過搞笑、諷刺、戲謔去顛覆其所模仿的正統和主流，這類作品經常使用拆分、拼接、創作新詞或者「以舊瓶裝新酒」等方法，重構出類似正宗實際上卻將模仿對象置於可笑、荒謬、惡

3　陶東風，〈「和諧盛世」說「山寨」〉，見 http://blog.tianya.cn/blogger/post_show.asp?idWriter=0&Key=0&BlogID=904780&PostID=16732054。

俗的境地，從而達到徹底解構、顛覆正統的效果。這類山寨文化例如與《無極》PK的「饅頭」、一些影視作品和文藝界事件的惡搞作品等等。曾有人指出：

> 由於模仿，由於抄襲，由於「傍名牌」，「山寨文化」哪怕是在最狂熱的製造者和追捧者眼中，也一樣屬於不能登大雅之堂的「假冒產品」。「惡搞文化」曝光了主流文化的做作和不足，可它對文化的不尊重卻成了它曇花一現的致命死穴。[4]

其實大可不必板着面孔指斥山寨文化永遠登不上大雅之堂，人家也許從來就沒打算登堂入室。準確地説，山寨所為是要從根本上消解雅和俗的界限，拆除廟堂與山寨之間的籬笆；或者説原本他們就沒把正統視作權威和尊敬仿效的對象，而是要從根本上顛覆之。

更值得關注的是，最具創造性或創新性的山寨文化是一些直接對抗正統和主流文化的作品，它們或許利用經典或傳統的表現形式，亦或創造自己獨特的新形式。而這類以抗爭性為主的創新表達時常令讀者觀眾拍案叫絕，讓文人學者自歎弗如。例如：為了批評一些地方對「學習心得」最少三千字的形式主義做法，有人做詞如下：

風雲突變，
開會念文件
大型報告無數遍，
文革盛景再現。

4　東方爾，〈山寨文化是創新還是侵權？〉，見 http://www.beijingreview.com.cn/2009news/jiaodian/2009-04/03/content_198375_2.htm。

科學發展是綱，
學習心得要長。
搜索百度一片，
複製黏貼真忙。

再如：

大陸風光，
千人搜索，
萬人照抄。
望會堂內外，
人海茫茫，
工作崗位，
逃之夭夭。
要查筆記，
更要心得，
科學發展就是高。
須明日，
看張榜展覽，
紅旗飄飄。
領導如此高招，
引無數屁民累折腰。
惜反右時期，
政治掛帥；
三反五反，
鬥爭難熬。
空前絕後，
文化革命，
只識請示與彙報。

俱往矣，
數拒不折騰，
還看今朝。[5]

不難看出，兩首詞作雖然使用了〈清平樂〉和〈沁園春〉既是傳統的又含有權威性意義的詞牌，卻旨在批判和顛覆某種政治傳統與正統權威。其創新的內涵與批判意識不言而喻。

再例如，近日網上出現的《清明上河圖之城管來了》，截取《清明上河圖》之仿本局部，加以PS而成，其諷刺、鞭撻的表達效果出人意料，不由得許多網民驚呼「太牛了」，「城市管理者早誕生幾百年，就沒有清明上河圖了」。而這超乎想像、異乎尋常的力度正是來自於山寨文化基於傳統形式的創造性思考與表達。

韓寒在〈沒有山寨就沒有新中國〉一文中說：

有人擔憂，山寨文化普及以後，中國將徹底淪為一個山寨大國。我認為，這樣的擔憂是沒有必要的，因為我們就是一個山寨大國，對山寨下手就是一種過河拆橋。

我想，「沒有山寨就沒有新中國」的說法應該既是經濟發展意義上的，又包含着政治的、社會的和文化的多方面意義。而至關重要的在於，山寨精神蘊含着顛覆的力量、抗爭的力量，特別是創造的力量。而其充盈而獨特的創造力和活力，是無論政治的、經濟的、或者文化的鏈條都無法鎖住的。

5　原文見網站「凱迪社區——貓眼看人」，但文章已移除；下列評論區仍可讀一部分文章：http://bbs.tianya.cn/post-news-123441-1.shtml。

山寨何往

　　山寨文化的存在已然無可否認，而其何去何從尚未明朗，山寨仍是處於發展演變過程中的事物。有人曾斷言：

> 在社會轉型時期，尤其在作為發展中國家的中國，「山寨文化」作為一種體制外的文化，一種有別於主流文化的亞文化，它的出現和流行對於社會來說，暫時起到「利大於弊」的作用，特別是對於那些高高在上的盤踞於廟堂之上的廟堂文化，更是能起到促進其變革創新的促進性作用。可是，隨着社會轉型的成功，文化逐漸回歸它的本來面目，山寨文化由於缺乏對文化最起碼的敬畏和尊重，它也會和「惡搞文化」一樣逃脫不了速生速朽的命運。[6]

　　也有人視山寨產品為「中國市場體系劣質化的一個標誌」，而「山寨文化不過是文化墮落的另一重表徵而已」；認為「這種山寨精神，與自由無關」；山寨文化也不體現平民精神，「事實上，這不是平民精神，而是流民精神，甚至是流氓精神」，因為它「否認了一切道德、文化。正是這種精神一路發展成為惡搞文化、山寨文化。這種山寨文化確實體現了非主流精神，但它是沒有任何建設性的非主流。它的盛行顯示的是這個時代真正創造性的匱乏。人們的心靈變得十分膚淺而軟弱，面對惡，只能以另一種惡回敬。因為，人們已經喪失了對於善的想像、嚮往」[7]。

6　東方爾，〈山寨文化是創新還是侵權？〉，http://blog.sina.com.cn/s/blog_63ef1bb60100gdxj.html。

7　秋風，〈山寨精神不是平民精神而是流氓精神〉，http://www.aisixiang.com/data/23510.html。

我倒是以為這類理解未免過於正統過於嚴肅，對於山寨文化大可不必如此鄙視和厭惡。回顧一下歷史，觀察一下現實，可以預期山寨文化大致可能不外乎幾種前景：

　　一種情況是被主流文化提升和接納，如同歷史上山寨綠林的被招安。對山寨而言，這大致是一個靠攏主流、學習主流從而進入主流的過程，現實中一些地方的、民間的、原生的文藝形式經由各種加工、包裝終於登堂入室，獲得更廣泛的認同，例如東北二人轉、方言小品表演、民間歌手的演唱等均可歸入此類。這說明山寨因其地方性、民間性特色為大眾喜聞樂見因而完全有可能提升為主流，並不一定「逃脫不了速生速朽的命運」。

　　當然山寨創作的被取締被封殺可能更為常見，一如歷史上山寨的被剿滅。如前所述，有人認為「山寨精神，與自由無關」，是的，山寨文化經常是不自由的產物，是無奈的另類表達，抑或僅僅是情緒的發洩，其非但不具官方認可的合法性，還常帶有針對正統的顛覆性、抗爭性。作為草根的表達方式或「弱者的武器」，被主流話語封殺剿滅幾乎是其必然的命運，但無可否認的是，來自外部的強制力量的結果並不意味着山寨文化自身生命力的衰竭，壓制往往會進一步激發山寨的想像力和創造力，沒有正常渠道而又遭到堵截的水流自會溢出流往不同方向。

　　山寨文化的理想狀態應該是在多元文化中獨立生存，自由生長。如同「春天裏來百花開」的野花雜草，雖然不如人工培植的國花、市花那麼豔麗、壯碩、整齊，卻自有其生命力和獨特韻味，不可缺少。一個以大國自居、以長久而高度文明為榮的社會應該有更寬廣的包容和更充分的自信，又何必對山寨文化處心積慮地圍追堵截呢？據報道，國家新聞出版總署署長、國家版權局局長柳斌傑曾表示：山寨文化是人民群眾的創造，體現了

民間的文化創造力，在一定程度上它有它的生存依據，山寨文化創作的有價值的、好的東西，應該納入保護的範圍之內。

　　如果上述報道屬實，我們倒是可以對山寨文化的生存持有比較樂觀的預期。要真正理解和解釋山寨文化現象，僅從官方的視角、主流的視角或精英的視角必然是不得要領的。根據社會人類學研究文化的一個核心觀點："from the native's point of view"即以當地人的視角看問題，從某種文化所獨有的角度體諒生命和世界，我們只有從山寨的角度才能理解山寨，從民間的立場才能言說民間。山寨文化就是草根文化，其生命力正可謂「野火燒不盡，春風吹又生」。更何況，自由的心靈、飛揚的精神和舒展的靈魂是一個民族文化的希望所在，是一個社會進步的基本前提，讓山寨文化成為培養和釋放這種精神的載體吧。

2009 年 4 月 10 日

10 世界工廠的「中國特色」

新時期工人狀況的社會學鳥瞰

　　以「中國製造」(Made in China)為標誌的「世界工廠」形象伴隨着中國龐大的勞工群體，出現在新世紀的舞台上。但是這一出現並非一個新工人階級的閃亮登場，而是以工人的被非法欠薪和艱難討薪、罹患塵肺等職業病或工傷而得不到合理賠償與診斷救治、甚至是青年工人屢發跳樓自殺等現象而黯然呈現；而這一切的底色便是資本與權力勾連的「中國特色」。勞工作為生產問題和社會問題，特別是作為階級問題，曾經是世界性的重要議題，當然也成為社會科學研究和思考的重要學術問題，並由此產生了諸多經典理論。在一個資本全球化的時代，在當代各主要資本主義國家的勞工運動漸呈消退趨勢的國際背景之下，中國勞工群體卻以其獨特姿態出現在人們的視野中，這個以農民工為主體的勞動力大軍，不僅因其數量巨大而且以其令人悲歎的生存狀況與特有的抗爭方式而引人注目。

經典理論不曾面臨的問題

　　中國工人階級的退場與再形成是伴隨中國社會轉型的一個重要「社會事實」。從計劃經濟體制下的國有企業和集體企業工

人到今天已然成為勞工主體的「農民工」[1]群體，面對中國社會重大而緊迫問題的社會學研究有必要「把工人階級帶回分析的中心」[2]。

有關不同時代、不同國家工人階級的研究論著構成了社會學勞工研究的重要資源。然而這些研究和在此基礎上形成的經典理論面對今天的中國農民工問題都難以提供現成的解釋，或者我們可以說經典理論遇到了新的問題、新的挑戰。

在21世紀的中國已然成為「世界工廠」之時，一個世界上最為龐大的勞工群體也正在形成之中。其構成通常被認為主要有兩個部分：一部分是農民進入城鎮務工成為工人的「農民工」；另一部分是原有國企工人轉變而成的勞動力市場中的工人和因制度轉軌而失業下崗的工人。而作為農民工第二代的所謂「新生代農民工」更是以其相對於他們父輩的鮮明特點而跨進勞動力市場。這些特點決非僅僅來自於年齡的差異，而是全面呈現出「新生代」作為一種制度範疇，與鄉村、城市、資本和國家所具有的不完全相同於上一代的關係類型；而這也決定了他們在行為、表達、動機和觀念方面的明顯特徵。具體而言，與老一代相比，新生代農民工的受教育程度有了很大提高，而且有相當比例的人是直接從學校進到工廠的；新生代農民工與農村聯繫相對薄弱，務農經歷很少甚至根本沒有務農經歷；他們與城

1　「農民工」這一概念在研究中和社會上引起許多爭論，有觀點認為這一指稱帶有歧視義涵，應予替換為「工人」或「新工人」。但我們認為，所謂「歧視」源自於這一群體的戶籍身份，是體制性地位低下，而並非來自稱謂本身。「農民工」概念恰能呈現出這一不無悖謬的體制位置，對此不應予以遮蔽。還應指明的是，農民工的英文應該是 peasant worker，而不是 migrant worker（移民工），他們因體制限制未能真正移入城市，不能視作「移民工」，而「農民工」正是他們身份和地位的制度性本質。

2　沈原，〈社會轉型與工人階級的再形成〉，《社會學研究》，2006年第2期。

市的關係更強，消費習慣、生活追求和價值觀都和以「農村」為根的父輩大相徑庭；新生代農民工與企業和國家的關係也有較大的變化，他們的權利意識更強，對社會不公正更為敏感；他們會主動向企業爭取利益、向國家要求權利。與城鄉、企業、國家的新型關係界定了新生代農民工的群體特徵。新生代的群體特徵也導致了他們在權利表達上的新特點，這不僅表現為年輕工人更頻繁地發動和廣泛參與各種抗爭行動，而且還表現在其鬥爭策略、動員手法、與社會各界互動方式等的轉變上，特別是他們的利益訴求的變化和提升等方面。例如，珠三角地區一些代工廠的年輕工人開始基於市場變化和行業利潤，要求分享更多的勞動成果，維權訴求轉變為利益訴求；他們更為深切地感受到自組織過程中的制度障礙，從而強烈要求重組或建立企業工會，落實工資集體協商制度等[3]。

面對新時代的勞工問題特別是「新生代農民工」問題，經典理論遭遇「中國特色」的諸多挑戰。

工資問題

馬克思的工資理論分析了勞動力的價值和價格是怎樣表現為它的轉化形式，即表現為工資的。作為僱傭勞動關係的產物的工資，是在勞動力市場中根據勞動力生產費用和勞動供求關係而形成的。但無論是計時工資還是計件工資，都是獲取剩餘價值的方式，只不過以工資形式得以掩飾[4]。通過對勞動時間的分析，馬克思力圖揭示資本如何靠榨取剩餘勞動、剩餘價值而

---

3 清華大學社會學系「新生代農民工研究」課題組，〈困境與行動——新生代農民工與「農民工生產體制」的碰撞〉，《清華社會學評論》總第6輯，2012年。
4 馬克思，《資本論》第一卷，人民出版社，1975年，頁585–593。

獲得資本增值的「秘密」[5]。然而馬克思試圖用以解釋資本家是如何通過工資形式及剩餘勞動時間獲取工人勞動所創造的剩餘價值的理論卻無法解釋今日的中國農民工、特別是建築業農民工所面臨的困境──不僅是低工資的問題，也不僅是勞動時間的問題，而是不能「按月結算」領取工資、甚至幹滿一年都拿不到工錢的問題。從2013年調研總體樣本來看，工地上按月結算工資的比例僅為19.9％，不足五分之一。成都市和瀋陽市「按月結算」的比例較高，而首都北京的比例最低，僅為5.5％。在過去的一年中，未經討薪而結清工錢的比例為46.6％，其中鄭州的比例最低。此外，有12％的工人沒有拿到一分工錢。可見，建築業拖欠工資的現象依然嚴重[6]。值得注意的是，拖欠工程款導致工人無法按時領取勞動報酬的不僅僅是資方，還時常是政府項目。這類欠薪問題是經典的勞工研究理論也不曾面臨的。

勞動力再生產問題

馬克思的勞動力再生產理論指出，勞動力商品的價值，是由生產和再生產勞動力這種特殊商品所需要的社會必要勞動時間決定的。必要勞動時間，就是勞動者完成簡單勞動力再生產的那部分時間，包括勞動者自身勞動能力的恢復和持續；勞動技能的培養和提升；新的勞動力的補充和增加等。由此不難得知，勞動力再生產的成本，不僅包括了工人本身的體力和腦力的再生產，而且還應擴及他們的家庭，包括他們的醫療、社保、住宅、子女哺養、教育、老人贍養等費用。但中國的農民工、特別是新生代農民工，大多背井離鄉，隻身來到城鎮工

5　馬克思，《資本論》第一卷，人民出版社，1975年，頁258–271。
6　潘毅、吳瓊文倩，〈一紙勞動合同的中國夢──2013年建築工人勞動合同狀況調研〉，《參閱文稿》，2014年第6期。

作。其得到的常常是最低工資收入水平的報酬，只包括了他們自身最基本的勞動力再生產的費用，並不足以覆蓋勞動力再生產的全部成本。更因城鄉二元結構的制度所限，他們無法作為移民工人真正容身於他們所嚮往的城市，而是往來於城鄉之間，形成了每年春節期間候鳥遷徙般的大規模人口流動。

勞動力供給問題

根據勞動力供求關係的經濟學理論，如果勞動力短缺情形出現，可能成為迫使資本提升工人工資、改善勞動待遇的契機，但是在中國，比如東南沿海地區曾經出現的「民工荒」，卻並未迫使資本提升工資和待遇，也並未帶來工人處境的改變或者有利於工人的改善。這僅僅用勞動力供求關係理論無從解釋，其原因當從「中國特色」中尋找。

階級鬥爭與工人階級形成問題

現實告訴我們，無論是馬克思的以「生產」為中心環節，在生產過程中的結構位置和資本主義勞動過程的剝削本質，導致工人對資產階級的階級鬥爭，並從「自在」階級走向「自為」階級的分析[7]，還是將「市場」置於核心位置，認為社會的自我保護運動將會伴隨着工人運動的再次勃興而達到高峰的波蘭尼（Karl Polanyi）模式[8]，抑或湯普森（Edward Palmer Thompson）的《英國工人階級的形成》研究，更多地強調生產過程以外的那些複雜的社會因素、文化因素和價值觀對工人階級形成的作用[9]，

7　馬克思，《哲學的貧困》，北京人民出版社，1961 年。
8　卡爾・波蘭尼，《大轉型：我們時代的政治與經濟起源》，浙江人民出版社，2007 年。
9　E・P・湯普森，《英國工人階級的形成》，錢承旦譯，譯林出版社，2001 年。

都無法直接用以回答這樣的問題：中國市場化的改革與開放三十多年了，為什麼未見工人階級的形成、或者工人任何形式的組織化過程？為什麼富士康的青年工人選擇跳樓自殺都不進行積極的表達與抗爭？工人的各類抗爭行動為什麼經常無效？在工人遭遇困境之時，工會在哪裏？工會又在做什麼？總而言之，中國工人階級的出路究竟在何方？

「中國特色」：權力與資本的獨特結盟方式

回答上述問題，須具有社會結構性視角，即從作為結構力量的權力、資本和勞工的關係與互動入手，方能看到中國勞工問題的本質。勞資之間關係的緊張和衝突是經濟活動中帶有普遍性的現象，但是少有國家和地區達到中國大陸這樣的程度：勞工與資本之間關係極度失衡，一方極弱，一方超強，力量、能力和資源佔有等方面非常懸殊，致使協商、談判、對抗等博弈過程無從進行，甚至博弈一詞用在此處都顯得過於奢侈。我們需要分析不同力量之間何以形成如此巨大的差異，勞工為何如此之弱，資本為何可以如此強大和蠻橫，其力量和資源來自何處。

工廠專制政體下的管理模式

麥克・布洛維（Michael Burawoy）在《生產的政治》一書中提出並且系統地論述了「工廠政體」。根據他的界定，「工廠政體」包括了對工廠和勞工進行分析的四個基本維度：第一，勞動過程；第二，勞動力再生產模式；第三，市場競爭；以及第四，國家干預[10]。這四個環節把微觀的工廠場景與宏觀的制度背

---

10 Burawoy, Michael, *The Politics of Production: Factory Regimes Under Capitalism and Socialism.* London: Verso, 1985.

景勾連起來，它們共同作用，塑造了勞資關係的基本特點以及工人的行動方式和行動能力。這些基本的政體維度可以為我們理解中國的勞工問題提供概念和理論借鑒。

以工廠專制政體的概念工具透視當代中國的勞資關係和農民工的抗爭方式，至少可以使我們得出如下的基本看法：新生代農民工群體就業的大多數工廠政體都屬於典型的工廠專制主義政體，可以發生多起跳樓自殺事件的富士康工廠作為代表，而遠未達到「製造甘願」的霸權政體的階段。不加掩飾地壓迫和剝削是資本治理農民工的主要方式[11]。

準軍事管理體制下的車間管理模式與宿舍管理模式是工廠專制政體的突出表現。以富士康工廠為例，堪稱「準軍事化的工廠專制主義政體」至少具有四個主要顯著特點，第一，高強度的勞動過程、超長勞動時間和低廉的工資；第二，工人宿舍位於廠區之內，成為車間專制政體的延伸；第三，除生產線上的工作關係外，工人之間的其他社會紐結幾近全部被毀壞，從而造成工人孤獨冷漠的原子化狀態；第四，準軍事化的非人道管理[12]。

2010年10月發佈的《「兩岸三地」高校富士康調研總報告》分析探討了富士康的勞動管理體制，即以高強度、超時生產、低工資和低消費成本來達到生產效率及利潤的最大化；通過暴力規訓、意識灌輸及分化工人來消解工人的反抗力量；以犧牲

11　Burawoy, Michael, *The Politics of Production: Factory Regimes Under Capitalism and Socialism.* London: Verso, 1985; Ching–Kwan Lee, *Against the Law: Labor Protests in China's Rustbelt and Sunbelt.* Berkeley: University of California Press, 2007; 沈原，《市場、階級與社會──轉型社會學的關鍵議題》第二部分，社會科學文獻出版社，2007年。
12　郭于華、沈原、潘毅、盧暉臨，〈當代農民工的抗爭與中國勞資關係轉型〉，《二十一世紀》，2011年第124期。

工人的尊嚴、健康甚至生命為代價的管理模式。在富士康，工廠飯堂與宿舍等生活區，甚至工廠以外的社區，都不過是生產車間的延續，是工廠低成本運行的體現，都被牢牢掌控在富士康帝國的版圖之內。這種生產車間與宿舍管理緊密結合的工廠體制構成了龐大的、中國所特有的宿舍勞動體制。這也是「富士康帝國」存在的秘訣，它最大限度地利用工人的勞動力，規訓着工人的肉體與精神，塑造着工人的生產與生活方式，對工人進行24小時「全景敞開式」的控制，這樣的管理體制直接造成工人的異化和集體性心理創傷。這種極為嚴苛的專制主義工廠政體導致的結果是，工人不僅被商品化了，而且更被原子化了。原子化的工人被剝奪了採取集體行動的各種資源，只能採取消極的表達與反抗方式，自殺則是選擇用生命來表達無聲的、也是最絕望的反抗[13]。

我們必須意識到，富士康這類勞動管理體制的形成不僅是富士康企業本身的「傑作」，更離不開跨國資本與權力的「支持」力量。出口導向型經濟發展模式是國家的宏觀經濟政策，該政策通過維持勞動力的低工資和低權益，吸引國內外資本投資，富士康企業正是在這種背景下實現了贏利的快速增長；而與此同時，跨國資本的獲利本性和運作邏輯將富士康置於利益鏈條的末端，只對其支付最低廉的代工費[14]，使這類「代工帝國」為了獲取微薄的利潤轉而更殘酷地壓榨工人，可以看出是跨國資本、權力和代工企業聯手將工人迫入悲慘的境地。

13　參見《「兩岸三地」高校富士康調研總報告》，2010年10月。

14　參見《2012年度「兩岸三地」高校富士康調研報告》關於蘋果公司的部分，原文見http://pcic.merage.uci.edu/papers/2011/Value_iPad_iPhone.pdf；亦有媒體曾經報道富士康與蘋果公司達成共識，後者將向前者提供2%的補貼，即增加2%的代工費，以緩解加薪帶來的成本壓力。參見http://www.yicai.com/news/2010/06/357530.html。

「拆分型」勞動力再生產模式

　　勞動力再生產包括勞動力的「維持」(maintenance)和「更新」(renewal)兩部分。前者指的是勞動者恢復體力腦力的過程，而後者則包括一系列勞動力代際更替的安排，如贍養老人、撫育子女等。一般而言，勞動力的維持和更新兩部分應緊密結合，在同一時空條件和相同的制度背景中進行。然而在我國，農民工的勞動力再生產過程卻被拆分開了[15]。農民工個人體力腦力的恢復是在工廠/城鎮中實現的，儘管這往往只是以擁擠的住所和粗劣的飯食為特徵的勞動力低水平「維持」。而勞動力的代際「更新」則是在這些農民工的來源地即鄉村老家中實現的。具體來說，農民工的父母子女留在了生活成本較低的農村，成為「留守老人」與「留守兒童」[16]，農民工家庭中的老人贍養和子女撫育也仍然需要部分依靠農業生產來實現。將農民工和他們的父母子女分開，不但可以有效降低工業生產成本，以廉價勞動力來推進工業化，而且可以減少城市的負擔和壓力。也就是說，農民工的日常生活維持和代際更替被拆分在城市和農村兩個不同空間中進行，而以戶籍制度為核心的社會福利和社會服務的城鄉二元結構強化了農民工勞力再生產的這種拆分體制。低工資收入、低社會保障、城市－農村雙向依賴、強迫

15　美國社會學家 Michael Burawoy 在研究南非、美國等地的移民工人時，提出了「拆分型生產體制」這一概念。參見 Buroway, Michael, "The Functions and Reproduction of Migrant Labor: Comparative Material from Southern Africa and the United States," *The American Journal of Sociology*, Vol. 81, No. 5, 1976, pp. 1050–1087。關於中國農民工的拆分型生產體制的進一步討論，可參閱沈原，〈社會轉型與工人階級的再形成〉,《市場、階級與社會──轉型社會學的關鍵議題》，社會科學文獻出版社，2007年，頁163–193。

16　「留守老人」與「留守兒童」亦成為當今重大的社會問題，此處暫不論及。

流動等構成其主要特徵[17]。這種「拆分型」的勞動力再生產制度給農民工家庭造成了巨大的困境，也導致了農村社區空巢化和凋敝的趨勢，但卻為以最大限度地獲取利潤為目標的資本所偏好，也被發展主義取向的國家所青睞。

「拆分型勞動力再生產模式」的基本特徵是將農民工勞動力再生產的完整過程分解開來。這種再生產模式確保了勞動力的低成本優勢，在過去的三十年內將全球範圍內大量的勞動密集型產業吸引過來，推動中國迅速轉變為「世界工廠」。國家則通過一系列規制安排和政策措施，如戶籍身份制度、高考招生政策、農民工子女就學政策、對勞工集體組織爭議權利的約束等延續和固化了這種模式。

政府幫企業解決用工短缺問題

通常情況下，勞動力市場的供求關係出現變化會帶來勞資關係的變化與相應調整，企業用工量很大而工人相對不足的時候，本應是有利於工人提升自身價碼、改善待遇的機會，也是企業產業技術升級的契機。然而，在中國東南沿海等部分地區已經出現「民工荒」的時候，這種機會和契機卻並沒有出現。原因在於，地方政府直接參與並以行政手段幫助企業招工。

解決用工短缺的一個主要作法是政府將招工作為重要任務，將招工指標分層下派，為此甚至不惜投入大量的公共資源為招工企業服務。例如，在河南省，政府將富士康的用工需求作為招工指標進行分解，層層下達給各級政府作為重要的任

17　清華大學社會學系、中國青少年發展基金會「新生代農民工研究」課題組，〈困境與行動——新生代農民工與「農民工生產體制」的碰撞〉，《清華社會學評論》總第6輯，2012年。

務，並且在財政上給予大量補貼。2010年9月，河南省政府下發題為〈河南省扶貧辦關於富士康科技集團在我省貧困地區招聘培訓員工工作的通知〉的文件，以扶貧的名義將富士康招工的任務下達給各地方政府，該文件顯示當年的9月及10月兩個月內為富士康完成招工人數2萬人，招募對象主要為職業學校在校的實習生以及貧困地區剩餘勞動力。為了完成招工任務，該文件還規定了招工的獎勵措施，其中職業介紹補貼為每人200元發放給職業介紹機構，就業人員每人給予600元生活補貼，同時省政府還對組織人員到富士康工作和實習的單位給予獎勵，僅前兩項補貼合計就高達1,600萬元。在河南安陽、廣西南寧、重慶、成都等富士康新建廠區，調查也都發現了類似的情況[18]。地方政府以促進就業、實習、扶貧等名義，投入大量的公共資源，其目的不過是配合招商引資，為富士康的投資落戶提供大量廉價的勞動力供應。

　　另一作法就是地方政府通過教育主管部門迫使職校、技校學生以實習為名進入企業打工，使其成為企業的廉價勞動力。仍以富士康為例，在用工短缺的情況下，無論是富士康還是地方政府，都不約而同地將目光投向職業學校，因為那裏有數量可觀、年輕廉價的勞動力聚集。更為重要的是，由於職業學校隸屬於政府教育行政系統，更加有利於政府用行政命令的方式將招工指標下達至學校並要求其完成。對於職業學校來說，他們一方面通過向富士康輸送學生工而獲得不菲的財政補貼和獎勵，同時也完成了就業指標、兌現了就業承諾。而作為職業技術學校的學生，他們則基本上必須服從學校的安排，因為他們

18　參見《「兩岸三地」高校富士康調研總報告》，2010年10月，載 http://it.sohu.com/20101009/n275489839.shtml；《2012年度「兩岸三地」高校富士康調研報告》，載 http://roll.sohu.com/20120406/n339934671.shtml。

是以「實習」的名義被送進工廠的，而實習則是教學內容的規定組成部分，儘管這裏所謂的實習與他們所學專業經常毫無關係，也無益於他們提高自身的職業技能。2010 年，調研組在深圳、昆山、太原、武漢的調查發現，富士康的生產車間在大量使用學生工。2010 年暑假期間，約有十萬名在校學生被派往深圳富士康實習；同一時間，昆山富士康的學生實習工約為一萬人，佔整個廠區員工數的約六分之一；在重慶，119 家職業學校承諾將學生派往富士康實習。一些被迫參加實習的學生指出，職業學校已淪為職業中介，而地方政府亦成其幕後推手。這一方面極大地降低了富士康的招募、管理和人力成本，另一方面也滿足了其彈性化的用工需求，職業學校亦從中牟利，而學生們卻將他們的本來的學習時間和體力、青春消耗在一條條流水線上[19]。

政府作為推手幫助企業招工，其弊端顯而易見：其一，公共資源被濫用，為一些特定的企業服務，這不僅損害了納稅人的權利，也不利於用人企業之間的公平競爭。其二，政府將企業招工這一經濟行為行政化，助推了作為教育機構的職業技術學校的商品化，使之淪為代工企業的職業中介。其三，政府的直接插手勞動力市場，阻礙了勞動者權益的提升。按照市場經濟規律，若出現勞動力供應緊張，會導致工資的上漲，對於普通工人來說，這本是收入提高、待遇改善的良好契機；然而由於地方政府的強力介入在很大程度上阻礙了這一進程的發生；納稅人的稅款和本屬工人的收入，就這樣被制度性地用來為資本逐利服務。資本與權力的結盟，無過於此。

---

19 參見《「兩岸三地」高校富士康調研總報告》，2010 年 10 月，載 http://it.sohu.com/20101009/n275489839.shtml。

工人抗爭遭遇「維穩」

在市場經濟條件下常見的勞資矛盾中，勞工一方往往在經濟、政治和社會資本方面都處於顯著劣勢，勞資雙方的博弈難以形成。在雙方力量和資源極不相稱的情境下，罷工或走上街頭常常是工人僅有的、最後的、但也是最為有效的表達訴求和施加壓力的方式，有此壓力存在才有可能迫使資方回到談判桌前，使協商、妥協、討價還價成為可能。而現代勞工運動也證明，只要充分明晰了罷工的程序和規則，將其轉變成常規政治的一個組成部分，即便是大規模的罷工、示威等抗爭活動也不會對社會的基礎秩序造成整體性衝擊，反而有利於及時釋放和消解掉那些可能導致社會動盪的緊張和怨恨。然而，在中國的「維穩」體制下，工人任何有組織的行動都被視為不穩定因素而要求被消滅於萌芽狀態，甚至已經處於生存絕境的工人，例如塵肺病農民工要求診斷、治療、賠償的生存權的表達，都被壓倒和消滅[20]。而這種高壓鍋式的「維穩」無益於勞資矛盾和利益衝突的緩和與解決，卻無疑為矛盾的積累和爆發添火加油，而且不可避免地加劇勞資關係的不平衡乃至整個社會的不公正。

工會問題

工會到底姓什麼？這個看似不是問題的問題在中國卻是真正的問題：在上層，工會姓官──即自上而下的科層行政機構；在基層和一些企業中，工會可能姓官，也可能姓資，而唯獨不姓勞。有些企業工會負責人同時擔任中層管理人員，還有一線工人曾經有這樣的描述：「工會主席不是老闆娘就是老闆的

---

20 參見趙洪傑，〈塵肺病鑒定馬拉松〉，《南方日報》，2011年9月26日。

娘」[21]。就此而言，在今日從一般意義上討論工會的去官僚化問題在中國語境下就不是一個真問題的探討，如果去了官僚化就等於去了工會。

就工會職能而言，工會究竟是如工人所言的「擺設」[22]還是對付工人行動的一種機制？這也是一個問題。以富士康工會為例，在富士康企業發生多起青年工人跳樓自殺事件後，工會不是首先了解工人困境、尋找解決之道，而是配合資方，出面組織萬人誓師大會和類似嘉年華的活動，要求工人簽署承諾不自殺保證書[23]。在某些企業發生工人以罷工方式要求增加工資的事件中，出手毆打工人的竟然是工會人員[24]。這時的工會甚至成為幫助資本壓制和馴服工人的工具。

工會性質的確定，工會職能的落實，關鍵在於工會是工人自組織的還是被組織的。官方工會或企業主導的工會都不是工人的工會，當然也不可能是為工人說話辦事的工會。而工人想要有自己的工會卻又遇到中國特有的相關制約而不能成立；在一些行業和企業中，工人要求參加現有工會甚至都遭到拒絕：「我們要參加工會卻被拒絕，理由是你們是勞務工，拿的是勞務費而不是工資，拿工資的才是職工，才有資格參加工會」[25]。沒有合法的屬於工人的工會組織，作為原子化的工人當然很難

21　參見工人發言，「五一中國基層工會建設與企業民主管理研討會」，2013年5月1日於北京。

22　「工會是集團形象的一個幌子」──富士康工人，「五一中國基層工會建設與企業民主管理研討會」，2013年5月1日於北京。

23　彭勇，〈富士康舉行萬人誓師大會撫慰員工〉，《新華網》，2010年8月18日，見http://news.qq.com/a/20100818/002314.htm。

24　參見汪建華，《新工人的生活與抗爭政治》，清華大學社會學系博士學位論文，2013年，頁125–126。

25　建築工何師傅，「五一中國基層工會建設與企業民主管理研討會」，2013年5月1日於北京。

為自身的合法權益與資方進行談判、協商與有組織的抗爭。這也是造成非預期突發性群體性事件甚至暴力衝突的原因之一。

階級的形成與社會的生產

中國勞資關係的緊張衝突和勞工困境的根本原因在於權力與資本的強強聯合，在這一權力格局中，工人的極度弱勢恰恰緣於他們公民權利的缺失，這些權利包括最基本的知情權、結社權和表達權。農民工不是作為公民而存在意味着整個社會公民權利的缺失，勞工的制度性位置決定了他們的行為與表達方式，無法進行有組織的正式抗爭，利益訴求的表達缺少正式和有效的渠道，工人往往只能採取例如以腳投票等相對消極的反抗[26]，甚至自殺這種極端方式的表達。

工人缺少作為公民的基本權利

勞工之弱，弱在能力；而能力不足源自於基本權利未能得到保障。以簽訂勞動合同一事為例，自 2007 年以來，我們「關注新生代農民工計劃」就開始關注四千萬建築工人的勞動狀況，尤其是拖欠工資、工傷、職業病拒賠、維權無門等問題，這些問題無不與勞動合同沒有落實緊密相關。《勞動合同法》出台五年了，而整個建築行業的用工狀況依然凌駕於法律之上，一線的建築工人簽訂勞動合同的很少，各地平均簽訂率只有17.4%，其中成都為14.5%，武漢為12.1%，瀋陽為14.9%，最

26　清華大學社會學系「農民工就業趨勢研究」課題組、工眾網工眾研究中心，《「短工化」：農民工就業趨勢研究》，2012年1月。

低的鄭州，只有6.8%。相對比較高的北京，也只達到32%[27]。建築業農民工的工資被長期、嚴重地拖欠，年年發生各類討薪事件；建築業農民工的工傷保險覆蓋率也極低，工傷維權與職業病維權難上加難；勞資關係惡化，衝突加劇，暴力事件亦時有發生；這一切的根源是農民工手上沒有勞動合同，勞動關係不被承認，勞資雙方依法解決糾紛的途徑被堵塞。簽訂勞動合同，確認勞資雙方的契約關係，是勞動者的基本人權，是安全地有尊嚴地勞動並獲取相應勞動報酬的法律保證，如果連這一權利都不能落實，遑論工人的社會地位和其他保障。

在一定程度上，世界工廠的「中國特色」即秦暉所稱的「低人權優勢」，其結果必定是資本與權力雙贏，而勞工則滿盤皆輸。資中筠先生曾講過一個耐人尋味的故事：

> 前幾年一次會議，我碰到一個德國人，他說中國將要成為世界經濟的引擎。會後我跟他說，你過高估計了中國的發展，中國還有很多困難。他說，你們連工人的工資都可以不發，我們怎麼競爭得過你們？![28]

走出勞工困境，須從落實工人的公民權利入手。首先要在工廠中落實農民工的「企業公民」身份。「企業公民」是指工人在工廠中不僅僅是勞動者，受到相應的管理和約束，而且還享有「公民權利」，有權就簽訂勞動合同、工資、工時、工作條件和其他相關問題提出訴求。企業公民權利包含很多內容，但在當前，最重要的權利之一就是集體議價機制。在「農民工生產體制」中，集體議價機制的缺失導致農民工的工資收入長期以來

27　潘毅、吳瓊文倩，〈一紙勞動合同的中國夢——2013年建築工人勞動合同狀況調研〉，《參閱文稿》，2014年第6期。

28　資中筠，〈讓年輕人知道真實當代史最重要〉，載https://news.qq.com/a/20101028/000440_2.htm。

處於低水準狀態，難以反映市場用工、物價水平、企業利潤等方面的變化，阻礙了工人通過程序正義實現自身利益。調查發現，儘快開始逐步為新生代農民工落實「企業公民」的權利已有可行條件：農民工自身素質已有極大的提高。很多工人開始利用互聯網和各種渠道獲取企業和行業相關信息、特別是查詢法律知識並認真汲取其他企業的工會運作和集體談判經驗。此外，基於經濟訴求的行動更容易保持在平和、理性、可控的狀態。在推進集體議價－談判機制建立的同時，工人參與和建立真正意義上的工會的權利、通過施加壓力如罷工等進行合法正當表達的權利也需同時推進。

城鄉二元制度確定了農民工的結構性位置

長期以來的戶籍身份制度造成了農民、農民工「二等國民」的身份地位，即制度性地位低下。前述各類勞工困境包括低工資、欠薪和討薪、「工廠專制政體」、非人道管理、「拆分型」勞動力再生產模式、工會問題和組織化維權困境等，無一不與農民工的制度性弱勢身份直接相關。除此之外，城鄉分割的體制必然製造成全域性的影響：農民工非正常的家庭生活，留守兒童、留守老人問題，每年春運時節的交通困境，城市社會治安問題等等，無不與此密切相關。試想一下，超過 2.5 億的勞動力大軍加上他們的家庭人口，如此龐大且佔全國人口相當比例的人長期處於不正常、不穩定的生存狀態中，這在任何一個國度都是難以想像的。

解決這一結構性問題，要在城市中落實農民工的「社區公民」身份。「社區公民」身份主要指農民工有權享受在地城鎮居民所享有的各種社會福利。這包括農民工及其子女有權在城市中平等地享受包括教育、醫療、住宅等在內的各種公共服務。

要完全實現農民工的「社區公民」權利當然是一個長期的、艱巨的任務，只能逐次推展，但是從現在開始就要努力開展這方面的工作，包括制度安排的考慮和各項具體的政策設計。近年來農民工與本地居民之間爆發的一些激烈的群體性衝突已經表明：為從根本上化解當前困境，為新生代農民工落實此種「社區公民」所應享有的權利已是一項不容拖延的任務[29]。

在勞工研究中，「勞動過程」、「工廠政體」、「專制與霸權」、「工人階級形成」等分析性概念都可用於「轉型期工人階級再形成」的過程，而公民權利與公民社會概念當有更為重要的意義。原因在於，非公民存在狀態的工人只能是孤獨、冷漠、無助的原子化個體，無從成為階級成員。當代農民工對資本與權力雙重剝奪和壓迫的抗爭也必然成為工人爭取基本權利即勞工三權——團結權、集體談判權與集體行動權，並藉此改變失衡的勞資關係和「中國製造」發展模式的動力機制。這一轉變除了能為農民工賦權、使之在有組織的抗爭過程中從「自在的階級」轉變成「自為的階級」，同時也是產業轉型與升級和中國經濟可持續性的需要。而如何突破城鄉二元結構的制度安排，使農民工在成為「企業公民」與「社區公民」的過程中形成中國的新工人階級，也是社會轉型的應有之義。

我們注意到，在工人特別是新生代農民工為保護和爭取合法權利的抗爭過程中，新媒體技術發揮了重要而獨特作用。這些年輕的工人除了以最大限度、最小成本、最有利於自己的策

---

29 清華大學社會學系、中國青少年發展基金會「新生代農民工研究」課題組，〈困境與行動——新生代農民工與「農民工生產體制」的碰撞〉，《清華社會學評論》總第6輯，2012年。

略利用信息技術，有效地進行交流和表達外[30]，還特別有意識地在抗爭過程中發揮信息技術的作用，使之成為他們表達與行動、爭取自己合法權益的重要手段。如有研究發現，新工人通過有效使用互聯網和手機等信息技術，將已有的同學、同事、老鄉、朋友等關係編織成有機網絡；互聯網上豐富的信息催生出工人新的訴求並提升其參與意願；抗爭信息的向外傳播又刺激並影響着更廣泛的抗爭行動[31]。儘管新媒體技術有利於工人的自組織過程，但作為一種新技術傳播與交往方式，能否突破體制屏障和穿透社會結構性制約，需要研究者重視但仍然有待深入的觀察和分析。

工人階級與公民社會的關係

世界勞工運動的歷史和中國社會轉型過程中勞工的真實處境，已經向我們提出了工人階級形成與公民社會發育的重要問題。

法國社會學家阿蘭‧圖海納（Alain Touraine）認為，由於後工業社會的來臨，工人階級正在從政治舞台隱退而去，「工人運動的衰敗」使之不再是社會運動和社會革命的主要力量，因而社會運動研究者的迫切任務就是要尋找新的社會運動主體，並發現「新社會運動」。美國勞工研究的代表人物麥克‧布洛維更是指出當下世界勞工研究的一種令人擔憂的趨勢：工人階級的歷史意

30　Yuhua Guo and Peng Chen, "Digital Divide and Social Cleavage: Case Studies of ICT Usage Among Peasants in Contemporary China," *The China Quarterly*, Vol. 207, 2011, pp. 580–599.

31　汪建華，〈互聯網動員與代工廠工人集體抗爭〉，《開放時代》，2011 年第 11 期；吳銘，〈中國知識界的新媒體運用──《開放時代》近年來的相關論文〉，《開放時代》，2013 年第 5 期。

義似乎日益喪失，關於革命工人階級的假設被認為在理論和哲學上都負擔過重……我們必須對工人階級說再見，轉而擁抱來自公民社會的新社會運動。布洛維在西方社會學有關勞工問題的「雙重危機」中，仍然堅持肯定工人階級的歷史地位和歷史作用，支持生產中心性的立場和觀點[32]。這些變化趨勢和擔憂也同樣是「世界工廠」背景下中國勞工研究所面臨的重要現實議題和理論問題。

　　前文所述的中國勞工問題的嚴峻性，特別是工人階級的形成，並不能因為國際學界驚呼中國正在成為一座「世界工廠」──中國正在形成世界上最龐大的產業工人階級[33]，就不成其為問題。沈原在〈社會轉型與工人階級的再形成〉一文中首先關注到卡爾・波蘭尼的「能動社會」理論以及「社會分析」與「階級分析」的關係[34]；進而在「社會的生產」一文中，又探討了市場轉型期的三大階級，即農民、工人和中產階級，通過各自的維權抗爭，生產出片斷的、零碎的公民權，如勞工從維護「勞動權」走向公民權的過程[35]。這一分析首次將中國工人階級研究與公民權理論聯繫起來。潘毅和盧臨暉等的研究用「未完成的無產階級化」對新生代農民工群體加以描述。所謂「未完成的無產階級化」是指保留了小塊土地的農民工家庭實際上保留着小私有者的尾巴，使得他們不可能像經典意義上的無產者階級那樣一無所有，可以徹底地融入工業生產體系和城市生活。進而，中國農民工無產階級化的過程和路徑決定與塑造着中國的新工人階

32　沈原，《市場、階級與社會》，社會科學文獻出版社，2007年，頁164。
33　同上，頁165。
34　同上，頁173–191。
35　同上，頁293–297。

級[36]。但這些研究並未充分探討在中國特定的制度背景與轉型過程中，工人階級的形成與公民社會的生成有着怎樣的關係。

如果我們着眼於如前所述的「中國特色」的「世界工廠」中農民工群體的真實處境和造成其弱勢的結構性原因，就不難理解，新工人階級不會隨着資本的全球化和中國的「世界工廠」化而自然形成，農民工的「未完成的無產階級化」乃至完成的無產階級化都不是促成或制約中國工人階級形成的根本要素。中國勞工在成為真正的公民並享有公民的基本權利之前，難以形成真正意義上的工人階級。或者說，對工人而言，公民的基本權利就體現為各項勞動權利的實現和保障、勞工的組織化權利的落實。可以說公民權利是工人階級形成的前提條件。

在各項勞工權利中，表達權和結社權尤為重要。此二者是建立有效的勞資雙方的利益博弈機制、均衡勞資關係的重要渠道。首先，目前在一些地方已經開始嘗試的「工資共決」，正是市場經濟條件下利益均衡機制的一個組成部分。應當使工人有權利、有能力參與有關自己切身利益的工資、加班、勞動時間、勞動條件、勞動保護等事項的決定過程，通過談判、協商、討價還價、合法抗爭等方式實現自身的合法權益。第二，建立勞資雙方利益博弈機制的組織建設是工會職能的轉變與落實，這要求把憲法規定的保障公民的結社權落到實處。工人應該有屬自己的、能夠真正代表其利益的工會組織：這應該是現有工會組織職能的轉變，也同時是現有工會體系在基層工作場所的延伸和具有功能；如若這兩點都難以做到，則應允許勞動者自發組織工會。有組織的力量才能使勞工的利益訴求得以凝聚和表

---

36 潘毅等，〈農民工：未完成的無產階級化〉，《開放時代》，2009 年第 6 期，頁 1–20；盧暉臨、潘毅，〈當代中國第二代農民工的身份認同、情感與集體行動〉，見本刊同組文章。

達，使弱勢的勞方具備與資方談判的能力，並在必要情況下通過有組織的、合法的抗爭向資方施加壓力，使勞資雙方的利益和權利得到適當的實現和保證。第三，要承認罷工的合法化。由於掌握的資源和權力的差別，勞資雙方力量懸殊，作為弱勢群體的勞動者一方，有時只能把唯一的資本——勞動作為其維權的手段，即通過罷工獲得應有的經濟權益，包括工資和福利待遇等。就國際範圍而言，罷工是工人用和平方式維護其權利的最後手段。此外，罷工作為一種施壓機制，也有利於平衡勞資雙方力量，促使談判、協商機制得以運行[37]。上述勞工權利的實現，本身亦是爭取公民權利、建設公民社會的題中之義。

綜上所述，轉變「低人權優勢」的發展模式，更要靠工人自組織的力量和社會的力量，這需要波蘭尼意義上的「能動社會」(active society)的建設。所謂「能動社會」是指與市場擴張相抗衡的社會的自我保護運動，面對市場的侵蝕和資本的膨脹，社會本身展開動員，產生出各種社會規範和制度安排，諸如工會、合作社、爭取減少工作時間的工廠運動組織、爭取擴大政治權利的憲章運動，以及政黨的初步發展等，以此來抵禦和規制市場[38]。就中國社會的現實而言，以能動社會的建設為先導，同時推進公民社會的建設，也許更為可行。勞工階級的出路在於形成自主的社會力量。

不是被冊封的「領導階級」，而是能夠主張自身權利的「自為階級」；不是「未完成」或者已完成無產化的弱勢群體，而是能夠把握自己命運的自主的社會力量；不是被組織、被賦予階

---

37 清華大學社會學系社會發展研究課題組，〈走向社會重建之路〉，《戰略與管理》，2010年第9/10期合編本。

38 參見卡爾·波蘭尼，《大轉型：我們時代的政治與經濟起源》，馮鋼、劉陽譯，浙江人民出版社，2007年。

級頭銜的勞動人群，而是自組織並且在爭取自身合法權益的抗爭中成長為作為公民社會主體的工人階級。簡而言之，中國新工人階級的形成與中國公民社會的發育當是同步進行的過程，或者説勞工運動本身就是公民社會建設的重要構成部分。工人的公民化過程，勞工權利亦即公民權利的獲得與保護是解決勞資矛盾和轉型正義的根本問題，而這一轉型的進程將表明：中國工人階級不再只是一個受苦受難的階級，而將成為一個有能力自覺地干預歷史進程的社會主體力量。就此而言，勞工階級的出路也是整個中國的出路。

參考文獻

E·P·湯普森，《英國工人階級的形成》，錢承旦譯，南京：譯林出版社，2001年。

T·H·馬歇爾，〈公民身份與社會階級〉，載於郭忠華、劉訓練編，《公民身份與社會階級》，南京：江蘇人民出版社，2007年。

卡爾·波蘭尼，《大轉型：我們時代的政治與經濟起源》，杭州：浙江人民出版社，2007年。

吳銘，〈中國知識界的新媒體運用──《開放時代》近年來的相關論文〉，《開放時代》，2013年第5期。

汪建華，〈互聯網動員與代工廠工人集體抗爭〉，《開放時代》，2011年第11期。

汪建華，《新工人的生活與抗爭政治》，清華大學社會學系博士學位論文，2013年。

沈原，〈社會的生產〉，《社會》，2007年第3期。

沈原，〈社會轉型與工人階級的再形成〉，《社會學研究》，2006年第2期。

沈原，《市場、階級與社會》，北京：社會科學文獻出版社，2007年版。

沈原、程平源、潘毅，〈誰的責任？〉，《中國工人》，2010年第1期。

秦暉，〈「另一個奇跡」南非經濟發展的「低人權成本優勢」〉，北京天則經濟研究所編《「市場化三十年」論壇論文彙編（第一輯）》，2008年。

馬克思，《哲學的貧困》，北京：人民出版社，1961年。

馬克思，《資本論》（第一卷），北京：人民出版社，1975年。

郭于華、沈原、潘毅、盧暉臨，〈當代農民工的抗爭與中國勞資關係轉型〉，《二十一世紀》，2011年第124期。

郭于華，〈回到政治世界，融入公共生活〉，《人民論壇‧學術前沿》，2013年12月。

清華大學社會學系、中國青少年發展基金會「新生代農民工研究」課題組，〈困境與行動——新生代農民工與「農民工生產體制」的碰撞〉，《清華社會學評論》總第6輯，北京：社會科學文獻出版社，2013年。

清華大學社會學系「農民工就業趨勢研究」課題組、工眾網工眾研究中心：〈「短工化」：農民工就業趨勢研究〉，《清華社會學評論》總第6輯，北京：社會科學文獻出版社，2013年。

清華大學社會學系社會發展研究課題組，〈以利益表達制度化實現社會的長治久安〉，《領導者》總第33期，2010年4月。

清華大學社會學系社會發展研究課題組，〈走向社會重建之路〉，《戰略與管理》，2010年第9/10期合編本。

潘毅，《中國女工：新興打工階級的呼喚》，任焰譯，香港：明報出版社，2007年。

潘毅、吳瓊文倩，〈一紙勞動合同的中國夢——2013年建築工人勞動合同狀況調研〉，《參閱文稿》，2014年第6期。

潘毅、盧暉臨、郭于華、沈原主編，《富士康輝煌背後的連環跳》，香港：商務印書館，2011年。

蘇黛瑞，《在中國城市中爭取公民權》，王春光、單麗卿譯，杭州：浙江人民出版社2009年。

Burowoy, Michael, "The Functions and Reproduction of Migrant Labor: Comparative Material from Southern Africa and the United States." *The American Journal of Sociology*, Vol. 81, No. 5, 1976, pp. 1050–1087.

Burawoy, Michael, *The Politics of Production: Factory Regimes Under Capitalism and Socialism*. London: Verso, 1985.

Guo, Yuhua, and Peng Chen, "Digital Divide and Social Cleavage: Case Studies of ICT Usage among Peasants in Contemporary China." *The China Quarterly*, Vol. 207, September 2011, pp. 580–599.

Lee Ching-kwan, *Against the Law: Labor Protests in China's Rustbelt and Sunbelt*. Berkeley: University of California Press, 2007.

11 紫金《鄉愁》系列採訪
當農村趨於凋敝農民卻並未「終結」

    問：郭老師，您好，非常感謝您接受紫金傳媒智庫的專訪。每逢春節前後，中國人都會開啟全球最大規模的「遷徙」行動，讓整個世界為之瞠目結舌。從2015年開始，紫金傳媒智庫都推出「紫金鄉愁系列訪談」，雖定位「鄉愁」訪談，我們並非只局限這一話題，而是希望能從您的訪談中，獲知這種流動的意義和內涵，窺探轉型中的中國社會。在您看來，數億人不辭辛勞不遠千里穿越重重困難渡過重重劫難返鄉又返城，究竟是為了什麼？中國人為何如此眷戀家鄉？

    答：歲時年節，闔家團聚，本是人之常情，也是人倫禮儀，談不上「困難與劫難」，也並非只有中國人特別眷戀父老鄉親、故鄉家園。但是持續了三十多年的「春運」卻是中國社會的獨特景觀，數億人不辭辛勞不遠千里奔波於城鄉之間，有關部門高度緊張如同打仗，人們甚至談「春運」色變，不僅火車、汽車滿載，由農民工組成的摩托車隊冒着嚴寒上路也牽動着許多人的心。這些都是構成鄉愁的重要內容吧。

    這種候鳥遷徙般的大規模流動現象來源於超過2.7億農民工的存在[1]。以外來務工者為主體的流動者的困境當然不止表現於

---

1   參見〈統計局發佈 2014 年全國農民工監測調查報告〉，載 http://www.gov.cn/xinwen/2015-04/29/content_2854930.htm。

「春運」。所謂「鄉愁」也相關於農村的留守兒童、留守老人、留守婦女，也體現為農村的凋敝趨勢。

農村勞動力人口外出打工，是以生存需求、生活改善為動力的，是農村發展和城市化的必然趨勢，然而相關的制度與政策安排卻未能適應這一重大歷史進程的需要，未能提供相應的保障。我們暫且不提始於上世紀 90 年代的老一代農民工的流動，僅以新生代農民工為例：所謂「新生代」並非僅僅是年齡或代際概念，而是揭示了一種新的生產關係和新的身份認同交織在一個「世界工廠」時代的勞工群體。與其父輩相比，其自身鮮明的特點折射出「新生代」作為制度範疇，與鄉村、城市、國家、資本所具有的不同於上一代的關係。他們受教育程度較高，同時較少鄉村生產勞動的經歷，他們在城鄉之間選擇了城市生活方式，他們不願認命，有着更強烈的表達利益訴求和對未來更好生活的要求。而他們所面臨的似乎無解的現實悖論卻是融不進的城市，回不去的鄉村。

難以化解的矛盾表現為新生代與舊體制之間的衝突：「舊體制」是指自改革開放以來形成並延續了 30 年之久的「農民工生產體制」，其中一個重要的面向就是「拆分型勞動力再生產制度」，其基本特徵是將農民工勞動力再生產的完整過程分解開來：其中，「更新」部分如贍養父母、養育子嗣以及相關的教育、醫療、住宅、養老等保障安排交由他們所在鄉村地區的老家去完成，而城鎮和工廠只負擔這些農民工個人勞動力日常「維持」的成本[2]。這種特色體制造成並維持了農民工融入城市的

2　清華大學社會學系，〈新生代農民工研究課題組：困境與行動 —— 新生代農民工與「農民工生產體制」的碰撞〉，《清華社會學評論》總第六輯，2013 年。

困境，以及與之相伴的留守的兒童、老人、女性的悲劇和每年「春運」的「重重劫難」。可以說，如此「眷戀」如此「鄉愁」是人之常情，也是制度使然。

今年（編按：2018年）是中國改革開放40年了，而這麼多年來形成的兩代農民工的問題仍然沒有從根本上得到解決，這是鄉愁，也是國愁。

問：您曾經在論文〈世界工廠的「中國特色」──新時期工人狀況的社會學鳥瞰〉中提到，長期以來的戶籍制度確定了我國農民、農民工的「二等國民」的身份地位。在2017年年底，京滬等一線城市的大城市病非常嚴重，人口多、交通堵、空氣差，當地提出了人口控制和疏解的政策，並設立了嚴格的人口紅線，絕大部分外來務工人員只能選擇返鄉，網絡上稱之為「驅逐低端人口」，印證了農民工的「二等國民」的提法。在您看來，這些驅逐行動究竟能帶來什麼？

答：這個問題與前一個有關。2017年底發生的所謂「驅低」事件（這個詞帶有極強的貶義，最好不用），針對的主要是外來務工人員。控制和疏解人口的政策並非近年才出現的，而是有着超過半個世紀的歷史，一直伴隨着中國工業化城市化的曲折進程。今日的鄉村困境與城市困境實為這一過程的一體兩面，先來看農村：在中國語境下，所謂鄉愁，既有人們對故土田園生活方式的懷念，更有對農民困境和鄉村凋敝的擔憂。談到今日鄉村人們時常將其困局歸因為農村人口向城鎮的流動。農村問題越來越突顯，而且似乎的確是伴隨着城市化進程而出現的。但如果我們將眼光放長遠一點並用結構性視角去看待分析這些問題，就無法回避這樣的思考：今日鄉村的困境包括老年

人自殺率上升、兒童認知能力偏低[3]、農村女性的不堪重負、村民家庭生活不正常等等，僅僅是由於人口流動、青壯年勞動力外出打工造成的嗎？

相較於其他國家的城市化過程，中國所面臨的現實是農村趨於凋敝，而農民卻並未「終結」。農民問題在中國社會轉型過程中是最沉重也是最嚴峻的問題，

人們常說，中國的問題是農民的問題，意為農民、農村和農業是中國社會轉型中最大最難的問題；人們也常說，農民的問題是中國的問題，這並非同義反復地強調，而是說所謂「三農」問題僅僅從農村和農業着手是無從解決的，農民問題是全域性的而且必須在整個社會的結構和制度變革中去思考和解決。

從中國農民的結構位置看，農民在歷史上一直處於被剝奪的位置，在特定時期甚至被剝奪殆盡。長久以來，他們總是社會變革代價的最大承受者，卻總是社會進步的最小獲益者，其二等國民的待遇勿庸諱言。而農村一直是被抽取的對象——勞動力、農產品、稅、費、資源(土地)。如同一片土地，永遠被利用、被開採、被索取，沒有投入，沒有休養生息，只會越來越貧瘠。不難看出，農村今日之凋敝，並非緣起於市場化改革後的勞動力流動，農民作為弱勢人群的種子早已埋下：傳統的消失，宗族的解體，信仰的缺失，地方社會之不存，因而無力疏解和抗拒權力的重壓，這些在半個多世紀之前已經註定。

再來看城市，城市化問題與農村問題有關，也和農民工困境有關，而且是制度性困境。這些困境迫人思考的問題是：

3　美國史丹福大學教授羅斯高(Scott Rozelle)研究團隊，「農村教育行動計劃」(Rural Education Action Program, REAP)，https://theinitium.com/article/20161206-dailynews-china-western-children/。

什麼是真正意義上的城市化？到底是誰的城市化？城市化的本質是什麼？政府主導的城鄉一體化格局如何實現？顯而易見，只要人手不要人口，只要勞力不要農民的城市化不是真正的城市化和現代化。進入城鎮工作和生活的農民，如果不能真正融入城市，成為與城市人享有同等權利的社區公民，怎麼會有真正意義上的城市化？怎麼能有正常的城市生活？試想相當於甚至超過城市居民人口數量的外來務工人員卻不能在城市安居樂業，不能有正常的家庭生活，不能獲得醫療、養老、子女教育等社會保障和公共服務，一些職業不對他們開放，年節還要奔走於城鄉之間，城市生活和城市的發展又何以可能？城市居民的生活又何能不受這些「不穩定因素」的影響？

北上廣深等超大型城市的情況會有些不同，由於人口聚集、城市如「攤大餅」一般地擴張，人們擔憂於嚴重的「城市病」。所謂城市病的症候通常表現為「人口眾多、交通擁堵、空氣污染」、以及治安、消防等方面的問題，但如果細想一下，這些問題都是農民進城造成的嗎？從世界範圍看，北上廣深在人口密度排序上雖相當靠前，但仍次於不少大城市[4]；而且人口並不一定是城市病的主因。比如交通問題，可以北京為例，數量龐大的外來務工人員大多工作居住在城市邊緣，即所謂城鄉結合部或者「城中村」裏，他們若是出行，多會乘坐地鐵、公交等公共交通工具，私家車與他們無緣，官車更是不相干；所以交通擁堵不可能是他們造成的。至於空氣質量、霧霾等問題，當然不是來源於他們多喘一口氣所致。治安與消防等問題同樣不是緣於人口，而是管理者及城市治理的問題。

---

4 參見〈全球城市人口排名〉及〈世界城市人口密度排名，北京上海入圍前十〉，載 http://www.mafengwo.cn/travel-news/220751.html。

清理外來人口的整治方式是運動式治理，背後的思路是計劃經濟思路。眾所周知，城市的存在如同自然生態一樣也是一個複雜系統，城市生態本是多元的、互動互構的、合作共存的。不同階層的人們生活於城市，在經濟活動和社會生活中相互需求、相互配合也互相博弈，構成了城市的生態鏈。誰都不可能孤零零地生活在城市，無論那個端的人口都無法單獨存在，清理了「低端」，必然波及中端、高端，最後城市生態惡化，大家都過不好。

　　面對多元複雜的城市生態，計劃經濟思路是行不通的。一如經濟活動，再聰明理性的大腦或智囊都無法做到了解一切、調度一切、掌控一切，那是不可能完成的任務。對於外來務工人員，簡單地趕走並不是「城市病」的對症藥方，也無法解決城市化過程中的種種問題。更何況，城市建設需要時要他們召之即來，感覺城市擁擠時將他們揮之即去，公正與道義又在哪裏？

　　問：您也提出，要改變中國農民及農民工的「二等國民」地位，要靠他們自組織的力量和社會的力量，在去年下半年這場「驅逐低端人口」的行動中，您是否發現這種力量的誕生？

　　問：除了農民及農民工自己的抗爭，我們的國家與社會在制度上如何保護這些人（外來務工人員）在大城市最基本的生存權益？

　　答（一併回答）：長久以來，中國農民被視為有着「貧，弱，私，愚」特性的一盤散沙或一袋馬鈴薯，這種狀態是確實存在的，正如費孝通先生所概括的「我們的民族確是和泥土分不開的了。從土裏長出過光榮的歷史，自然也會受到土的束縛，現在很有些飛不上天的樣子」（《鄉土中國》）。承認我們的國民性特點的同時，更要思考這種「土氣」是如何形成的。毋庸諱言，

制度安排與政治文化傳統是造成農民乃至整個國民一盤散沙狀態的根本原因，更準確地說，是制度、文化與人性的互動互構、交互作用形成了今日的民情。

就農民的組織性來說，從來缺少以其自身為主體的自組織，而不缺少被組織、被動員、被運動。這種被組織的形態可以是「合作社」、初級社、高級社，最極端的時期是人民公社，也可能是改革開放後的南街村、華西村等等。中國農民並非天生的散沙或馬鈴薯，是長久以來的政治文化傳統禁錮了他們的社會性空間和社會活動能力，限制了他們組織集體行動與社會運動的可能性。以這次「趨低」事件為例，被清理被驅趕者只能選擇要麼拉家帶口地離開，要麼搬遷到更遠的城市邊緣，甚至還有少數人一時難以安頓而在寒夜中露宿街頭；實在是抗爭無力，哀告無門。雖然有一些個人，機構和NGO組織在當時及時伸出援手，但由於存在信息不對稱特別是有關部門的打壓限制也未能達到社會力量的聯合與互助。

我曾經說過，經歷了長久的城市與農村的分隔狀態，所謂城鄉二元已經不止是一種社會結構，而且成為一種思維結構。剝離了農民的權利所進行的城鎮化，是缺少主體及其自主選擇權的城鎮化。在這一過程中，農民的權利被忽略或被輕視，農民被作為喪失了主體性，自己過不好自己的日子，不能自主決策的弱勢群體，這是制度使然，也是觀念使然。解決農民問題，推進中國的城市化、現代化進程，必須給農民還權賦能（empower），即還他們本應具有的生存權、財產權和追求幸福的權利。換言之，避免一些底層群體的悲劇，走出農民和農業的困境，避免鄉村社會的頹敗之勢以及大城市病，需要制度層面的變革，須有保證全體國民包括農民在內的公民基本權利的制度安排。

問：隨着城市化進程的加快，大城市集聚人口的效應持續加強，但也有一些「新市民」選擇返回家鄉就業甚至創業，逆城市化、鄉村復興也成為熱門話題。在您看來，鄉村振興或者說鄉村復興的關鍵點在哪裏？

答：所謂鄉村振興或鄉村復興、或者之前所說的「新農村建設」，關鍵點就在前問所說的給農民還權賦能——實現和保護農民作為同等國民即公民的基本權利。

首先必須明確農民作為鄉村社會與鄉村發展之主體的地位。農村的困境恰恰在於長時間以來，農民的主體地位被剝奪、被侵犯、被代表，成為被動的客體和對象，失去了自主選擇和自組織的可能，無法主宰自己的命運。其實農民的弱勢地位、底層狀態並非由於他們天生低能、無能，不會為自己謀劃，過不好自己的生活；其狀態是制度性弱勢，是城鄉二元的制度安排造成他們的結構性底層位置。尤其應意識到，無論執政者還是研究者，或者媒體人都不能做農民的代言人，更不是救世主，不可取代農民的主體性。

農民本應享有與所有人一樣的公民權利，而這權利最根本的就是明確的、完整的土地產權。經濟學家周其仁曾明確指出，「國家保護有效率的產權制度是長期經濟增長的關鍵。但是，國家通常不會自動提供這種保護，除非農戶、各類新興產權代理人以及農村社區精英廣泛參與新產權制度的形成，並分步通過溝通和討價還價與國家之間達成互利的交易。中國的經驗表明，有效的私產權利可以在原公有制的體系中逐步生成」[5]。農村問題專家史嘯虎也針對農民土地權利的困境提出看法：「一再

5　參見周其仁，〈中國農村改革：國家與土地所有權關係的變化——一個經濟制度變遷史的回顧〉，載 http://www.aisixiang.com/data/16071.html#。

強調的土地所有權能不能交易問題，那也只是表達了某種意識形態所需要的特定的法律限制，而不是土地所有權的真正內涵及其市場價值所在。因為在世界上的絕大部分國家，土地所有權的價值都是可以並且必須通過市場交易來體現的。根據國際慣例，土地的所有權包含有三種基本的權利，即除了所謂的使用權——在我國則稱之為承包經營權之外，還包含有土地的發展權和土地的生存權」[6]。

還農民土地產權，保護其土地所有權，讓農民擁有實實在在清清楚楚的財產權，他們在此基礎上方可自主經營，自由交易，自願合作。無論農民選擇進城還是留鄉或返鄉，前提是他們必須成為公民，與城市人一樣享有公民應有的公民權利，即包含基本人權、政治權和社會權在內的權利，這些權利應當受到憲法和法律的保護，這一點與城市居民並無二致，而這也是解決整個中國轉型問題的根本所在。

問：我們知道您最近在做20世紀下半期中國農民口述歷史的收集和研究工作，您指出，在長期從事口述歷史研究的村莊裏，農民稱自己為「受苦人」，而每個農民個人的苦難歷史又構成了整個中國社會的歷史。您在對這些「受苦人」的研究中有哪些感觸？中國農民苦難有哪些（可能並非是每個中國人都知道和理解的）？

答：20世紀的後半葉是中國歷史乃至世界歷史上都堪稱獨特的時期。在一系列動盪和革命的交疊中，中國社會發生了深刻的變化，中國鄉村從傳統走向現代，普通農民經歷了天翻地覆的歷史變故。記錄和研究這樣一段非同尋常的歷史，已經積

6　參見史嘯虎，〈農村農業土地產權制度的改革——農村集體土地產權制度改革路徑〉之二。

累了許多以文字方式呈現的官方正史和文獻資料，但是關於普通人特別是普通的鄉下人是如何經歷和表述這段歷史的記錄和研究卻相對空缺。而沒有民間資料的搜集、積累和分析，對這一重要歷史時期和社會變遷的理解就不可能是完整和正確的。我們的搜集與研究正是對這一時段普通人日常生活的歷史和表述進行記錄和分析的努力與探索。

在鄉村做調查研究時，面對那些普通的農民，我不時地感到慶倖，試想如果我生長於這樣的鄉野山村會如何呢？我們恐怕沒有能力比這些再平凡不過的村民村婦們生活得更好。他們所具有的豈止是生存能力、簡直可以說是生活智慧，用以應對艱難的境遇。他們面對日常生活中的種種苦難，須調動全部的勇氣、能力和智慧，在其中求得生存。

「受苦人」一詞並不是研究者對研究對象冠以的名稱，而是當地農民的自稱。在陝北驥村及其所在的整個地區，「受苦人」是對從事農業種植業者的稱謂，而且這一傳統類稱一直沿用至今。農民日常生活中的疾苦表現在方方面面，我們接觸過的大多數村民都將自己歸進「受苦人」的行列。回憶起過往的生活，似乎每一個被訪問者都有說不完道不盡的苦痛。生活中種種的壓力、困窘和不適體現為貧窮之苦、勞作之苦、家庭關係和婚姻關係之苦、性別區分甚至身體殘疾之苦，而飢餓是苦難最突出的表徵，這類痛苦的記憶在驥村人的講述中從能夠記憶的年代起一直持續到改革開放。

日常生活中的苦難似乎總是彌散的、難以歸因的，村民也時常歸結為「命苦」——生在鄉村生為農民。這種對苦難緣由的宿命論觀點在國家意識形態灌輸過程中有所改變。由國家主導的、以革命運動的形式推進的社會工程和社會試驗帶來鄉村社會的改變，也帶來普通農民生活和命運的變化。革命的過程被

聲言是解除苦難的過程，然而所謂救苦救難的革命也帶給農民同樣或不同的苦難感受。在傾聽普通農民對其經歷的近半個世紀時光的講述中，感觸最多的仍是苦難——濃重的苦難，日復一日持續的苦難，被屏蔽遮掩的苦難，讓人日久而麻木的苦難。

農民口述的歷史講述了在苦難中掙扎的歷史，而正是在此意義上，底層人民創造和推動了歷史，因為他們除了在苦難中生存別無選擇。

人們常說苦難是人生的財富，我覺得這要看我們如何對待苦難。如果苦難被遮蔽被遺忘甚至被美化，它又如何成為財富呢？苦難不被講述，不被記錄，不被思考，不被記憶，如何成為財富呢？苦難如果不能進入歷史，苦就白受了；而且對苦難的錯誤歸因還會導致悲劇重演，使苦難再度降臨。就此而言，農民所承受的苦難應該被整個民族記取。苦難若能進入歷史（被講述和被記錄），苦難就有了歷史的力量；揭示出苦難的社會根源，苦難便不再僅僅是個體的經歷和感受，而是具有了社會的力量；去除了先賦性或宿命論的迷障，揭示苦難的根源，苦難就會有顛覆的力量、重構的力量、獲得解放的力量。

2018 年 1 月 26 日

12　初心所在 以人為本

丁酉年末，冬日初寒。北京城以「大興11‧18火災」為引線在全市範圍內開展為期40天的安全隱患大排查大清理大整治專項行動。清理行動很自然地與北京疏解非首都功能，減少外來人口的行動聯繫起來，按照之前各區分別公佈的人口調控的上線數以及疏解人口數量，北京總共要疏解超過300萬外來人口。一場以「低端人口」為清理對象的運動如火如荼地上演，旋即又因這一概念的納粹意味而被停止使用，但暴風雨般的排查清理整治行動仍在快速推進。

運動的效果立馬顯現：一些外來務工人員拉家帶口地離開，另一些搬遷到更遠的城市邊緣，還有少數一時難以安頓而在寒夜中露宿街頭；北京出租房屋的業主們因租戶們人去樓空而損失慘重，而外地商戶已經投資的錢也打了水漂；各種檔次的房屋租金紛紛上漲。北京原住民的生活也受到影響：鄰家小店關張，買菜、購物、吃飯不方便了，對老年人而言尤甚；家裏的保姆因無處居住被迫回老家了；出租車司機中午吃飯成了問題；眾多在中低檔租房居住的白領人心惶惶，擔心警員深夜入室拆牆；一位清華博士畢業後已經在大學任教，卻因租住的房屋在清理之列被迫在很短時間內搬走，重新找房。

40天的清理行動方興未艾，以亮出美麗「天際線」為號召的牌匾拆除行動又轟轟烈烈地開始了。京城處處塔吊樹立，一

塊塊廣告、樓標和單位標誌牌被吊下來，一些著名單位的名牌如中國國家地理、中國國際廣播電台、百度大廈、中儲糧總公司、中國農業大學、上地辦公中心、中關村創業大廈、國家開放大學、中關村大街科貿電子城……也被悉數拆除。

按照計劃全市共有二萬七千多塊違規廣告牌匾要在年底前被拆除。一時間，人們不由感歎：這是要迷路的節奏啊！──「你還認識回家(上班)的路嗎？」據稱，牌匾拆除行動出於如下考量：高樓大廈的頂層與藍天的相接處被稱為「天際線」，是城市的名片，也是城市景觀的重要組成部分。為了亮出首都最美天際線，所以要落實新規、開展拆除違章牌匾的合法整治行動。

就此我們不免要問，究竟是依法拆除違章牌匾？還是為了亮出美麗天際線？這倆可不是一回事。首先，前者的合法性在哪？所依何法？當初的安裝難道不是依法依規安裝嗎？誰來定義違章與合法？其次，後者的合理性是什麼？如果牌匾擋住了天際線，那些多層的高樓大廈比廣告牌匾高多了，難道不擋天際線？亮出了天際線就美嗎？千篇一律等於美嗎？光禿禿等於美嗎？那些世界大都會城市廣告牌匾滿視野，都醜陋嗎？美與不美應該由政府來確定嗎？大規模拆除造成商家的損失，巨大的成本，資源的浪費，市民的不便，還產生大量的垃圾，究竟對誰有好處？到目前為止還真說不上來。

年末堪稱第三個大折騰的就是「煤改氣(電)」的取暖方式變革。這本是一項旨在惠民利民、保護環境的工程，初衷不可謂不良好。相關部門也不能說不使勁，但是同樣以搞運動、一刀切的方式在華北地區整片強推，劃定「禁煤區」，推進「煤改氣」，一些地方甚至實行了「誰賣煤就抓誰，誰燒煤就抓誰！」的強制性做法。

為了控制霧霾，減少 PM2.5，保證北京、天津的藍天，有關部門也是拼了，但是，決策者們是不是想到了這一大動作會導致什麼後果？特別是對長期以來用煤、秸稈取暖燒飯的農村地區：採暖爐具、管道是否安裝完畢？燃氣供應是否及時和充足？氣或電的成本即使在有政府補貼的情況下是否可為農民或企業承受？燃氣的安全使用是否有保證？不同地域、氣候、習俗在改氣過程中有什麼影響？這本是一項牽涉面很多的複雜的系統工程，一刀切搞運動必然造成諸多問題。一些地方氣未到或氣不足而煤已停，許多工業企業「上氣不接下氣」，被迫停產限產；一些農村家庭因為「煤改氣」無法取暖而挨凍，老人、孩子尤為艱難；甚至有的鄉村小學，只能在教室外面有陽光的地方上課，孩子們在寒冷中跑步取暖。

等到挨冷受凍的人們怨聲載道的時候，等拆了房，封了灶，撤了廣告標示牌，停了產，關了店，斷了百姓的生計，當人們在寒風中發抖之時，環保部才發出《關於請做好散煤綜合治理確保群眾溫暖過冬工作的函》，指示「凡屬沒有完工的項目或地方，繼續沿用過去的燃煤取暖方式或其他替代方式」，領導才出來講「人文關懷」，說「溫暖人心」，主流媒體才開始呼籲「切莫讓一些操之過急的做法冷了百姓的房，寒了群眾的心」，這是不是太晚了點？

上述三個事件一為人口，二為牌匾，三為取暖（環保），其實是同一件事，都與城市相關，整治方式都是運動式治理，背後的思路同為計劃經濟思路。顯而易見，城市的存在如同自然生態一樣也是一個複雜系統，城市生態本是多元的，不同階層的人們生活於城市，在經濟活動和社會生活中相互需求、相互配合也互相博弈，構成了城市的複雜生態。誰都不可能孤零零地生活在城市，無論那個端的人口都無法單獨存在，清理了

「低端人口」，必然波及中端、高端，前面所舉已經證明了這一點。一旦城市生態惡化，大家都過不好。

面對多元複雜的城市生態，計劃經濟思路是行不通的。一如經濟活動，再聰明理性的大腦或智囊都無法做到了解一切、調度一切、掌控一切，那是不可能完成的任務。政府的職能不是管理和控制一切，而是以法治、規則和程序保護企業和公民的合法權利，提供城市生活所必需的公共物品和公共服務。比如治理城市霧霾問題，政府應該科學地制定排放標準，任何企業、機構、地區，如果不具備煤改氣（電）的條件，可以自主進行清潔改造，在達標和持續可行之間找到平衡，並逐漸推進。

城市治理如此複雜，根本不能一概而論，撸起袖子，大幹快上，而目前的主要方式仍是「大躍進」式的運動式治理，這是我國一直持續未斷的治理傳統。所謂運動式治理，是指一刀切、一窩蜂、一轟而上、不顧具體情境、不計後果的非制度化非科層化運作，其與按常規程序辦事是對立的。這種方式在歷次政治運動中屢見不鮮，已經在實踐中帶來巨大的災難，被證明是行不通的。而之所以在中國每每如此是由於其機制是一種自上而下強推，各級都只對上負責，不對下級更不對民眾負責的安排。

運動式治理有幾個基本邏輯，一是官位邏輯：好大喜功，突顯政績；二是楚王好細腰邏輯：頂層決策，層層加碼，寧可過頭，不可不足；三是大一統邏輯：整齊劃一，全國一盤棋，地方性、情境性、行業特性可全然不顧，甚至要求審美統一。

由此可見，有關城市發展和治理，不是「操之過急」，不是「操之過激」，不是「不講方法」，而是根本的治理思路和路徑出了問題。

三大城市治理工程引發的另一重要問題是關於民生與民心的考量。城市是用來幹什麼的？城市的建設發展是為誰的？這問題看似極其簡單，簡直不言而喻：城市難道不是讓人生活於其中的嗎？城市治理不是為了讓人民在其中生活得更幸福嗎？可是現實中卻恰恰是在這個問題上偏離了方向，違背了初心。黨的十九大召開後，人們愈加注意到黨和政府對「初心」的強調，為了讓人們便於認知理解，有人將初心簡要概括為八個方面。我認為其中最為重要和根本的是第六條：

> 堅持不忘初心，堅信黨的根基在人民、黨的力量在人
> 民，堅持一切為了人民、一切依靠人民，充分發揮廣大
> 人民群眾積極性、主動性、創造性，不斷把為人民造福
> 事業推向前進。[1]

黎民百姓若相問，不知初心是何心？顯而易見，如若背離了初心，初衷再好，設計再妙，結果也是糟糕。決策者須知，天下乃天下人的天下，城市乃居住者的城市，沒有百姓，何需

1　以下為對不忘初心的簡要概括：
　　（一）堅持不忘初心，堅持馬克思主義。
　　（二）堅持不忘初心，為共產主義、社會主義而奮鬥。
　　（三）堅持不忘初心，堅持中國特色社會主義四個自信，堅持黨的基本路線。
　　（四）堅持不忘初心，推進「五位一體」「四個全面我」戰略佈局，推進全面建
　　　　　成小康社會。
　　（五）堅持不忘初心，堅定不移改革開放。
　　（六）堅持不忘初心，一切依靠人民，把為人民造福事業推向前進。
　　（七）堅持不忘初心，走和平發展道路。
　　（八）堅持不忘初心，保持黨的先進性和純潔性。
　　見 http://news.cyol.com/content/2016-07/02/content_12998619.htm。

政府，不顧民生，首都何用？城市治理必須以人為本。若非以民生和民心為根本，任何治理規劃、管理措施及其實施過程都會失準，都會帶來負面的甚至災難性的後果。面對百姓匍匐於地，婦孺涕淚縱橫，負責任的政府當何作何為，難道還不清楚嗎？

2017年12月8日於清華園

公共視野學術視角

13　從社會學的想像力到
　　　民族志的洞察力

　　我們生活在一個被稱為「社會轉型」的劇烈變動的世界
中。面對原社會主義陣營的各個國家紛紛放棄計劃經濟體制、
走向市場經濟的改革過程，吉爾・伊亞爾（Gil Eyal）和伊萬・塞
勒尼（Ivan Szelenyi）等學者敏銳地意識到，這一社會變革過程
的發生是向社會學家發出的請柬：「正如新古典經濟學隨着福
利國家的隕落而興起一樣，共產主義的衰落為啓動新的研究綱
領提供了機會」（Eyal, Szelenyi, and Townsley, 1998）。這些被稱
為「新布達佩斯學派」的社會學家試圖提出「資本主義類型學」
的範疇，把轉向市場經濟的前蘇聯、中、東歐和東亞的眾多社
會主義國家分門別類地納入這個朝向資本主義運動的理論框架
之中（King and Szelenyi, 2004）。與此同時，作為社會學的馬克
思主義的代表人物麥克・布洛維（Michael Burawoy）則繼承波拉
尼（Karl Polanyi）的觀點，針對上個世紀 80 年代末期前社會主
義國家的市場轉型，提出了「第二次大轉變」（the Second Great
Transformation）的論斷；他同樣認為蘇東和東亞各社會主義國家
急劇轉變的經濟形態對社會學提出了新的任務和挑戰：

> 如果説馬克思、涂爾幹（Émile Durkheim）和韋伯的古典
> 社會學致力於解釋朝向市場經濟的第一次「大轉變」的

＊　本文原載於《清華社會學評論》第 5 輯，2012 年。

話，那麼我們應當如何使社會學再次投入，以把握第二次「大轉變」的挑戰呢？（Burawoy, 2000, 693）

對於中國的社會科學工作者而言，無論是「邀請」還是「挑戰」，我們身處其中的中國改革以及社會轉型過程已然將社會對於社會科學的迫切需求呈現於我們面前。

置身於轉型期的中國社會，社會科學工作者的任務是提出「要命」而「有趣」的問題並且回答這些問題。這裏所謂「要命」指的是那些真實、緊迫而重大的社會問題；而「有趣」則指具有重要理論意義和學術潛力且能夠生產科學知識的問題。社會變遷與社會轉型改變了成千上萬人們的命運——他們在社會結構中處於何等位置？這些位置如何塑造了他們自身、又如何影響了他們的行動？在改革過程中誰是最大的獲益者？誰又是承擔了最大代價的人？不同的群體如何選擇行動策略從而有利於自身的存在與發展？他們的行動轉而對整個社會結構有什麼樣的影響？是什麼因素或力量在決定人們之間的關係以及社會的整合或衝突？一種獨特的文明在實踐中運作的機制與邏輯是什麼？這種文明又是如何演變的？對社會轉型的探索迫切需要一種「心智品質」即「社會學的想像力」（米爾斯，1995），對轉型期的中國社會的研究尤其需要這種社會學的想像力。

中國社會的轉型正如孫立平所指出的，是在一種資源高度壟斷的總體性社會體制的基礎上開始的，這一份獨特的歷史遺產致使中國的現代化發展呈現為「另一種現代性」、走上獨特的轉型路徑、具有獨特的「國家與社會關係」和「社會不平等的獨特機制」（孫立平，2008）。相對於塞勒尼和羅達尼・斯達克（Rodney Stark）等所關注的蘇東市場轉型，中國的市場轉型有着與之明顯的不同，這就是「政體連續性背景下的漸進式改革」、「權力連續性背景下的精英形成」和「主導意識形態連續性背景

下的非正式運作」(孫立平，2002)。這種獨特性可以表現為正式制度與非正式制度的複雜關係，如正式制度的非正式行使與制度變通；又如與顯規則(作為文本的制度)相比，在實際的社會生活中發生作用的常常是「潛規則」(吳思，2001)。這些真正的「中國經驗」和「中國特色」，需要我們進行實踐社會學的探索，從而對社會轉型的過程、邏輯、機制和普通人在其中所使用的技術與策略做出解釋。而完成這一任務或使命迫切地需要「社會學的想像力」。

在當今中國社會學如何想像？這取決於社會科學研究者的知識、能力、心智與良知。在賴特·米爾斯(C. Wright Mills)意義上，社會學的想像力不僅僅是一種研究能力和研究方法，而且是最迫切需要的心智品質；作為社會科學的從業者，我們不僅要對種種社會現實問題做出回答，並且還承擔着社會研究的學術使命與政治使命——將社會科學「作為一種公共智識的工具，將人類的理性和自由常存於心」。其原因在於，我們要使人們覺察到人類的處境，「如今，舉凡重大問題的一切真實解答都必須仰賴人類覺醒的層次」。由此米爾斯強烈質疑和批評當時美國社會學的一些傾向：把社會科學當成一套科層技術，以「方法論的」傲慢禁制社會探討，把大量精力耗費在調查方法與技巧上，謹守着嚴苛而呆板的機械程序；作品中充斥着蒙昧的概念，或者只關心一些和公共議題無關的枝節問題，瑣碎而無味。這些禁制、蒙昧與瑣碎造成了當今社會科學的危機(米爾斯，1995)。從根本上說，有沒有社會學的想像力，是洞悉事實、去除蒙昧與遮掩真相、製造迷思之間的差別。以中國社會為例，研究者能夠看到什麼？注重什麼？他們眼中有着怎樣一幅社會圖景？首先就體現了是否具備社會學的想像力。在面臨社會結構的斷裂與失衡、貧富分化加劇、社會不公正所導致的社會矛盾衝突突顯、權力失控、總體性精英形成、底層碎片

化和失語等社會諸象之時，主流的社會學界，要麼無視這些問題，專心致志地營造自己的宏大理論；要麼是用一種過密化的專業分工方式將問題本身零碎化、去政治化；更有淪為布迪厄（Pierre Bourdieu）所指斥的名為「科學研究」實為「社會巫術」的社會調查存在。在研究實際中，缺乏社會學想像力的平庸之作、應景之作甚至奉旨之作亦非絕無僅有。在米爾斯的傑作問世半個世紀之後，我們依然在呼喚社會學的想像力。

讓我們再次重溫和延展這一重要的心智品質：米爾斯認為，現代社會中造成個人煩惱的結構性變遷是個人無法控制的，他們無法了解這個時代對他們自身的生活有什麼意義。因而人們需要一種能夠幫助他們運用資訊和發展理智的能力，以使他們清晰扼要地了解這個世界到底是怎麼一回事，他們自己又將變成怎樣的人。這種能力是一種心智品質，具備這種心智品質就能夠在宏觀理論的不同層次以及微觀經驗材料之間進行有條不紊的穿梭，在具體情境中的個人煩惱（the personal troubles of milieu）與社會結構上的公共議題（the public issues of social structure）之間建立聯繫，並由此實現社會科學的公共任務與政治使命；這就是社會學的想像力（米爾斯，1995）。

面對中國的社會轉型，社會學的想像力至少應涵蓋這樣三個層面：

首先是在微觀事實與宏觀結構之間進行穿梭的貫通能力，即穿透個體經驗與社會結構的能力，這是米爾斯本義上的社會學想像力的基本內涵；

其二是穿透歷史與現實的洞察能力，即一種通透性的歷史能力，具體而言就是貫穿傳統社會（或前現代社會）、共產主義和後共產主義社會的理解能力與洞察能力。強調這一能力的原因在於，我們關注今天的社會轉型，就不能不了解轉型前的社

會即超過半個世紀的社會主義社會，同樣不能不關注社會主義
制度建立之前的傳統社會——前現代的農業社會是共產主義文明
產生的土壤，也是今日社會轉型的基礎與條件。穿透歷史與現
實的能力也是社會記憶的能力，如同米爾斯曾強調的「所有名
符其實的社會學都是歷史社會學（historical sociology）」（米爾斯，
1995）。

其三也是非常重要的，是對一種文明及其轉型的獨特邏輯
和微妙運作進行解析的能力。我們一直認為，把共產主義作為
一種獨特的「文明」類型來對待，才能揭示其中的許多奧秘及其
內在的機制與邏輯。無論從經濟發展水平、科學技術水平還是
從政治制度、意識形態來看，超過六十年的社會主義的歷史都
應該是一種「文明」的歷史。而更重要的還在於這一文明相對於
前資本主義和資本主義文明的獨特性，這樣一種文明中蘊藏着
太多等待破解的謎團——它極強大的動員裹挾勢能，它改造和重
建人們精神世界的能力，它促使人們放棄自我和自由服膺於統
一的思想和意志的能量，它作為制度和意識形態運作的實踐過
程和邏輯，不了解這一切，就無從理解現代中國社會轉型的歷
史過程，也無力解釋當代社會生活的方方面面。

作為同屬社會科學門中的社會－文化人類學，同樣需要面
對上述社會變遷與社會轉型的「要命」而「有趣」的問題，然而
與其姊妹學科社會學相比，中國人類學所面臨的挑戰和困境似
乎更為突顯。作為社會－文化人類學乃至整個社會科學最基本
的研究方法和表述形式之一的民族志，在面對社會變遷和社會
轉型的諸多重大問題時，似乎更顯得無效、無能，甚至無聲；
而且相對於社會學的類似局限似乎有着不完全相同的「短板」。
其具體表現有：執着於傳統的、瑣細的、邊緣的研究對象和研
究領域，有時似乎依然在獵奇或「搜神」，絕少觸及社會生活中
的重大變化和重要問題，與正在發生的重大社會變遷似乎並無

關聯;以所謂單純描述文化為主旨,絕少提出和回答社會科學的真問題,缺少理論關懷和創構理論的抱負;自閉於「學術的」象牙塔,自說自話,自娛自樂甚至自大自戀,缺少必要的社會關懷和學術擔當;面對豐富多樣、複雜多變的社會、文化對象缺少開闊的視野和寬厚的胸懷,甚至在學科內部對自己的同行都不能理解、難以包容。這樣的「自我中心」和自我放逐只能導致學科的日益邊緣化、零碎化、奢侈化,必然無法承擔起生產與積累學術知識,並且將社會科學發展為「一種公共智識的工具」、說明和解釋「人類的處境」、促使「人類覺醒」的責任與使命。

人類學的田野作業和民族志寫作是通過對社會與文化的結構性描述建構理論的過程,其方法論核心在於已成為人類學研究典範的「以當地人的觀點看問題」(from the native's point of view)。鑒於上述社會轉型對社會科學的需求與學科自身的特點與局限,我認為有必要將「社會學的想像力」發展為民族志的洞察力(the ethnographic penetration),亦即以同樣充滿智慧的心智品質、運用人類學經典的理論和方法,承擔起破解和分析社會轉型,進而解釋和說明人類處境、啓示人的覺醒的責任;與此同時,不斷推進學科理論與方法的創新和進步,將求知的好奇、破解謎題的樂趣與社會責任、人文關懷融為一體。有人認為,生於中國社會是一種不幸,但我想作為社會科學研究者生於當代中國社會卻是一種幸運、是生逢其時,原因在於我們所面對的是一個在人類歷史上堪稱獨特、擁有最多人口而且對世界格局有着重要影響的社會,而這個社會又正處於它的大轉變時期,正在艱難地探索着自己的生存和發展之路。這樣一個社會和這樣一個時代為學術提供了發展和創新的重要資源和機遇,也成為研究者重要的靈感來源和知識寶庫。總之,社會科學應該在其中有所作為。

具體而言,何為民族志的洞察力?我們可從以下四個方面進行探討。

民族志的宏觀視野

社會－文化人類學經常受到相關學科的質疑和批評，最重要的批評之一就是「一葉障目」、「只見樹木，不見森林」——研究經常專注於各類小型社會，諸如族群、部落、社區或某類小共同體，對本土性的、地方性的文化小傳統做細緻入微的描述，但卻少有宏觀視野和理論關懷，因而至多只能展示大千世界無限多樣的生活現象中的一種或幾種片斷，所提供的研究結果就學術的普遍意義而言「沒有代表性」。

若要使民族志研究超越具體經驗對象的局限，我們立刻會想到「社會學的想像力」：在微觀現象與宏觀結構之間進行穿梭，將「具體情境中的個人煩惱」轉換為「社會結構上的公共議題」的能力。我們在此提倡民族志的宏觀視野，就是強調在微觀與宏觀之間建立聯繫，或者說細微處入手，宏觀上着眼。

人類學的民族志方法從其誕生時起就不是僅僅滿足於微觀社會和文化細節的描述。以現代科學民族志奠基人之一的馬凌諾斯基（Bronislaw Malinowski）為例，他的奠基之作已經十分明確地指出微觀材料與宏觀結構之間的關聯，他認為：

> 可接受的民族志工作的首要條件就是，它必須把該社區中社會的、文化的和心理的所有方面作為一個整體來處理，因為這些方面是如此錯綜複雜，以至不把所有方面考慮進來就不可能理解其中的一個方面」。（馬凌諾斯基，2002，前言2）

對於「庫拉」交易的研究，要把整個制度擺在我們的鏡頭之內，讓它呈現出一個清晰的形象；此外，研究者還要將所見所想傳遞給同行考查，因而對經驗材料要進行概化（generalization），提升為理論；而且「庫拉」所代表的基本的人類活動和人的思想

觀念的形態，可以期待在不同的民族志地區找到有關或類似的現象。不僅如此，馬凌諾斯基還進一步指出，從當地人的視角得到所描述事物的生動形象、他們對事物的看法、他們的世界觀、他們生活於其中的現實，構成其文化獨特的體諒生命和世界的角度，有助於拓寬我們的知識和視野，加深我們對人性的了解。從而使人類學能夠「以它最細緻和深邃的形態，在理解其他人類觀念的基礎上指引我們達到這種見識、慷慨和寬大」（馬凌諾斯基，2002，441–447）。馬凌諾斯基的整體文化論，從民族志的開端時期就確立了這一研究方法的宏觀視野及其對於整體社會結構的關注。

在中國人類學初創時期，其先驅者、時任燕京大學社會學系主任的吳文藻先生就倡導「從社區着眼，來觀察社會，了解社會」；在他看來，「社會是描述集合生活的抽象概念，是一切複雜的社會關係全部體系之總稱。而社區乃是一地人民實際生活的具體表詞，它有物質的基礎，是可以觀察到的」（吳文藻，1935）。在吳文藻推進「社會學中國化」的努力中，已經可以清楚地看到將小地方（社區）與大社會（中國）加以貫通的明確意識。其後，先後師從於吳文藻和馬凌諾斯基的費孝通更是將「社區研究」推進到方法論、結構功能分析、應用人類學等宏觀層面，其博士論文《江村經濟》及後來的《鄉土中國》作為社會人類學中國研究的里程碑式作品，都「以全盤社會結構的格式作為研究對象」，通過「社區」而「了解中國社會」。

前輩們所開創的「社區研究」傳統，堅持經驗性的社區民族志方法，同時主張社區研究與大社會中的各種社會空間力量和多重的歷史時間觀的融會貫通－多重時空貫通的觀點，從而形成帶有強烈的「國家—社會」關懷的社區史敘述文體（王銘銘，1997，56–61）。在上個世紀改革開放後學術復興的新時期，王銘銘在「以社區為中心的地方制度史」的敘述框架中同

時展示「社區的歷程」與民族——國家的歷程，將結構功能視角和歷史過程視角有機結合起來：注重在歷史的縱深方向上來看社區的結構功能；從宏觀的經濟、政治、社會、文化結構角度探討社區的歷史和變遷。這種努力也同樣是建構「小地方」與「大社會」、微觀與宏觀之間聯繫的有益探索(王銘銘，1997，20–110；郭于華，1997，122–126)。

超越本土社會和文化小傳統的界限、建立「社區」與「國家—社會」之間的關聯，十分重要的一點就是在研究中引入權力關係和政治視角，即關注民眾生活、民間文化與政治生活及國家權力的複雜互動關係。當今的一些民族志作品，時常將所研究的「本土」(the local)——族群、社區或村落描述成遠離現代社會的「世外桃源」，那裏或者民情純厚、風俗奇特，或者有着某種神秘古怪的文化、習俗、組織和制度的「原生態」，似乎從未與外部世界發生過關係。這類民族志作品難免給人以「獵奇」、「搜神」之感。殊不知，在一個全球化、市場化、信息化、被稱為「地球村」的現代/後現代世界中已經無奇可獵；而且，在同樣進入現代化和全球化的中國社會，作為外部力量的國家權力和市場力量深刻而透徹地嵌入於普通民眾的日常生活之中，國家意識形態和權力象徵更是前所未有地深入到人們生活的每一個層面，例如，農民日常生活的各方面內容——衣食住行、婚喪嫁娶、生老病死無一不與國家發生了關聯。由此，人們會懷疑是否存在上述民族志所表現的那樣一個與外部世界隔離的族群或社區，也會質疑單純描述這樣的一方本土究竟意義何在。

着眼於社會轉型與文化變遷的民族志的洞察力，是一種知微見著的能力，它能夠使局部的微觀性研究與整個社會與文化的格局連接起來，使文化的「深描」(deep description)(Geertz，1973，3–30)具有能夠將實踐中錯綜複雜的關係、意義、機制和

邏輯「連根拔起」的力量，成為認識宏觀社會結構不可或缺的環節。具備了這種洞察力，無論研究什麼對象、無論在什麼地方做研究都不會「只見樹木，不見森林」。正如克利福德‧格爾茨(Clifford Geertz)所指出的：研究地點並不等同於研究對象；所謂「人類學家不研究村莊(部落、集鎮、鄰里關係)，他們是在村莊中做研究」(Anthropologists don't study villages; they study *in* villages)(Geertz, 1973, 22)，正是強調民族志在村莊(部落、族群、社區、單位等)中做研究但並非只研究村莊(部落、族群、社區、單位等)本身，而是有着更宏大的、關係性的視野並提出結構性的解釋。這也從另一個角度說明了微觀具體的田野工作與宏觀結構分析之間、小地方與大社會乃至全球社會之間的關係。

民族志的歷史向度

如前所述，社會學的想像力應包含穿透歷史與現實的能力。我們當下所處的社會是傳統社會、社會主義社會和後社會主義社會這三者的疊合，前現代、現代和後現代社會的諸種要素錯綜複雜地交織在一起，這既是我們的學術靈感和思想、理論的豐厚資源，也構成巨大的學術挑戰，因為若不能洞悉整個的歷史過程和邏輯，也就無法理解任何一個歷史階段的內涵。探討今日中國社會的轉型，需要一種貫穿傳統社會、社會主義與後社會主義社會的眼光，即歷史的眼光。民族志的歷史洞察力可以具體體現為口述歷史研究與「過程－事件」分析方法。

歷史學家彼得‧伯克(Peter Burke)曾指出，長期以來，歷史學與社會科學之間一直存在着如布羅代爾所言的「聾子之間的對話」的狀態──它們被各自的學科範式所訓練或「社會化」，因而操着不同的語言，有各自的價值、心態和思維方式。社會學家被訓練成着重概括一般規則，因而時常刪除例外的東西；歷

史學家則學習如何以犧牲一般模式為代價去關心具體細節。雙方也因此而相互挑剔對方的缺點：歷史學家將社會學家看成是用粗俗難懂的行話來陳述顯而易見的事實，毫無時空感，將活人生硬地套進他們的分類並冠以「科學的」標籤的人；而在社會學家看來，歷史學家則是業餘的、近視的，缺乏體系和方法的事實收集者，其「數據庫」的粗陋不堪恰與他們的分析低能相稱（伯克，2001，2–15）。

這種學科之間相互隔膜和攻訐的狀況隨着歷史學與社會科學學科的成長發展而有所改觀，這種發展表現為歷史學家的「理論轉向」和理論家的「歷史轉向」，而口述歷史研究恰可成為在這兩端建立起的橋梁。

自法國年鑒派史學崛起後，傳統史學和傳統的歷史存在狀態就不斷地受到挑戰和質疑。佔據主流位置的官方史、政治史、軍事史、外交史、精英史並不是全面的（整體的）歷史，不能包括人類活動的全部現象，諸如經濟、社會、文化、心理現象。與傳統的主流的歷史存在形式——書寫的歷史相對的是口述歷史形式，這種形式經常不存在或者只是邊緣地、卑微地存在着。而沒有這一維度的存在，歷史就是不完整和不真實的。由以往的歷史我們知道，無論是文字的歷史還是口述的歷史，書寫歷史本身就是一種建構，而且是權力主導和支配下的建構。喬治・奧威爾（George Orwell）在《一九八四》中做出的「誰控制過去就控制未來；誰控制現在就控制過去」的陳述，至今依然是歷史所具有的最根本的權力屬性。

保羅・湯普遜（Paul Thompson）毫不違言：任何歷史都取決於其歷史目的。口述史所形成的挑戰，部分是由於它與歷史的這種基本目的有所關聯。通過曾經創造過和經歷過歷史的人們自己的語言，重新賦予他們在歷史中的中心地位。這些歷史證

據可以從下等人、無特權者和失敗者的口中説出來。口述史可以更現實、更公平地重構過去，可以向既定的記述提出挑戰。只要這樣做，口述史就可以使整個歷史的社會使命具有某些激進的意涵（湯普遜，1999，1–18）。

由此我們不難得知，口述史是圍繞着人民而建構起來的歷史。它為歷史本身帶來了活力，也拓寬了歷史的範圍（湯普遜，1999，18）。就實踐來説，人民在重新創造過去的過程中也經歷了歷史。口述史用人民自己的語言把歷史交還給了人民。它在展現過去的同時，也幫助人民自己動手去構建自己的未來（湯普遜，1999，247）。

在面對普通人講述他們的生活經歷時，我們需要將社會學的想像力發展成民族志的洞察力，這一向度的追求旨在貫通個體記憶與社會記憶、底層表述與宏大敍事之間的關係，即通過對當事人講述的記錄和研究，在民眾生活的微觀歷史與宏觀社會歷史過程之間建立聯繫。這同樣是在微觀事實與宏觀結構之間、細緻描述與理論建構之間進行貫通的能力。

對普通人歷史的記錄和分析除了學術的內在本質與社會承擔方面的意義外，還有着社會研究方法上的探索和實踐意義。正如布迪厄等在其「世界的苦難」的研究中所做的那樣，通過普通個體日常生活的故事，在個體命運和制度變遷之間建立聯繫，從而突破了所謂微觀與宏觀之間的虛假對立（Bourdieu, 1999）。建立在普通人生活史基礎上的訪談文本，正像該書的英譯者所言恰如一篇篇小民族志。而研究者與被訪者密切互動和深入訪談的方法原本就是人類學田野工作的看家本事。該研究除了在個體苦難的「社會性」上給予我們思考上的啓發之外，其研究的方法論主張也在以問題為中心、打通社會學、人類學、歷史學等學科關係方面給人以重要啟示。

在這裏需要提到人類學研究的一個重要轉向：正如我們所熟知的，人類學田野作業獲取資料的兩個基本方式是「參與觀察」(Participative Observation)和「深度訪談」(Ethnographic Interview)，以往研究者通常會認為「所見」的信度高於「所聞」；但一些研究者也發現，在實地調查中，「眼見為實」並不全然和總是有效。這一方面是由於實踐活動和過程的許多方面是無法直接觀察到的，例如在中國社會沒有一個商人會把一個民族志工作者帶到他與官員密談的餐桌上去，更不用説帶到某些特別的消費場所去，因為他們之間的交換不能被第三者看到，民族志工作者只能聽到當事人講述的「故事」(Liu, 2002, ix-xiv)。此外，人類學者不一定能夠完全理解觀察所見，他需要聆聽當事人對自己行為的解釋，需要知道對當地人而言什麼是有意義的和重要的。另一方面，也是更為本質性的，民族志調查從所見到所聞的強調、從觀察到傾聽的傾斜不僅緣於上述調查條件的限制，而且「與一個更大的理論關懷相聯繫，它將敍述作為人類經驗的根本特性之一」，對敍述的研究，「將民族志描寫的重點從一群人的實際經歷轉向對他們所講述的關於他們自己和他人的故事的解釋。通過人們所講述的故事，民族志工作者可以理解人們如何看待自己和更普遍的社會」(Liu, 2002, ix-xiv)。進而這種轉變也帶來方法論上從民族志觀察向民族志理解的轉變——對於解釋的解釋。故事的講述和解釋也是口述史研究的根本旨趣，由此民族志表述與口述史的內在關聯和一致得以呈現，而呈現方式則是實驗性的歷史民族志(Historical Ethnography)。

正如米爾斯所指出的：「無論是個人生活還是社會歷史，不同時了解這兩者，就不能了解其中之一」(米爾斯，1995)。民族志不僅是對一地社會與文化現象的描述報告，更應該是對其社會與文化結構及其與更大的社會歷史過程關係的分析與解

釋。從一個更具方法論意義的角度而言，過程與結構的關係亦是民族志的歷史洞察力所關注的：經典的結構功能主義人類學對於社會與文化具有很強的解釋力，但其弱點也十分明顯：過於強調社會—文化的整體性，而對社會—文化過程和歷史的獨特性漠不關心；過分強調社會的一體化，而對現實社會中的利益衝突和複雜多樣性加以刪除；過分強調制度的結構性和共時性意義，而忽視制度形成的歷史和行動者創造歷史、改變結構的能力。由此，對過程的強調是民族志歷史向度的另一重要方面，這與孫立平所倡導的「過程－事件分析」具有同樣的涵義。「過程－事件分析」強調研究要面對實踐狀態的社會（文化）現象，即將社會事實看作是動態的、流動的，而不是靜止的。提倡這樣一種研究策略，目的是為了深入到研究對象的過程中去，以發現那些真正起作用的隱秘的機制並揭示其中的邏輯。在對鄉村社會及其歷史的研究中，就是將國家與農民的關係看作是一種實踐形態，通過觀察分析人們的社會行動，呈現由他們的行動所形成的事件與過程，洞察那些「微妙的」在實際運作中起作用的機制、邏輯和意義（孫立平，2000）。

以「三提五統」取消之前農村定購糧收購研究為例，研究者真正關心的並不是定購糧的徵收這樣一個政策性的問題，而是收糧的過程中，鄉鎮、村莊和農民三者之間的互動關係。我們從中可以看到本來在國家正式權力中根本不存在的那些非正式因素是如何進入正式權力的行使過程的，以及國家的權力在農村中是如何現實地行使和運作的。定購糧收購過程的案例研究表明，在中國農村中存在着一種獨特的權力使用方式，即正式行政權力的非正式使用方式。這種方式不僅大大模糊了國家與社會的邊界，而且也使得國家與社會的互動過程變得異常複雜。如果不能關注這種在動態的事件中才能突現出來的因素，對中國農村中國家與社會關係的描述和解釋就只能停留在一種

膚淺的、簡單的和僵硬的層次上。那些在實踐中真正起作用的機制和邏輯在各種力量與要素中、在正式的結構中、在有關的文件上、甚至在籠統的「村莊」和「鄉鎮」中常常是無法見到的，唯有在過程中體現甚至生成。（孫立平，2000；孫立平、郭于華，2000）。

民族志對於歷史與過程的洞察力，可以將個體經歷與更大的社會變遷連接起來，可以將行動者與社會結構連接起來，也正是在這一點上民族志有了歷史的視角和維度，可以突破結構功能主義立場的局限，面對社會變遷的重大現實問題。傳統人類學研究經常因缺少歷史感而受到質疑和攻訐，其結構功能主義分析也的確在解釋社會－文化變遷時顯得軟弱乏力，更難以面對中國社會與文化的轉型與劇變過程。這些缺憾可以經由口述史研究和「過程－事件分析」（當然還應有豐富的歷史文獻）的加入而得以彌補，普通人的講述從而成為認識社會歷史過程不可缺少的內容。反之，在民眾口述資料的搜集研究過程中，人類學深入扎實的田野作業基本功、民族志的「從當地人的視角看問題」、參與觀察和深度訪談中研究者與研究對象的密切交流與互動都是非常重要的基礎，沒有這些條件，口述歷史的工作任務也難以完成。民族志與口述歷史方法的結合對以往各自的研究局限都將有所突破，對學科的發展也是相得益彰。

民族志的理論抱負

不知始於何時，民族志作品或者人類學研究被認為單純進行文化對象的描述就夠了，這種描述應該細緻而深入，但卻不必生產社會科學的知識和理論。在研究實踐中，我們也看到大量以描述為主要內容的作品，可以描述得面面俱到、事無巨細、甚至活色生香，但卻不明了研究者究竟要做什麼、要面對

什麼問題。對於民族志描述的這類認識真可謂對作為科學的人類學的莫大誤識。

其實自其誕生時代起人類學就以對社會文化的整體性研究和理論建樹為己任，馬凌諾斯基曾明確指出：對人類學者而言，他帶到田野的問題越多，根據事實鑄造理論和運用理論看待事實的習慣越強，他的裝備就越精良。雖然對研究者而言，先入之見在任何學科中都是有害的，但預擬問題卻是科學思考者的主要稟賦⋯⋯田野工作者完全依賴理論的激勵，他可能同時既是理論家又是田野工作者（馬凌諾斯基，2002，6–7）。建構理論的抱負和努力自現代的科學的人類學產生之始到當今時代，在人類學的發展演進過程中一直未曾中斷。當我們今天學習、總結人類學的學科史、學術流派、學術大師、理論和方法時，依然使用理論的源流和脈絡，而且只能依循理論的源流和脈絡：從古典時期的進化論、傳播論，經現代的功能主義、歷史特殊主義、結構主義、象徵（解釋）人類學、文化生態學、結構馬克思主義等，到後結構主義時代更為多元並存的「寫文化」、「文化批評」、「實驗民族志」、實踐與反思人類學等後現代人類學思想，人們所概括出來的種種「範式」都是理論的範式。就此而言，民族志如若不生產理論，這些「學說」和「主義」難道是憑空杜撰出來的？

民族志的理論抱負還可從諸位理論大師的貢獻中體現出來——他們都有意識地承擔起創構理論的使命：無論是馬凌諾斯基，拉德克利夫•布朗（Alfred Radcliffe-Brown），博厄斯（Franz Boas），列維•斯特勞斯（Claude Levi-Strauss），還是格爾茨，布迪厄，薩林斯（Marshall Sahlins）等，無一不是從微觀具體的田野工作和民族志研究走向社會科學理論大家的位置。他們的理論貢獻和影響甚至已經不限於人類學領域，而是成為整個社會科學理論寶庫中的重要部分。

以麥克・布洛維關於「擴展個案法」（Extended Case Method）的倡導和討論為例，可以看到研究者在實踐中推進民族志理論生產的努力。在作為方法論的擴展個案法的論述中，布洛維首先指出：擴展個案法將反思性科學應用到民族志當中，目的是從「特殊」中抽取出「一般」、從「微觀」移動到「宏觀」，並將「現在」和「過去」建立連接以預測「未來」——所有這一切都依賴於事先存在的理論（布洛維，2007，79–80）。「擴展」始於對傳統民族志理論建樹能力的不滿，布洛維從兩個方面提出對於參與觀察方法的批評：一是其缺少概括能力，因而不是真正的科學；二是其內在固有的微觀性和反歷史性，因而不是社會學；擴展個案方法正是針對參與觀察的這兩個傳統批判而做出的方法論反應（Burawoy, 1991, 271–287）。布洛維強調自己先是從技術走向方法，繼而從方法走向理論。其擴展的內容包括：從觀察者擴展到參與者；在時間和空間觀察上的擴展；從過程擴展至力量（結構）；擴展理論（布洛維，2007，102–112）。擴展理論的基本涵義是，在擴展個案方法的所有環節都需要理論，但所有先在的理論只是辯駁的對象而非驗證的對象；如此，從理論出發，通過參與觀察等收集數據，經由干預、過程、結構化而最終達到重建理論的結果。由此，擴展個案法借助於理論解決了從微觀走向宏觀、從特殊提升為一般的難題，從而成為布洛維所稱的「使用參與觀察來（重新）構造關於發達資本主義社會之理論的最為適當的途徑」（Burawoy, 1991, 271）。

如前所述，民族志研究過程集中體現着實踐與理論的關係，因而民族志作品中的描述不是目的，描述是為了構建理論。而理論產生於問題意識和解答問題的過程。提出問題和通過調查、研究、分析、論證回答問題是學術研究的本質屬性。如果沒有問題意識，學術寫作就成了新聞報道、政策分析、情況介紹、故事講述，而且還是比較拙劣的上述形式。因為論新

聞報道和情況介紹我們不如專業記者和媒體人士，論出謀劃策有各類機構的政策研究室和智囊人員，若論講故事我們可能還比不上民間講述家和專業作家，那麼還要民族志研究者幹什麼呢？這也是我們強調民族志研究一定要有問題意識和理論抱負的原因所在。

有了好的問題意識，我們就不會是一個頭腦空空、目光茫然的田野工作者，而是能夠以問題為中心，在明確的問題意識和相關理論引導下，從事有效的、有意義的田野調查和資料收集工作。這樣的研究不是獵奇（如前所述，事實上一個現代的甚至後現代的、全球化的世界已無奇可獵），不是單純地描述（民族志寫作不時被誤認為是單純地描述文化的作品），而是通過研究回答重要而有意義的問題，並且通過問題的回答進行理論的推進和創構。就此而言，扎根於地方社會與文化的土壤，以普通人的日常生活和民眾思想為研究對象的作品同樣能夠成為具有理論構建能力和高度理論意義與雄心的研究成果。不是先入為主，帶着既有的命題、假設進入田野，透過「有色眼鏡」尋找符合主觀成見的「材料」，而是在理論閱讀和田野工作中發現問題，並通過實證材料回答問題並推進、建構或重建理論。

要通過具體研究抽象出具有重要理論意義的論題，必須首先使研究有明確的問題意識：研究要面對的是什麼具體問題？該問題在相關理論和已有的研究中如何定位？如何回答這樣的問題即發現其中的解釋邏輯？我們在當下的許多民族志作品中會發現這樣的問題意識通常是缺少的。可能有人會辯解說民族志研究就是以描述文化現象而不是以理論建構為主要內容的，那麼我們會問：大千世界，芸芸眾生，社會文化現象紛繁複雜、難以窮盡，我們為何描述這些而不描述那些？為何如此描述而不如彼描述？一項研究的主旨究竟為何？顯而易見，最為重

要的還是在於研究的問題意識應該主導研究與表述的內容與過程，這也是提升民族志的理論能力乃至學術品質的關鍵所在。

學科存在的合法性與學者安身立命的根本在於以獨特的、有創見性的研究回答社會所需要回答的問題，為多數人洞悉事實、破解謎題、去除蒙昧、啟發思考，並將研究發展成一種公共智識的工具，將研究的學術使命與社會意義融合為一。就此而言，通過實踐建構理論的能力是民族志洞察力的核心體現。這種洞察力不僅僅是借鑒或驗證既有理論的能力，也不僅在於堅持認為其他社會文化中產生的理論不適用於中國而否證現有理論的能力，還應該是創建新的理論解釋的力量與雄心，尤其是在中國獨特的社會文化與社會轉型所提供的富饒理論土壤之中。

民族志的反思力量

人類學的民族志方法論與認識論長期以來被認為具有學術的權威性，其權威性來自於這門學科從產生之日起，就是以建立關於文化與人性研究的「科學」為圭臬的。人類學研究者曾像自然科學家一樣，強調其研究的科學性、客觀性和精確性，並以此確立其不可辯駁的權威性。弗雷澤（James George Frazer）為馬凌諾斯基《西太平洋的航海者》一書所寫序言可以為證：馬凌諾斯基博士的工作是在最佳情形下，並且是以預計最有保證得到最好的結果的方式進行的。他成年累月地呆在土著人中間，像土著人一樣生活，觀察他們的日常生活和工作，用他們的語言交談，並且從最穩妥的渠道搜集資料——親自觀察並且在沒有翻譯介入的情況下由土著人用他們自己的語言對他講述。就這樣，他積累了大量具有高度科學價值的材料……因而得以形成一部前所未有的關於一個野蠻民族的最完整、最科學的描述。

（馬凌諾斯基，2002，序，1-5）人們曾經認為，民族志所描述的事實等於現實中的事實，研究者深入田野獲得的第一手資料是無可質疑的真實，由分析這樣的事實所得出的結論、觀點亦可成為理論性的真理。然而這一「科學權威性」隨着現代特別是後現代人類學的發展成熟而日益受到質疑和挑戰，人類學也因此成為最具自我反思性的學科。

克利福德·格爾茨在其《文化的解釋》開篇即指出：人是懸置在由他自己織就的意義之網中的動物，我把文化看作這些網，因而，人類學對文化的分析不是一種追尋規律的實驗性科學，而是一種探索意義的闡釋性科學。（Geertz, 1973, 5）這一論斷表明了學科的基本屬性，也表明民族志研究方法獨特的哲學基礎和實踐特性，它來源於對人和人類社會的本質性認識。作為社會－文化人類學基石的民族志是特定的一系列研究方法，其突出特點是民族志工作者或公開或隱蔽地、相當長時間地參與當地人們的日常生活，觀察發生了什麼，傾聽人們說了什麼，提出問題並通過對社會結構、文化意義的整體描述和以當地人的視角及理解方式回答這些問題，而這一理解和解釋的過程也是創構理論的過程。

以當地人的方式看待和思考問題，意味着研究者與被研究者、本文化與異文化、自我與他者之間的界限必然是不清晰的，而且也不必嚴格地區分民族志方法與其他（定性）研究方法的邊界。民族志作為最基本的社會研究形式之一，不僅有着很長的歷史，而且它與普通人在日常生活中理解世界的常規方式非常相似。我想，這也是破除民族志「權威性」、「客觀性」、「神秘性」的關鍵所在。當然，就此問題的看法不盡相同：關於邊界模糊的特點，一些學者認為這是民族志最根本的力量所在，而另一些人則將其作為民族志最根本的弱點。

如前所述，傳統民族志的權威性主要來源於兩個方面，一是研究者的科學方法；二是研究者的親身經歷；而反思人類學正是從這兩個方向上解除其權威性的。

首先，反思的力量體現為充分意識到民族志作品是「互為主體性」(Intersubjectivity)的產物，從而對研究過程中無所不在的權力關係有所警醒和反思。這時民族志研究者需要布迪厄所提倡的「對象化的對象化」(Objectivation of Objectivation)(布迪厄、華康德，1998)，即將社會科學構建研究對象的過程本身作為對象來研究。由「對象化的對象化」而產生「民族志的民族志」、「社會學的社會學」。正如格爾茨認為的，民族志權威是一個「寫作的」行為，它源於一個創作的、利己的、文化的和歷史的情景，在此情景中，人類學者是自己經歷和別人的經歷之間的對話者(Geertz, 1973, 3–30)。民族志工作者不能避免依賴於生活世界中的「常識」，也經常不能避免對其所研究的社會過程發生影響。換言之，我們沒有辦法為了研究社會世界而逃離它。因而我們需要上述的方法論的自覺、學術的自覺，一如費孝通所倡導的「文化的自覺」。而「互為主體性」正是旨在強調民族志知識的生產是觀察者與被觀察者、訪談者與被訪談者、研究者與被研究者之間互動的結果。

其次，人類學者的田野工作過程也受到更多的質疑和挑戰。作為現代科學民族志奠基者的馬凌諾斯基、博厄斯等所開創的田野工作傳統強調其科學性、精確性和研究者的客觀性與價值中立，盡力避免對當地文化的原生態產生影響。而這一傳統也使田野工作過程披上了「科學」而神聖的光環，充滿不道予外人知的「美麗幻想」。然而頗具諷刺意味的是，作為田野工作鼻祖的馬凌諾斯基和博厄斯後來都遭遇了一點意外：馬凌諾斯基曾經歷了長時間生活於異文化中的種種不適、壓力和孤獨，

他把自己在田野中所感受到的挫折、憤恨甚至性的壓抑以自己的母語波蘭語寫到日記中。當多年之後這本日記以英文文本出版時，給人類學界帶來相當大的震動：人們看到在其科學的而又寫作優美的民族誌與其個人化的而又真實的日記之間的巨大反差，再也找不到原先心目中那種不變的「真實」與人類學者的神聖。而博厄斯的厄運來自於他最得力而著名的弟子——瑪格麗特·米德（Margaret Mead），其對薩摩亞人青春期的研究成為現代人類學史上最著名的公案之一：1925 年米德在博厄斯的授意和安排下前往薩摩亞群島實地調查，考察的主旨是「薩摩亞人的青春期行為在多大程度上是由生理因素決定的，在多大程度上是文化因素決定的。」米德的研究明顯地為了駁斥從生物學角度解釋人的行為的觀點，「證明」薩摩亞人以一種隨意輕鬆的態度對待青春期，從而達到了博厄斯學派的論證目的：

> 以往我們歸諸於人類本性的東西，絕大多數不過是我們對於生活於其中的文明施加給自己的種種限制的一種反應。（博厄斯序）

《薩摩亞人的青春期》在 1928 年出版後，旋即在美國社會中產生巨大反響，因其提供了文化模式上的「反例」。米德的結論被人類學家和一些學者當作永恒的真實，該書亦成為最暢銷的學術著作和人類學經典；而作者本人也由此成為人類學領域中的一顆明星。然而在 14 年之後，另一位人類學者德里克·弗里曼（Derek Freeman）在同一族群中進行了長達十多年的田野調查，並於 1983 年出版了《米德與薩摩亞人的青春期》一書，這部全面駁斥米德的著作，與米德當年的經歷類似，問世之日即成為震驚人類學界的著名作品。弗里曼以第一手調查資料批駁了米德在其理論預設下描繪的整個薩摩亞人的生活狀況，分析了其判斷和理論的根本性錯誤，尤其是米德在田野工作中的種種失

誤、缺陷和遮蔽，甚至直接指責「米德是在編造謊言」，「忽略與漠視薩摩亞人的情感與權利，致使在這一硬性改寫某一民族文化的歷史事件中，從最初的個人動機，到後來的整體運作都遠離了真實」（弗里曼，1990）。這兩本關於薩摩亞人的著作出版相隔數十年，立論上截然相反，從完全不同的角度論述薩摩亞人的文化。而它們引起當今讀者閱讀興趣的不只是在人類學領域的發現、重訪與反駁，其更重要的意義在於，反思田野工作過程與所獲材料真實性的關係，文化優勢族群與被研究的所謂劣勢族群、本文化與異文化之間的關係，當然還有由於人類學家的偏見和失誤所造成的不良影響。這樣的論爭能夠更多地引起我們對於人類學調查與民族志寫作性質的反省，並且提出了原本被視為獨一無二的田野工作與民族志作品可重複與驗證的問題。

另一部值得提及的田野工作的反思之作是奈杰爾‧巴利（Nigel Barley）的 *The Innocent Anthropologist: Notes From A Mud Hut*。作者以不無自嘲卻充滿智慧的幽默語言敘述了自己的田野工作經歷——充滿曲折、困頓和麻煩的歷程，與正宗的人類學田野工作似乎全不相干，亦全無人們想像中的神聖、神秘和美妙感。巴利直言田野工作的真實面目——經常是無聊、低效和挫折，特別是對被研究者並無好處。巴利不無調侃地指出：進入田野的人類學者，全身散發着一種崇高氣息與神聖的不切題；而且自以為是，「拒絕相信世界其實並不繫於他們的一言一行」（Barley, 1986）。巴利以深刻的反思和犀利的筆觸戳穿了人類學家顯示給人們的五光十色的肥皂泡。在田野中，人類學家一方面如同社會學家一樣，太想使自己成為科學家，另一方面也太想成為人類文明的使者。但是在上述深刻的反思中，學者們越來越多地懷疑田野調查究竟能夠在多大的程度上劃清人類學與文學之間的界限。與此同時，人類學家所創造的「知識」也受到了拷

問。「人類學家的知識總是帶有偏見的，因為人們不可能告訴你每一件事情。某些文化中最優秀的東西對你來說正是最難捕捉的。給你提供信息的人的知識無論如何總是不完全的，在某種意義上總是錯的」，因此，「民族志與文學作品一樣需要詮釋」（Clifford and Marcus, 1986, 1–26）。

第三，反思人類學重點體現在關於民族志寫作即「寫文化」的討論上。寫文化的爭論成為上世紀80年代後期人類學的中心議題。60至70年代人類學界出現三種自我反思和批評的面向：一、對人類學田野工作實踐的討論和反思，探討田野工作的認識論和它作為社會科學方法的地位；二、關於人類學與殖民遭遇的思考，批評對調查研究過程中的社會不平等和權力關係的不敏感和缺少反省；三、有關文化解釋引發的關於歐洲哲學傳統影響的理論探討，通過闡釋學將人文科學的實踐塑造為有別於自然科學的哲學思想。「寫文化」是上述批評傾向的發展和推進，在此爭論中有兩部被認為具有劃時代意義的作品：《寫文化》（*Writing Culture*）與《作為文化批評的人類學》（*Anthropology as Cultural Critique*），這兩部作品被視為人類學思潮的重要分水嶺，它們使人類學者普遍認同了文化表述的場景性和虛構性，並接受這樣一個事實：人類學不再具有提供「異文化」之整體的、客觀的描述的權威。

民族志寫作與文學創作曾經被認為是兩個"F"——事實（fact）與虛構（fiction）之間的區別。文學家與人類學家在對文本的看法上很難一致。前者認定文藝作品的生產是從 fact（事實）到 fiction（虛構）的過程，也就是說文學寫作支持並鼓勵作者主體意識的發揮；後者則認為其民族志的生產過程是從 fact（事實）到 fact（事實）的過程，反對研究者主體意識的過度放縱。就此，由於英國功能學派的馬凌諾斯基民族志寫作的典範作用，以及美國文化歷史學派的博厄斯對人類學田野工作方法的全面規定（如包括要求

人類學家學會調查對象的語言，長期深入土著人的生活，忠實地對社會進行記錄等），很快在學界形成了一種認識田野工作的共識（抑或錯覺），即民族志所描述的事實等同於現實中的事實。

《寫文化》的提出，促使人們對民族志本質的重新思考，意識到文化的書寫所達到的只是部分的真實（partial truths）。這部後現代人類學的代表作品其副標題為「民族志的詩學與政治學」，旨在強調：其一，民族志作品是文化的創造而非文化的反映和再現；其二，民族志是在不斷變化的不平等的權力世界中產生的，它告訴人們：知識是權力，而且一個人不可能展示所有他知道的東西；其三，被描畫的文化不是靜止不動的，試圖使之靜止的努力總是簡單化的、排它性的，是一種特定的自我——他人關係的建構和一種權力關係的強加或商議。由此可知，文化表述是歷史的、情境性的產物，科學也被解釋為社會過程；判斷好的文化解釋的標準從來不是固定不變的。關於事實或真實的問題，正如該書作者之一文森特（Vincent Crapanzano）所指出的：民族志作者可以被描繪成魔術師（Tricksters），他承諾不欺騙，但卻從不保證能告訴人們全部的事實（Clifford and Marcus, 1986, 6-7）。至此，人們已經愈來愈意識到，兩個 "F" 之間的界限並不是不可逾越的。

新民族志將文化的解釋置於多種相互性的語境中，而且它迫使作者去發現表達協商性現實的不同方法，這種現實作為多主體的、承載權力的和不一致的存在。就此而言，文化總是相關性的交流過程的表達，它是歷史地、在權力關係中主體間性地存在。

反思人類學從根本上顛覆了民族志的權威，但是這並不意味着民族志方法乃至人類學研究已經走投無路。面對上述質疑與困境，坦率地承認語言、修辭、權力和歷史是公開出現在寫

作過程中的；坦承在文化研究中，我們不再能夠了解全部的事實，或聲稱接近了它們。清楚地意識到並承認我們所表述的只是「部分的真實」（Partial Truths），即真相、真理的相對性、部分性和動態性；同時在整個田野工作與寫作過程中對權力關係保持警醒和反思，不斷探索新的更接近社會世界現實的文化表述方式，這正是民族志重新獲得權威（合法性）的基本前提。

在一個全球化與地方化交融共進的世界中，中國的社會—文化人類學面臨更大和更多的困境與挑戰，一方面，我們必須正視由於歷史、文化乃至政治原因造成的中國人類學的微弱與沉默的現狀，具體而言，傳統的經典性民族志工作尚未大功告成；而另一方面，在世界範圍內，傳統人類學的權威、主流及其理論方法在全面的反思中一無倖免地遭到質疑，我們對此後現代人類學的新挑戰也不能視而不見；故此我們需要在兩條戰線上同時作戰。而現實狀況卻是我們的學科依然自鳴得意或者自得其樂地沉浸在崇高、神秘甚至自戀的情緒中，依然在貴族式地奢侈着，依然在社會轉型需要學術研究的迫切中不着邊際、華而不實着……倘若真如沈原所批評的：

> 就問題意識的生產而言，面對巨大的社會轉型……卻因遭遇「後現代」，只強調「微小實踐」和走向「碎片化」的思維方式；在理論和技術方面，本來應當發展有能力把握劇烈社會變動的理論和方法，但卻簡單接受最適合於測量穩定社會的理論和技術手段……這就窒息了中國社會學的「想像力」，造成了它的「錯位」：在形成階級分層的時代去研究職業分層；在社會衝突的時代去研究穩定結構；在勞動生產過程之外去研究勞工；面對底層社會的苦難卻因強調「價值中立」而無動於衷
> （沈原，2009，2-3）

那麼實在是這一時代學術和學術人的悲哀。

反思性可以揭示學科自身對各種文化包括自己的文化進行分析中的局限和弱點，破除文化中心主義的迷霧。同時，在知識和常識日益趨於整齊劃一、刻板僵硬時，在科學假設或主流理論成為普遍真理的危險中，反思性就成為一種極具價值的平衡力量。「擴展個案法」、「過程－事件分析」、「新民族志」等研究取向與方法都是在反思基礎上的有益探索和創新。人類學持續不斷的反思性，提供了獨特的文化批評和經驗研究空間，反思力量遂成為人類學不斷發展的內在動力和不斷更新的生命力。

　　綜上所述，民族志的洞察力所呈現的四個方面，與「社會學的想像力」有着同樣的內涵和力量。面對中國的社會轉型與文化變遷過程，作為民族志工作者，我們需要社會學的想像力，需要將這種想像力發展為民族志的洞察力——從底層的視角、為沉默的大多數關注和破解社會轉型與文化變遷；中國社會從極權向新極權的轉變，是一個文明轉型的過程，其間充滿了不同社會力量融混、複雜、微妙的互動和博弈，探知這一實踐過程的內在機制與邏輯尤其需要由表及裏、知微見著的能力，需要民族志的洞察力；同時，面對一個不安定的全球化世界：族群衝突、宗教紛爭、文化交融與對抗……人類學研究也應該有所作為，有所貢獻，有出息。人類學雖然以追尋探索各種族群、文化的差異為主旨，但它也完全可以通過對各個不同群體、文化的研究找出通往相互尊重、理解、溝通的道路，提供各種文化之間的寬容與和諧共存的道理與可能性。從事這些工作，我們更需要良知和記憶，需要洞穿歷史與現實的眼光，需要深沉的悲憫之心和渾厚的智慧，需要思想的敏銳與胸懷的博大。如此才能從平凡瑣細中構建出大氣磅礴，從細語微言中發掘出洪鐘大呂，生產出有意義的知識，從而使社會－文化人類學進入並影響公共生活，促進不同的思考與多元文化包容共存；同時也促使學科在公共化過程中獲得更新與成長。

參考文獻

王銘銘，《社會人類學與中國研究》，三聯書店，1997年。

王銘銘，〈村落視野中的家族、國家與社會——福建美法村的社區史〉，《鄉土社會的秩序、公正與權威》，中國政法大學出版社，1997年。

吳文藻，〈現代社區實地研究的意義和功用〉，《社會研究》1935年第66期。

吳思，《潛規則——中國歷史中的真實游戲》，雲南人民出版社，2001年。

沈原，〈「強干預」與「弱干預」：社會學干預的兩條途徑〉，李友梅、孫立平、沈原主編，《轉型與發展第2輯：轉型社會的研究立場和方法》，社會科學文獻出版社，2009年。

彼得‧伯克，《歷史學與社會理論》，姚明、周玉鵬等譯，劉北成校，上海人民出版社，2001年。

保羅‧湯普遜，《過去的聲音——口述歷史》，覃方明、渠東、張旅平譯，牛津大學出版社，1999年。

孫立平，〈「過程—事件分析」與當代中國國家—農民關係的實踐形態〉，《清華社會學評論》特輯，鷺江出版社，2000年。

孫立平，〈實踐社會學與市場轉型過程分析〉，《中國社會科學》，2002年第5期。

孫立平，〈社會轉型：發展社會學的新議題〉，《開放時代》，2008年第2期。

孫立平、郭于華，〈「軟硬兼施」：正式權力非正式運作的過程分析——華北B鎮定購糧食收購的個案研究〉，《清華社會學評論》特輯，鷺江出版社，2000年。

馬凌諾斯基，《西太平洋的航海者》，梁永佳、李紹明譯，華夏出版社，2002年。

麥克‧布洛維，《公共社會學》，沈原等譯，社會科學文獻出版社，2007年。

瑪格麗特‧米德，《薩摩亞人的成年——為西方文明所作的原始人類的青年心理研究》，浙江人民出版社，1988年。

德里克‧弗曼，《米德與薩摩亞人的青春期》，光明日報出版社，1990年。

賴特‧米爾斯，《社會學的想像》，張君玫、劉鈐佑譯，台灣巨流圖書公司，1995年。

Barley, Nigel, *The Innocent Anthropologist: Notes From a Mud Hut.* Penguin Books Ltd, 1986.

Bourdieu, Pierre, et al., *The Weight of the World: Social Suffering in Contemporary Society.* Polity Press, 1999.

Burawoy, Michael, "The Extended Case Method." *Ethnography Unbound,* pp. 271–287. University of California Press, 1991.

Burawoy, Michael, "The Sociology for the Second Great Transformation." *Annual Review of Sociology,* 26, 2000.

Clifford, James, and George Marcus, editors. *Writing Culture: The Poetics and Politics of Ethnography.* University of California Press, 1986.

Eyal, Gil, et al. *Making Capitalism without Capitalists: Class Formation and Elite Struggle in Post-Communist Central Europe.* London and New York: Verso, 1998.

Geertz, Clifford, *The Interpretation of Cultures.* Basic Books, 1973.

King, Lawrence Peter, and Ivan Szelenyi, "Max Weber's theory of capitalism and varieties of post-communist capitalism." First draft paper presented at the 2004 Annual Convention of the American Sociological Association, San Francisco, June 30, 2004.

Liu, Xin, *The Otherness of Self: A Genealogy of the Self in Contemporary China.* University of Michigan Press, 2002.

Malinowski, Bronislaw, *A Diary in the Strict Sense of the Term.* Stanford University Press, 1967.

14　金融危機與我們的社會

　　席捲全球的金融風暴撼動着整個經濟－社會生活，也帶來人們心態、精神的震動。生活在不同國度的人們根據金融危機對自身的不同影響選擇不同的應對方式——調整消費行為，改變生活方式，採取社會行動，抑或因為沒有對危機的切身感知而取隔岸觀火的態度，但都不免對身邊和對岸發生的事情加以思考和判斷。作為社會科學研究者，關於金融危機的思考不能僅局限於經濟領域，而是應該將思考推進到社會層面和政治層面，即對其社會後果與應對危機的政治選擇加以探討。

危機發生與走出危機的經濟——社會邏輯

　　進行歷史比較分析，即由這次金融危機聯想到上個世紀30年代的大蕭條並進行對比思考是一條重要的頗具啟發性的思路。孫立平通過系列文章〈普通人生活中的大蕭條——重讀《光榮與夢想》(1)〉、〈誰種下了禍根？——重讀《光榮與夢想》(2)〉、〈以重建社會來再造經濟——重讀《光榮與夢想》(3)〉、〈在改革與法西斯主義之間——重讀《光榮與夢想》(4)〉(見孫立平社會學博客；參見威廉•曼切斯特(William Manchester)，《光榮與夢想1932–1972年美國社會實錄》)進行了這樣一種思考，對30年代發生在美國的大蕭條的緣起、過程與結束進行了結構

＊　本文原載於《社會學家茶座》，2009年第1期。

與邏輯的分析，並從中獲得有益的啟示。如果簡要梳理一下，大致可以得到這樣一個概括性的思路：

金融危機以及隨之而來的經濟危機影響和改變着普通人的生活，將人們拋入難以預期和抵禦的動盪之中。這樣一段「艱難時世」讓許多人「感到精神沮喪，整個民族精神不振，人人覺得自己孤零零的，誰也不信，啥事也不信，甚至對自己也不信任了」。由此可以說，金融危機決不僅是一場經濟的危機，同時也是一場社會的危機。

經濟危機使人們身受其害，但人們卻不知禍從何來。對於大蕭條形成的原因，經濟學提供的解釋主要有凱恩斯主義的「由人們心理上的消費傾向下降趨勢、靈活偏好和對未來的悲觀預期所導致的社會中的總需求急劇下降」和貨幣主義經濟學家的「將大蕭條的禍根歸咎於當時的貨幣政策」。而在孫立平看來，尚未被經濟學家注意到的變數是在「一個社會從生活必需品生產時代轉入耐用消費品生產時代」的艱難過程中財富過度集中的畸形社會結構，正是這樣一種特殊社會結構背景下出現的生產過剩、消費不足、信貸危機和投機狂熱釀成了一場大危機。

走出危機的最重要方式是西方國家特別是美國採用了根本性的制度創新和社會轉型，即「以重建社會來再造經濟」。羅斯福勝選總統及其執政後推行的羅斯福新政着眼於「在這個不幸的時代，我們要制定出一些計劃來，把希望重新寄託在那些壓在經濟金字塔底層、被人遺忘了的人們的身上」。簡而言之就是通過救助窮人而拯救經濟，諸如建立社會保障制度和通過工會規範勞資關係等措施，從而使人們建立起對未來的穩定預期，解決生產過剩和產品積壓的問題。更為重要的是這一過程不僅創造了度過危機的條件，而且通過改變社會制度重造了資本主義，開啟了人類歷史上的一個新時代。「這個新的資本主義一直發展到今天，其潛力似乎還沒有耗盡」。

通過比較羅斯福新政以社會重建復興經濟與希特拉（內地譯希特勒）走向法西斯主義的過程，孫立平提出了對思考當下金融危機最具啟發性的問題：為什麼在面臨「寧可讓獨裁者用鐵腕統治，也不能讓國家癱瘓下來」的種種呼聲中，受到衝擊最大、社會矛盾相當尖銳的美國並沒有走上法西斯主義的道路？究竟是什麼「使美國人哪怕在最壞的情況下也沒有喪失最後的清醒、沒有喪失對失去自由所帶來惡果的警惕」。相形之下，面對經濟困境，中國應該採取什麼樣的應對策略？中國會走向何方？中國社會又應如何構建更是令人焦灼迫人思考的問題。

孫立平近期對 30 年代大蕭條和當前金融危機的探討，打通了從經濟現象到經濟結構再到社會結構和精神世界包括人們的心態、信心和預期之間的邏輯關聯，拓展了社會科學的解釋空間和解釋力度，這是極具社會現實意義與社會學學科發展意義的。不難理解，所有發生在經濟領域的事情都不可能僅僅從經濟角度獲得解決，經濟問題的後面必定是人的問題，是人的行為選擇、人與人之間的關係即人類社會的問題。社會科學在經濟危機面前應該有所承擔和作為。

此社會主義非彼社會主義

回到中國的現狀來看，或許人們還沒有充分而清楚地意識到經濟危機對中國社會究竟意味着什麼，或許一些人以一種事不關己甚至幸災樂禍的心態對待發端於美國並波及全球的金融風暴。更有甚者，一些自鳴得意的精英認為這場金融危機「說明美國的政治和經濟制度已經病入膏肓，而所謂的西方（普世）價值也會壽終正寢，具有中國特色的政治和經濟將是正道、大道、世界各國的必由之道」；以一種「意淫世界文明」（王小波語）的姿態得意地聲稱「只有社會主義能夠救中國」，「只有社會主義能夠拯救世界」。殊不知，前面所說的羅斯福新政即用包括

社會救濟、社會保障、社會福利等具體制度的社會變革和社會進步來拯救經濟並非某些人所理解的與中國相同的社會主義道路，如果一定要稱之為「社會主義」，也須知此「社會主義」非彼社會主義，二者涇渭分明，正如中國特色的社會主義亦非資本主義一樣。

正如孫立平具體分析的，1930年代大蕭條及羅斯福新政的一個直接啟示就是，走出危機的重要路徑是通過社會利益關係的調整、社會結構的轉型和社會制度的建設，其具體政策至少包括：一、社會救濟（如以工代賑，增加就業機會，保生存底線）；二、福利國家制度的建立（建立覆蓋個體生命歷程的社會保障體系）；三、規範勞資關係（如依靠工會等社會組織增強工人階級的力量，出台相關勞動法規）。這樣一種社會轉型過程形成了作為社會中間層的中產階級——中產階級就是市場、就是耐用消費品的主要消費者，從而完成了從生活必需品時代轉入耐用消費品時代的跨越。通過重建社會來拯救經濟進而重建資本主義的意義在於，將一個所謂赤裸裸、血淋淋、人吃人的原始資本主義轉變為有福利制度和公民社會來保障的、可持續的現代資本主義。

如果以為美國走出當年大蕭條或今日金融危機的出路是以計劃經濟體制為主的社會主義道路，那就大錯特錯了。社會保障與社會福利制度的基礎當然是民主政體加公民社會，這也是中國社會迫切需要和正在追求的。孫立平認為，中國當前的經濟困難更類似於美國30年代的大蕭條，而與當前的美國次貸危機引發的金融風暴並不相同。具體表現為內需不足、出口依賴型生產佔比重較大、製造業衰退、企業倒閉、貧富兩極分化嚴重而且已形成最龐大的社會底層。

不難看出，面對當下的經濟問題，中國有着雙重的困境：一方面，作為已經加入全球化經濟體系並作為「世界工廠」且

相當依賴於出口的中國經濟，正在開始經歷蕭條的冬天──訂單銳減、企業倒閉、就業下降、農民工大量返鄉（他們還被作為拉動內需的主要力量）；另一方面，民主制度與法制不建全、缺少民主的制度基礎與文化土壤、利益關係失衡與巨大的社會不公正都使得走出危機的社會建設與社會進步難以實現。意識到可能不斷加深和擴展的危機，真不知道那些以看別人熱鬧甚至幸災樂禍為能事的人還有什麼可高興的。與美國30年代大蕭條所不同的是，中國社會不是市場至上的早期資本主義，而是經歷了改革的後極權主義；不是走不下去的資本主義，而是難以持續的後社會主義。不難想像，回到改革前即退回計劃經濟、以強制方式干預經濟、不顧及廣大社會下層人民的生存利益，只會導致更大的社會危機和不穩定，其作用無異於火上澆油、飲鴆止渴。

功效至上還是公正優先

許多研究者發現，上一世紀法西斯主義的興起與猖獗和30年代大蕭條有着直接的關係。這是因為「法西斯主義的基礎是在社會的兩端，即大資本和社會的底層。大資本需要秩序以免使自己成為社會衝突的靶子，底層則在生存面臨威脅的時候需要一個提供飯碗的人，哪怕這個人是一個惡魔」[1]。這就是說，跳出經濟危機泥沼的迫切要求使得自由、民主、公正、人權等價值理念可能讓位於實際的、功利性的需求，一如俗話所說的「有奶便是娘」，管它這奶是狼奶還是毒奶。與走上法西斯道路的納粹德國相比，雖然面臨最為嚴峻的蕭條形勢卻沒有導致美國走向專制或極權，雖然經濟危機引起的不滿、絕望使得不少

---

1 孫立平，〈在改革與法西斯主義之間〉，《經濟觀察綱》，2008年12月22日，見 http://www.eeo.com.cn/observer/special/2008/12/22/124575.shtml。

地方出現騷亂和暴力，雖然也不乏政客大呼小叫「極權主義制度培養出來的人，比民選制度培養出來的人更聰明，更堅強，更勇敢」，「危險的不是我們失去自由，而是我們辦事不利索，不徹底」，「寧可讓獨裁者用鐵腕統治，也不能讓國家癱瘓下來」[2]，雖然也有人提出社會主義甚至共產主義的主張，但是美國依然堅持了自由民主的理念與制度，並通過抑制大資本、救濟窮人的政策幫助人們重振信心，以社會建設和制度變革走出危機。如果再向後看一點，以911為代表的恐怖主義活動雖然帶給美國人極大的震動、美國政府亦採取了一些頗具爭議的措施，但基本上依然沒有使之放棄自由民主的立場，即使出於安全的考慮，公民的自由和權利還是不可讓渡。

思考這樣一個問題，還可以從政府與公民的關係角度來進行，正如徐賁所分析的：

> 在美國，對秩序權威和現狀的大面積不滿可以通過更換政府得到疏解，更換政府的民主機制運作，於是成為防止出現暴力動亂的最根本方法。

> 在美國，經濟好的時候，成就不全歸功於總統；經濟不好的時候，總統自然也就不用成為眾矢之的。對危機中的經濟，美國人並不只是或只能聽天由命。他們可以擔負起幫助走出這一危機的共同政治責任，那就是改變他們的政府，從而改變政府的政策。

> 只有當利益上的衝突不能在民主法治的體制中找到疏導、妥協、公正平衡的可能和正常渠道時，集體行動才會發生，並演變為暴力的動亂。[3]

---

2 豐雪心：〈美國危機時期的小羅斯福為何沒能成為獨裁者？〉，《讀書》，1999年第7期，見https://www.sohu.com/a/243566179_782639。

3 徐賁：〈經濟危機會引起美國動亂嗎？〉，參見《愛思想》網站，http://www.aisixiang.com/data/23712.html。

14　金融危機與我們的社會　　147

在危機中當選的羅斯福總統及其施行的新政，有一個非常重要的政策取向就是「把經濟問題看作道德問題」，雖然當時這樣做的也許只有他。人們聽到他這樣說：「在我國，唯一真正值得寶貴的，是自然資源和人民大眾」。參加投票的公眾感覺到羅斯福顯然是滿懷誠意的，因而深受感動。羅斯福關心人民，這一點人民是感覺到的。羅斯福在廣播裏對聽眾說：「你們不一定都同意我的主張，但是你們都對我挺好。」「因為大家團結一致，我們就能擰成一股繩，把我們從大蕭條的泥坑裏吊出來。」[4]道德力量和精神動力看似距離實際措施和物質能力最遠，但卻成為解救危機最強大和持久的能量。這也能夠從一個角度回答「為什麼受衝擊最大的美國沒有走上法西斯主義的道路」的問題。

　　如何化解危機涉及政府選擇何種政策取向的問題，這也是在績效和理念之間權衡的過程。極權或專制政體的政府通常是強大的，而且非常有效——它有着極強大的動員能力、組織能力和控制能力，可用「舉國體制」高效能地達到目的。但是如果一味地追求功效，就難免是為功利目的而違背價值理念，為權宜之計而犧牲長遠福祉，為物質需要而毀壞整個民族的精神文明。

　　漢娜・阿倫特（Hannah Arendt）在論述極權主義在現代社會中形成的過程和邏輯時指出：正是其以歷史目的論為宗旨的「意識形態」得以蠱惑人的心思，塑造了社會，導致人本主義與啟蒙之文明的崩潰。

　　而資本主義的生產方式與不斷擴張原則造就了西方現代社會一大群孤獨、自覺多餘無用，以及跟生活世界疏離的「群眾」，他們拼命地追求物欲之滿足，充滿物欲之激情，罔顧公共事務，無法彼此結合成政治的團體。他們不但喪失了現實

4　威廉・曼徹斯特，《光榮與夢想》，第一部第一章〈最慘的一年〉。

感，也喪失了合理健全地判斷經驗的能力，極易被任何勢力所鼓動，正是這些逐利的「群眾」成為極權主義的社會基礎（阿倫特，《極權主義的起源》第十一章）。

汲取其他社會正反兩個方面的教訓，我們應該意識到中國當前的危機程度可能更甚於其他社會。二十年來經濟的高速增長使得增長本身成了目的，整個社會無暇顧及高投資率、高污染、高耗能、外向型帶來的危害，更顧不上社會保障、社會福利制度的建設，這些不可避免地造成由不公正導致的巨大貧富差距，形成內需不足和嚴重腐敗等問題，當然構成經濟危機的內在原因。單純追求 GDP 的高速增長，「發展是硬道理」、「穩定是壓倒一切的」的主張都在一定程度上帶有急功近利、功效至上的意味，很難真正成為走出經濟危機、緩解社會衝突、建設和諧社會的良方善策。

借鑒美國從上個世紀大蕭條中復興的歷史經驗，中國應該把制度創新和社會建設放在更重要的位置上，這包括政策更多地的向底層傾斜；通過深化改革特別是政治體制的改革賦予公民權利（包括民事權、政治權特別是社會權的公民權），進而建立起利益均衡機制與利益博弈機制；同時認同普世價值，守住道德底線，建設精神文明，追求社會公正，以上述制度的、社會的和精神方面的努力平衡利益關係，緩和經濟危機，化解社會衝突，真正構建起以人為本的和諧社會，這應該是中國走出困境之路，也是真正的發展之路。在面對經濟危機和社會轉型的問題時，我們應該思考的是，如果美國當年能夠走出大蕭條、通過重建社會再造了資本主義，我們為什麼不能通過社會建設走出困境、融入人類文明主流呢？

2009年1月3日

15 社會學視角中的「黑社會」

黑社會概念尚含混不清，黑社會現象已層出不窮

伴隨着社會轉型期人們愈發感受到種種風險的存在諸如遭遇團夥犯罪、生命財產受到侵害、拆遷或維權過程中常有「不明身份」者的暴力行為等等，加上近期重慶的「打黑運動」，「黑社會」作為一種社會現象已經進入公眾的生活和視野。然而作為一種法律概念和社會概念，「黑社會」在我們社會中的面目尚不十分清楚。

我國的立法和司法機構似乎並不認為中國已經存在典型的黑社會組織，在官方話語中通常使用的概念是「黑社會性質的犯罪組織」、「帶有黑社會性質的團夥」等，據《刑法》第294條規定：「組織、領導和積極參加以暴力、威脅或者其他手段，有組織地進行違法犯罪活動，稱霸一方，為非作惡，欺壓、殘害群眾，嚴重破壞經濟、社會生活秩序的黑社會性質的組織的，處三年以上十年以下有期徒刑；其他參加的，處三年以下有期徒刑、拘役、管制或者剝奪政治權利。」

根據九屆全國人大常委會第 27 次會議通過的對刑法第 294 條第一款的解釋，黑社會性質組織應同時具備以下特徵：一、形成較穩定的犯罪組織，人數較多，有明確的組織者、領

---

*　本文原載於《社會學家茶座》，2010 年第 2 期。

導者，骨幹成員基本固定；二、有組織地通過違法犯罪活動或者其他手段獲取經濟利益，有一定的經濟實力，以支持該組織的活動；三、以暴力、威脅或者其他手段，有組織地多次進行違法犯罪活動，為非作惡，欺壓、殘害群眾；四、通過實施違法犯罪活動，或者利用國家工作人員的包庇或者縱容，稱霸一方，在一定區域或者行業內，形成非法控制或者重大影響，嚴重破壞經濟、社會秩序。

2000年12月10日，最高人民法院出台的《關於審理黑社會性質組織犯罪案件具體應用法律若干問題的解釋》對「黑社會性質組織」作了如下具體規定：一、組織結構比較嚴密，人數較多，有比較明確的組織者、領導者，骨幹成員基本固定，有較為嚴格的組織紀律；二、通過違法犯罪活動或者其他手段獲取經濟利益，具有一定的經濟實力；三、通過賄賂、威脅等手段，引誘、逼迫國家工作人員參加黑社會性質活動，或者為其提供非法保護；四、在一定區域或者行業範圍內，以暴力、威脅、滋擾等手段，大肆進行敲詐勒索、欺行霸市、聚眾鬥毆、尋釁滋事、故意傷害等違法犯罪活動，嚴重破壞經濟、社會和生活秩序。[1]

不難發現，上述對法律條文的解釋──「稱霸一方」、「為非作惡」、「大肆敲詐」也好，「欺行霸市」、「聚眾鬥毆」、「尋釁滋事」也罷，多是形容詞和描述性語言，很難將「黑社會性質的組織」和「帶有黑社會性質的犯罪」界定清楚。至於有人將「中國黑社會組織」區分為劫匪型、打手型、地霸型、欺行霸市型、走私販毒型、高利放債型等六種類型，則更類似於武林江湖之說，並不能說明黑社會的本質和危害。由此不免讓人產生

1　參見曹國君，〈關於黑社會性質組織認定的幾個問題〉，載http://www.lunwentianxia.com/product.free.7475385.1/。

疑問，在黑社會的法律判定和社會界定尚含糊不清的情況下，「打黑」又該如何進行呢？

黑社會也是社會

按照社會上主流話語的判斷，黑社會組織是一種獨立於正常社會、具有反社會的價值觀念、文化心理和具有嚴密組織形式的犯罪團體；是嚴重破壞經濟、社會生活秩序的反社會組織。將黑社會定義為反社會組織或具有非社會的性質可能會影響我們認識其真正的組織特性和運作機制。眾所周知，人是社會性動物，社會性是人的本質屬性。不獨人類，許多動物也是靠社會性才能生存、繁衍和延續的。人類社會或社群內部有着複雜的結構、等級、規則和觀念，並構成與外部世界的聯繫和互動。社會性的存在即成為社會的人才能獲取必要的生存資源和保護自身的權利，就此而言，以獲取和保護利益為目標的黑社會，其性質也不是反社會或非社會的，它仍然是人的社會屬性的體現，無論其具體形式是幫、會，還是團、夥，都只不過是人的社會屬性的非正常體現，即相對於正常社會的存在。在相當多的社會情境下，黑社會滋生或猖獗，是因為缺少正常的社會保護，社會底層、弱勢群體、流民、生存絕望者只能求助於黑社會組織，參與其中或者接受其保護。

已成為社會學經典的《街角社會：一個意大利人貧民區的社會結構》，是美國芝加哥學派代表人物之一的威廉・富特・懷特（William Foote Whyte）在上世紀30年代對波士頓一個意大利人貧民區的非法團夥的研究成果，他通過與「街角社會」的密切互動和參與觀察，深入細緻地描述和分析一個美籍意大利人社區的社會結構、幫派的社會基礎、社會空間、內部的等級、互動與規則、與外部社會和政治的關係等。懷特在談到科納維爾的非

法團夥時用的是「幫」這一概念，他發現「街角幫」的形成和作用其實在於該移民社區中人們的社會性需求，一方面在社區內部，「幫」組織了各種社交活動——形成同齡群體、結交女孩，以及保齡球、棒球、戲劇演出等社會互動形式；懷特所描述的一次團夥之間的衝突，起因竟是由於某一幫「找不到聚會場所」；而另一方面，「幫」作為有組織的社會也和外部世界即美國主流社會發生聯繫，如參與政治活動，成員的向上流動或者受到某種刻板印象的歧視[2]。作為「街角幫」的非法團夥，在上流社會眼中與黑社會（Underworld Society）類似，但實際上亦是特定人群社會生活的組織形式。

黑社會之「黑」在於其缺少正式的合法性，帶有地下性質，通常在法律行使不到的地方活動，但既然是「社會」，則有組織性，甚至可以組織嚴密，有章有法，紀律嚴明；為了使其能夠生存和持續，黑社會亦需獲得非正式的社會認可的合法性並遵守某些社會規則，此即所謂盜亦有道。

如果從一個組織的視角來看，黑社會與一般的社會組織存在趨同性，我們知道，任何社會都是一個有組織的社會。人們的生活不是各自孤立的行為，而是需要通過與其他人的交往互動而實現的，即是在「組織」的框架中進行的。對於各種組織存在着相似的結構，「經濟學通常從效率機制和交易成本角度進行分析，而制度學派則強調組織的制度環境，提出合法性機制的解釋框架——社會的法律制度、文化期待、價值觀念作為人們廣為接受的社會事實，具有強大的約束力量，規範着人們的行為」[3]。

2　威廉•富特•懷特，《街角社會：一個意大利人貧民區的社會結構》，黃育馥譯，商務印書館，1994年。

3　周雪光，《組織社會學十講》，社會科學文獻出版社，2003年，頁65–91。

縱觀古今中外的黑社會或黑社會性質的組織，恐怕不難發現它們的一些組織特徵。例如，其發生過程多有制度性弊端突顯、法治不力、戰亂、動盪或社會斷裂作為條件。許多黑社會組織的成員都並非大奸大惡之人，而只不過是在巨大的社會矛盾和社會不公正面前無法正常生活、無法保護自己權益的社會下層民眾。從歷史上看，無論是官逼民反造就的水泊梁山，還是清末民初以來各地的「匪患」，甚至聞名世界、屢剿不滅的意大利黑手黨，都需從一個社會結構的視角加以分析。黑社會是被拋出正式社會結構之外的社會，是非法存在的社會，但其也是社會組織，其內部的高度組織化、有規則和紀律、行動的有效使之對整個社會發生重要影響。無論是殺人越貨、為非作歹，還是劫富濟貧、除暴安良，其攪動整個社會、帶給人們巨大不安的現實是讓人無法忽視的。

黑社會通常具有的另一個突出特點是其與正式制度和官府的複雜關係。其形式無論是聚嘯於山林的土匪，還是居住於市井的幫派，都或多或少地與官府相勾連，有時是被清剿的對象，亦時常被招安或被利用，甚至形成民眾所深惡痛絕的官匪一家、兵匪一家、警匪一家的情形。即使在聲稱已經清除了黑社會組織、至今仍然不認為有典型黑社會存在的中國社會主義社會，與正式權力勾結的黑社會性質的組織、甚至一些基層政府的黑惡化也已經不容忽視地提上了治理的議程。

不健康的社會肌體上的毒瘤

中國當前的「黑社會」問題，無論我們稱之為「黑社會性質的犯罪組織」，還是「帶有黑社會性質的團夥」，都已經是擺在全社會面前的客觀事實。黑社會是社會肌體上的毒瘤、惡疾，而且是不健康的社會肌體上的惡疾。如果用一個病理學概念作

為比喻，就如同生命有機體的免疫系統出了問題，其正常功能喪失，無法抵禦細菌、病毒，因而導致社會的癌症和頑症，且無法通過治標例如切除法而治癒。

對黑社會一定要將其放在體制或制度背景下才能看清其實質。中國當下所處的總體性社會或稱為後總體性社會，是權力獨大、權貴結合、權在法上的社會。具體而言，黨政的力量和控制空前強大，市場亦受到權力的支配和影響，而社會受到權力與市場的合力擠壓空間狹小、力量十分薄弱甚至缺如。在此情境下正常的社會生活與社會組織必然十分稀缺和弱小，國家、市場、社會的三維均衡態勢無從形成。這些社會結構性特點正是黑社會現象產生的土壤和條件。

在一個病態的社會中人們首先發現的是社會信任不復存在，特別是公信力喪失，而且越是來自官方的、專家的、權威的信息和說法公眾就越是不相信。人們日漸發現，不僅身邊的男人靠不住，女人靠不住，兄弟靠不住，公司靠不住，而且領導也靠不住，組織更靠不住。信任結構崩塌帶來的明顯後果首先是社會交易成本激增，社會交換和社會生活無法正常進行。這樣的市場環境、社會生態會讓生活於其中的人們不堪其累，因為即使最普通的需求的滿足也會讓人感覺是處處是陷阱、防不勝防。此外，就整個社會而言，沒有合理而有效的制度保證契約信用關係和規範的市場，人們只好訴諸暴力，以暴力維持秩序，或者依靠暴力組織得到保護，而這必然帶來黑社會的興起。

孫立平在前幾年即提出防止社會生活「西西里化」或「那不勒斯化」，即是從社會信任問題着眼的。在這兩個以意大利黑手黨活動猖獗而著稱的地區，人們普遍地缺乏相互信任，在這種自私和缺乏信任的社會中，由於不存在最基本的公認規則和信任、缺少正常的社會交往方式，人們若想在交換和競爭中獲取利益

或處於有利位置，只能仰仗暴力和暴力組織。暴力成了社會運作的主要機制，而同時存在的黑社會規則又在一定程度上減少了暴力的使用。因為僅有暴力的威脅還不夠，合作必須依賴於經濟利益這個更強有力的武器。而在群體內部，當面臨被捕或生命威脅時，團結一致能減少違法活動的風險；在群體外部，則可以形成更廣泛的經濟聯繫：如通過腐蝕公務員、向參選者提供支持等方式獲取更大利益。這就是黑手黨參與社會生活的最基本原則[4]。

不難想像，由黑社會組織來控制經濟秩序和社會生活，必然使叢林法則盛行於社會，不可避免地帶來整個社會的西西里化。

其次，中國社會最危險的、引起人們憂心忡忡的是權力自身的黑惡化，以及由權力黑惡化所導致的社會潰敗。權力的黑惡化主要體現為地方權力部門和基層官員的流氓化、犯罪化，亦即黑社會化。

體制內的違法犯罪行為一方面是指權力部門以違法的甚至犯罪的方式「執法」，近年來層出不窮、匪夷所思的案例諸如「處女賣淫」、「夫妻嫖娼」、「紙幣開銬」，一連串的「躲貓貓死」、「洗澡死」、「做夢死」、「掉床死」、「發燒死」、「自縊死」以及最近的「喝水死」和警察槍斃村民，讓人不由得感歎中國百姓真是生的平凡，死的離奇。凡此類事件均可視為權力失控而造成的犯罪，權力的黑惡化不僅破壞了正常的社會秩序，而且使自身喪失其合法性，進而失去司法行政體制的社會公信

4　參見孫立平，〈90年代中期以來中國社會結構演變的新趨勢〉，《轉型與斷裂：改革以來中國社會結構的變遷》，清華大學出版社，2004年。

力，導致尖銳的官民對立和社會衝突。事實已經表明，社會上每次群體性事件的背後幾乎都有上述「離奇」之舉作為導火線。

權力黑惡化的另一重要表現是正式權力與黑社會的勾結。人們屢屢發現，一些政府部門在處理某些遭遇民眾反抗的棘手事件時經常會僱用流氓、打手、混混等類黑社會成員，例如反抗拆遷、業主維權等活動，進行到一定階段時總會有類似於黑社會人員出面打、砸、搶、燒，造成流血事件。基層政權與黑社會的勾結，一方面完全可能使原本尚不成形的黑社會組織壯大起來，另一方面當然是基層政權自身的流氓化、黑惡化。此外，一些官員與資方代表共同出入酒樓、夜總會、洗浴中心，動輒一擲千金、吃五喝六甚至欺行霸市，全然一副黑社會做派；更有一些地方不乏政府官員或執法人員與黑社會團夥合作，參股投資、提供保護開妓院或參與走私等違法犯罪活動。已經被打擊的多個黑社會性質的團夥犯罪案件中，都不難看到官員甚至是相當高級別官員的身影。這也就無怪乎民謠所云：過去土匪在深山，現在土匪在公安；過去流氓在市井，當今流氓在市府。

不受制約的權力必然帶來自身的腐敗，而且導致整個社會的潰敗。我在幾年前的「黑磚窯」事件時曾經分析過失控的權力會帶來整個社會生態的惡化：謀利型權力的實作邏輯是，有利則逐利、爭利、奪利；無利則放任和放棄。21世紀的奴隸制黑磚窯現象是基層政權以黑社會方式喪心病狂地逐利、同時上級部門因無利而放任和瀆職所造成的。

從根本上治理黑社會問題需要依靠法制建設和社會建設。黑社會的產生緣於法治不興：惡法當道，有法不依，權比法大。如果不依法治理，即使是正式權力使用非法手段去對付黑社會，也會把「打黑」變成「黑打」。此外，正常健康的社會的

發育是消除黑社會土壤的治本之策。如前所述，權力不受制約是導致權力與黑社會勾結和權力自身黑惡化的主要原因，而能夠制約權力的重要結構性維度就是社會，公民的社會權利要靠法律保護，要在社會參與中才能落實。公民社會的建設，正常的社會組織和社會生活是消除黑社會現象的前提與環境；公民社會建設、公共意識形成、公開公正的社會機制才能對權力有所限制。其中的道理十分簡單：沒有公開透明，只會是黑箱操作；缺少公民社會，當然就只有黑社會了。

當前的中國社會面臨着雙重的組織困境：一方面是公民社會受到權力與市場的連手壓迫不能正常形成、發育，其生存都缺少必要的合法性；另一方面則是權力的黑惡化和為所欲為。人的本質屬性——社會性與權力控制社會、限制社會正常發育之間存在着巨大張力，黑社會現象頻發即其表現之一。有鑒於此，唯有實行憲政民主，推進政體改革，權利制衡權力，建設公民社會，認同普世價值，匯入文明主流，從制度變革入手，建立制度、文化、人性的良性互動機制，開放社會空間，形成正常的公共生活，才有可能抑制權力腐敗與社會潰敗，從根本上解決黑社會問題。

2010 年 3 月 3 日

16 關於「狼奶」的社會學想像

　　2008年歲末我對2009年的新年祝願是「珍愛生命，遠離狼奶」。很快就有朋友問及「狼奶」何指？思忖一番覺得這個問題還真是很難一言以蔽之，因為它關涉我們整個社會如何理解和思考世界、如何記憶和傳承歷史與知識、如何培育下一代新公民等意識形態領域（按照革命傳統應稱為「思想文化戰線」）的重大問題。故此關於「狼奶」還是頗為應該花費時間和筆墨去搞清楚的。

　　「狼奶」一詞的來龍去脈，難以考證明確。有人舉例說見於剛打倒「四人幫」時，在報上看到一些老幹部撰文，將文革中的紅衛兵認定為「喝狼奶長大的一代」[1]。

　　較為近期的討論始於關於歷史教科書事件：2002年歷史學家袁偉時教授撰寫〈現代化與中國的歷史教科書問題〉（《東方文化》2002年第6期）一文，痛切地指出：「20世紀70年代末，在經歷了反右派、大躍進和文化大革命三大災難後，人們沉痛地發覺，這些災難的根源之一是：『我們是吃狼奶長大的』。二十多年過去了，偶然翻閱一下我們的中學歷史教科書，令我大吃一驚的是：我們的青少年還在繼續吃狼奶！」就此袁偉時認為，

1　范海辛，〈論狼奶〉，原文見http://www.chinaelections.org/NewsInfo.asp?NewsID=123379，但文章已移除，下列網址仍可讀到文章：http://www.xttop.com/sz/12789.html

現在是正視我們自己的歷史教科書問題的時候了。我們有責任將歷史真實告訴我們的青少年，讓他們永志不忘。這是幫助他們成為現代公民的必由之路。袁文在 2006 年初的《中國青年‧冰點週刊》發表後，旋即導致「冰點風波」[2] 爆發，足見「狼奶」一事着實具有的生死攸關的重要性。

同年，還是有關歷史教科書，學者朱學勤就上海新版歷史教科書表達肯定意見，指出：「與原來的全國統編教材相比，那是不可同日而語，是很大的進步。」具體表現為：「首先是在體系上，用文明史來代替階級鬥爭史，用社會生活的變化來代替王朝體系的演變，用文明來代替暴力，用千百萬普通人生活的演變來代替少數帝王將相的歷史，這是非常大的進步。」朱學勤還特別指出：「讀這套歷史書長大的小孩，我認為那真是喝人奶、不是喝『狼奶』長大了」[3]。朱學勤的談話再一次引發網絡上關於「狼奶史觀」的激烈爭辯。

何為「狼奶」？

以「狼奶」表示某種意識形態內容與形式或許不一定全面、準確，但卻具有深刻的象徵意義和概要性，它突出了作為意識形態的培養、教育功能和潛移默化但卻影響至深甚至可以全面完成人的社會化過程的作用。一個人通過教育獲取的知識、記

2　2006 年 1 月 11 日，第 574 期《冰點週刊》刊登了中山大學袁偉時教授的〈現代化與歷史教科書〉一文。該文章批評中國歷史教科書中的論述，引起中共中央宣傳部的不滿而勒令《冰點週刊》停刊。

3　見《南都周刊》朱學勤訪談，原文見http://www.webo.com.cn/webo/html/2006-10-16/content_261229.html，但文章已移除，訪談內容仍可見於：http://news.sina.com.cn/c/edu/2006-10-15/221211243331.shtml

憶的歷史、習得的思維方式與行為方式當然塑造其基本人格，這一過程比俗話說的「跟着好人學好人，跟着巫婆學跳神」的表面環境還要內在和深入。當然這一教育形式就不限於教科書和學校教育了，它還可以是歷史、文學、藝術、文件、政治宣傳和儀式等諸多方式。

舉例來說，一個人們讀了信了達半個世紀之久的著名作品《半夜雞叫》可以作為「狼奶」的典型例證。最近，中央文獻出版社出版了由大名鼎鼎的中國「四大地主」（另外三個典型是黃世仁、南霸天、劉文彩）之一的周扒皮之曾外孫孟令騫所撰作品《半夜雞不叫》，全面分析並揭露了這一自上世紀50年代開始、讓起碼兩代人耳熟能詳、發行量達至500萬冊、全球閱讀並選進了中國的小學課本、還被編成了動畫片、成為階級教育典型教材的出自《高玉寶》一書的《半夜雞叫》故事，是假的。「半夜雞叫」是編造的；《高玉寶》這本書的作者可以說也是假的。因為它的真實作者另有其人。孟令騫不甘於階級鬥爭思維下可怕的政治帽子帶給家族的屈辱，要為自己的先人「翻案」，而他所理解的「翻案」就是還原事實，因為「沒有什麼比事實更重要」。他花費五年時間，實地走訪調查，採訪當事人，用心血寫成家族史《半夜雞不叫》，還原了歷史和人物的真相：

周春富，遼南農村的這個勤儉吝嗇到極致的小富戶，既不是為富不仁作惡多端的地主惡霸，也不是在傳統農村具有積極影響的鄉紳，他只是在新舊政權交替的土地革命運動中不幸死於激進的批鬥之中的小人物，後來因文盲作家的一部自傳體小說，而一夜之間暴得大名，成為中國人家喻戶曉的「地主」代表。這個在意識形態的層層油彩中成為特殊年代階級教育的反面典型，是在特定歷史條件下各種因素、要件集納在一起「湊合」而成的產品。

從《半夜雞叫》到《半夜雞不叫》，至少可以讓我們有三個方面的思索：

根據常識，雞在半夜裏不會叫，這是所有在中國農村居住過的人都知道的。

基於現實，地主鑽雞窩叫長工早起幹活簡直匪夷所思：雞窩那麼髒，半夜起來又那麼辛苦，黑心地主幹嘛不直接把長工打起來下地？何必繞那麼大一個彎子？

設想一下，黑燈瞎火地下地幹活，不怕把莊稼苗鋤錯了嗎？

對這個講述了半個世紀之久的故事，人們並沒有去想一想是不是合乎邏輯，並沒有追問一下其真偽虛實。其實，這正是「狼奶」灌輸產生的效果。簡而言之，我以為，以欺騙方式製造的、以強制方式推行的、以灌輸方式傳播的全部統治意識形態都是「狼奶」。其具體表現形式可以是歷史、文學、藝術、教科書、文件、宣傳、政治儀式（如開大會、標語、口號、語錄，阿裏郎什麼的）。其突出特點一是不顧事實，二是違背常識；有鑑於此，以現實為基礎，用常識來思考，我們其實是可以識別和拒絕狼奶的。

兇殘──狼奶的本質特點

狼奶含有兇殘、嗜血、橫暴而又狡詐的毒素，因而久喝「狼奶」會具有狼性（其實是人性之惡）。表現在人類社會中，「狼奶」所培育的首先是仇恨。仇恨這種情愫泯滅人類的共同價值和理性，喪失所有的愛心、憐憫、慈悲和正義感，將所有對手視作死敵，將階級鬥爭和暴力革命視為「其樂無窮」的事；權勢需要時甚至可以將同志同伴至於死地。

仇恨所導致的行為一定是暴力；過度的殘忍，不必要地使用暴力，必將對方至之死地而後快。這種暴力可以說是人類所特有的，因為動物的殺戮是為了生存和繁衍，只有人類會以殺戮動物甚或同類為目的，因嗜血而產生快感。

仇恨和暴力至上當然不會懂得 "living and let living" 的道理，因而決不懂得溝通、協商、妥協和讓步，不會博弈；也決不會站在對方的立場上思考；而會只強調你死我活，把暴力鬥爭推演到極致。希特拉對猶太人的種族滅絕政策，斯大林的大清洗，紅色高棉的大屠殺和我們知道的種種極端暴力均屬此類。

就此而言，老幹部把文革中的紅衛兵稱作「喝狼奶長大的一代」是有道理的，他們將上述兇殘特性發揮到極端。他們崇拜強權統治，酷愛階級鬥爭，要打倒和剷除幾乎所有人類文明成果和真善美的東西，甚至可以下手打死自己的老師、同學，與父母家人劃清界線。當然，這些兇殘和暴力的源頭並不在這些「喝狼奶」的紅衛兵，而在於「狼奶」和狼奶的製造者。

欺騙──狼奶的製造過程

前文所述《半夜雞叫》故事的產生就是狼奶的製造過程。現已得知，「周扒皮」的製造經過是這樣的：1950 年代初期全軍全國範圍大掃盲。文盲戰士高玉寶表現積極，用畫字的方式寫自傳。（高玉寶早年畫的字，後人在他 90 年代開始展示的入黨申請書可以看到）被部隊推為典型上報上去。窮苦出身的戰士不僅學文化還能寫書，批判舊世界歌頌新世界。為了把這個典型放大，部隊派專業人士幫助高玉寶。要體現舊世界之黑暗，地主階級之罪惡，為了使書更能教育人，就要進行加工。為了表現

真實，書中一切採用真名真姓真地點，自然發生的「故事」就是真實的[4]。

喬治・奧威爾（George Orwell）的傑作《一九八四》寓言式地描述了作為意識形態控制的「狼奶」製造方式：在奧威爾筆下的大洋國，設有真理部，負責新聞、娛樂、教育和藝術，而主人公所在記錄司的主要工作就是塗改記錄、偽造歷史、刪除記憶。這一社會的控制者有意識地、有步驟地修改和消滅過去，他們把過去塑造成他們所希望是的樣子，使思想者失去了可供比較和判斷的標準。在此，歷史實際上被凍結了。種種歷史記錄被有計劃地焚毀，各種各樣的報刊被不斷地修改，使人產生執政者永遠是正確的印象，這也就是所謂「控制過去就意味着控制現在和未來」，因為過去是存在於各人的記憶和歷史的記錄之中的，通過焚毀和篡改歷史的記錄，通過抑制和消除個人的記憶，思想實際上就被切斷了它最重要的一個源泉，思想河流就趨於枯竭，或者只能沿着控制者指定的渠道流淌。

不斷修改的工作不僅適用於報紙，也適用於書籍、期刊、小冊子、招貼畫、傳單、電影、錄音帶、漫畫、照片——凡是可能具有政治意義或思想意義的一切文獻書籍都統統適用。每天，每時，每刻，都把過去作了修改，使之符合當前情況。這樣，黨的每一個預言都有文獻證明是正確的。凡是與當前需要不符的任何新聞或任何意見，都不許保留在紀錄上。全部歷史都像一張不斷刮乾淨重寫的羊皮紙。這一工作完成以後，無論如何都無法證明曾經發生過偽造歷史的事。一切都消失在迷霧之中了。過去給抹掉了，而抹掉本身又被遺忘了，謊言便變成了真話。

4　孟令騫，〈我的曾外祖父周扒皮〉，見 http://mjlsh.usc.cuhk.edu.hk/Book. aspx?cid=4&tid=2458。

謊言載入歷史而成為真理的情形在許多社會中發生過，我們對此並不陌生。奧威爾在書中寫到的一句口號揭示了歷史與權力的關係：「誰控制過去就控制未來；誰控制現在就控制過去。」塗改記錄、虛構歷史、刪除記憶，是狼奶最基本的生產機制。

強制——狼奶的灌輸方式

　　狼奶生產出來是為了讓人喝下去，但這一接受過程不能允許讓受眾有所選擇，因而只能採取強行灌輸的方式。沒有選擇於是就只允許存在一種聲音，只能用一個腦袋來思考，強調思想的統一、行動的統一、心靈的統一，「全國山河一片紅」；所有一元以外的多元、紅色以外的繽紛、同一以外的差異都被視為異端邪說、階級異己，為必在剷除之列。

　　沒有選擇當然就不會有比較、有思考、有質疑，只能相信謊言是真實的，而且是絕對真理。於是就形成奧威爾所描述的「一種誠實的自我欺騙，從而達到控制者所希望的思想定向」。而參與偽造者「一方面你必須意識到你自己在偽造紀錄，另一方面，你必須忘記自己在進行偽造，必須將偽造看作是真實發生的，這樣的偽造才是真實。因此，必須在偽造的同時忘掉偽造，這個過程必須是不自覺的，否則就會有弄虛作假的感覺，因此也就有犯罪的感覺」。

　　灌輸的主要方式是一種 propaganda，而且常常是先聲奪人、不由分說、不容質疑和氣勢兇猛的 propaganda，從而達到一種裹挾群眾的功效。

　　奧威爾幾乎天才地預言了灌輸絕對真理所達到的效果：

> 是一種龐大、可怕、閃閃發光的東西，到處是一片鋼筋
> 水泥、龐大機器和可怕武器，個個是驍勇的戰士和狂

熱的信徒，團結一致地前進，大家都思想一致、口號一致，始終不懈地在努力工作、戰鬥、取勝、迫害——三億人民都是一張臉孔。好像有一種巨大的力量壓着你——一種能夠刺穿你的頭顱，壓迫你的腦子，嚇破你的膽子，幾乎使你放棄一切信念，不相信自己感官的東西。到最後，黨可以宣佈，二加二等於五，你就不得不相信它。他們遲早會作此宣佈，這是不可避免的：他們所處的地位必然要求這樣做。他們的哲學不僅不言而喻地否認經驗的有效性，而且否認客觀現實的存在。常識成了一切異端中的異端。

以欺騙、蒙蔽和強制方式製造和灌輸狼奶的後果我們已經看得太多了，久而久之必定使喝狼奶長大的失去善良品性，崇拜強權和暴力，認同弱肉強食、成王敗寇的叢林法則，主張極端民族主義等等，而且導致是非不明、好歹不分、思維混亂、頭腦僵硬。最糟糕的是喪失現實感、常識性和辨識能力。喝狼奶當作母乳，飲鴆毒以為甘露，一個以狼奶為精神食糧的民族必將背離文明、進步的主流，否認人類普世價值而蹈入萬劫不復之地。只有揭露狼奶、識別狼奶，斷狼奶而換以人食，使社會成員特別是年輕一代有健全的頭腦和心靈，具備作為公民的常識與現實感，這樣的社會才可能有光明的前途。讓我們為斷狼奶而努力。

2009 年立春之日

17　普通人的歷史權利

　　中國社會科學院「當代中國社會階層研究」的研究結果表明，在過去十年間，中國社會底層的規模不是縮小而是擴大了。「弱勢群體」成為很多人的自我標籤，在大部分人的認知中「弱勢群體」大多源於社會底層，這個底層究竟有多大？是否是一個可以用數字概括的群體？社會學的理論認為，底層是一個區別於國家和社會精英的人群概念，比我們通常認為的窮困窘迫者範圍更大。

　　在社會轉型過程當中，他們一直處在一個弱勢的地位。這個弱勢的地位恰恰由於制度安排造成他們結構性的地位低下。他們在社會轉型過程中，付出了最大的代價，得到的卻最少。也有一些人認為一個社會要發展，要改革，要往前走，總會有一些人付出代價，就此稱之「社會的陣痛」，但是我們不禁要問社會前進的代價為什麼總是由這樣一些人來承擔？

　　《傾聽底層》一書或許能給我們一些啟發。《傾聽底層》的作者清華大學社會學系的郭于華教授，常年從事農民、失業下崗工人、農民工等人群的口述歷史研究，她所研究的內容不限於普通人的生活故事，而是試圖通過個人歷史勾勒個體及家庭的生命軌跡，探尋其與社會結構性變遷的關係。

＊　本文原載於《經濟觀察報》，2012年12月12日（採訪：孟雷、廖穎）。

郭于華認為展現不為人知的或者被視而不見的「社會痛苦」是社會科學研究的重要任務，但更為重要的還在於通過理解和解釋，揭示社會苦難的根源和通常被掩蓋的製造苦難的機制。普通人的生活遭遇，普通人所經歷的苦難，背後是一個更大的社會結構性原因，或者說是一種制度性原因，這樣的研究是想把普通人看上去瑣碎而平凡的日常生活，與宏觀的社會歷史結構聯繫起來加以分析。從底層視角來看今天的中國社會，這是社會學研究不可或缺的。

　　所謂社會結構，是指不同力量即權力、市場與社會之間的關係與互動過程，它們之間各自分立又密切相關，相互配合又相互制衡、博弈。

　　中國改革開放之前基本上是權力來配置資源，是計劃經濟體制，難有市場經濟存在；而且權力主導了經濟、政治和社會生活的方方面面。這種權力主導一切的社會可以稱之為「總體性社會」，也就是政治、經濟、社會、文化高度合一，都由權力來控制。

　　中國的改革本來就是總體性社會難以為繼時發生的必然選擇。以市場化取向為首要目標的改革，將經濟體制從行政權力的控制下釋放出來，從而形成自主運行、自我調節的相對獨立的經濟體系。然而，市場經濟體制的基本確立並不能自然而然地帶來政治體制的變革和社會的自主發育。特別是特殊利益集團的崛起和對大部分社會資源的佔有，使得一個斷裂的社會結構日漸形成。在今天這樣一個時代，回到總體性社會的老路上是沒有出路的。我們該做的是讓政府的歸政府，市場的歸市場，社會的歸社會，三者各司其職，各守本分，互補互助，相互制衡。這才是走出發展困境的正確選擇。

關於「底層」與社會

經濟觀察報：最近你的《傾聽底層》這本書，引起比較多的關注，一般來說，一本學術性較強的文集，並不容易引起公共意義上的關心，這是很有意思的一個現象。我想，社會的關注點，更多是集中在你的書或者說你的研究對象—底層，他們是誰，他們的生活、生存狀態，以及他們的來歷。是否可以描述一下，你怎麼定義你的研究對象：誰是「底層」？它是一個清晰的社會學命題，還是混合着政治、經濟、生活方式等等不同判斷緯度的概念？

郭于華：這個問題非常重要，一提就提到點上。在社會學領域，或者籠統地說在學術界，它是一個很專門的學術概念。國際上有一個非常著名的研究群體，他們都受過西方的現代教育，長期在印度等發展中國家做了大量針對社會下層人民的調查研究，他們給自己研究的命名，就叫「底層研究」（Subaltern Studies）。研究對象，是這個社會中居於「從屬」地位、「低級」地位的人群。他們的研究影響很大，以至於專門形成了一個學術群體、學術領域。

這個概念如果用在中國社會研究上，特別是從社會學的角度來說，它的指代對象，就是社會中的那些地位低下者。在經濟地位上，在財富的佔有上處於低位；包括他們的政治地位、社會地位，也同樣如此。他們在方方面面都處在一個低下的位置上。

通常人們愛用一個形狀來描述社會結構狀態。比如以往的傳統社會被形容為金字塔型，就是頂尖部分是很小的，而下層部分就非常大。又比如，像今天的西方比較發達的社會，人們通常說是一個橄欖形的，就是說中間部分比較大，中產階級是

那個社會結構中的主體、主要力量，然後一上一下兩頭都比較小。中國社會呢，以往帝國時代、傳統時代是很明顯的金字塔形，但今天的中國社會，有社會學者就比喻它是一個「倒圖釘形結構」，釘子尖朝上、很小的一點點，底下是這樣一個很大的底盤，沒有中間層。中產階級發育不起來，頂尖的當然是很小很尖的，但是有一個特別龐大的底層。

經濟觀察報：他們的組成者都是誰？

郭于華：在現實生活當中，顯然我們首先能想到的底層，就是農民。作為農業大國，農民一直是人口數量最大，社會地位最低下，貧困程度最高的一個群體。今天可能我們會說，這種情況已經有了一些變化。比如說，今年中國已經宣佈城鎮人口首次超過農村人口。這個社會在轉型，在城市化、工業化進程中，但對「農民」不能只從數字上去看。例如，超過2.5億的農民工，也就是「農村流動人口」，他們其實已經在城市裏工作很長時間了，但他們的身份還是「農民」身份，還是很難真正作為城市人在城市裏生活。他們只在城市裏面工作，但是他們的生活、他們的家庭、養老、社會保障、子女教育，一系列安排都還在老家，他們作為一個平等的社會成員的很多權利都沒有得到實現。他們算城市人口還是農村人口？就此而言，中國的底層，起碼包含農民、農民工，還包括城市人口當中的貧困人群。這個數量仍然非常龐大，中國底層的一個特點，就是數量極為龐大，但在權利和利益的配置中又極為弱勢。

經濟觀察報：我覺得中國的「底層」問題，與其他國家社會的「底層」問題，有個很大的差異。我們看國外的研究，其實「底層」在很大程度上類似於我們原來應用過的一個文學概念——「畸零人」，他們弱勢並被邊緣化，像是被社會這個離心機拋出去的，呈原子化的零散生存；但是，在數量上並不是特別的

龐大，更不可能構成社會的重要組成部分。而我們現在這個底層呢，已經不是個「畸零人」的問題了，而是「底層」人群實際是這個社會結構中相當龐大與重要的組成部分。

郭于華：你說到的這個現象非常明顯。在相對較好的社會結構中，可能很多人會說這個社會最重要的組成者是「中產階層」，或者說中產階層佔了一個比較大的比例，是社會的中堅。但是今天你看中國，少有人承認自己就是「中產階層」所指的那個「中產」。

媒體經常使用「弱勢群體」概念，其實「弱勢群體」我覺得比「底層」更難以界定。因為這個所謂弱勢是一個相對性的概念，不是一個絕對性的存在。如果社會不是一個公平正義的社會，誰都有可能成為弱勢群體。

今天他可能還不覺得自己弱，明天遇到一個什麼事——比如最簡單的例子，北京有很多很貴的商品房，在那能買得起房子的人，沒有人會認為屬於「弱勢群體」吧？無論從職業、收入、社會地位、聲望各個方面，都是這個社會中的中上層了吧？都是有頭有臉的，官員、律師、醫生、作家、教授、名演員，但是你發現他們在社區裏面買了房，哪天遇到被侵權了，來自物業、開發商、政府的侵權，他們想要保護自己居住權、財產權：這是我的地方，這是我生活的空間，我的權益受損，我必須要自己主張權利；到這個時候，往往就發現，完了，我是「弱勢群體」，我維不了這個權。

不但維不了這個權，你甚至連正當的利益表達，想把利益訴求表達出來都不行。利益能被隨意侵犯而且無從表達時，誰都有可能成為弱勢。

經濟觀察報：誰都認為自己是沒有那雙鞋。

郭于華：對。所以這個社會當中，我們分析就會發現有一種普遍存在的「弱勢」心態，都覺得自己是弱勢。哪怕你本來是一個上層人物，但是你一旦發現自己落入到維權維不了，表達表達不行的時候，然後你訴訟司法途徑也走不通，然後你就不知道該找誰去了，這個時候你發現，你也很弱呀。您剛才說的這個比喻非常恰當。

經濟觀察報：為什麼「弱勢群體」成為很普遍的自我評價之一？「底層」為什麼實際上是我們社會構造中很龐大的組成主體之一？更多的我們得分析這種底層的造就過程，是因為哪一些的社會性原因，而造就了這麼一個跟其他社會截然不同的結構。

郭于華：這就是社會結構的失衡狀態。前面所說的三種結構力量權力、市場、社會，如果能夠比較均衡，不可能是完全均衡但有一個相對均衡，勢均力敵，能夠形成一種「平衡」狀態，這個社會就會比較正常的運轉。今天中國這個龐大的「底層」是怎麼形成的？我覺得和三種力量長期以來嚴重失衡有關，它們發展不均衡，社會就失去平衡。

改革前不用說了，那個時候是權力主導一切，所以那個時候我們把它稱之為「總體性社會」，社會的政治經濟文化高度合一，都由國家權力來控制。

經濟觀察報：國家已經取代了社會。

郭于華：對。帝國時代，中國是一個金字塔形，最頂端的是皇權，但是他還有一個比較大——雖不能說很大——的一個中間層，這個中間層就是作為精英的地方士紳、地方力量，他們是在權力、財富和聲望上都還可以的一批人，然後才是廣大農民。但是，中共建政之後這個中間層就被消滅掉了，於是社會結構特點就是國家面對一個特別龐大的群體，叫做「人民群

眾」。這個人民群眾其實不是一個有組織的、形成了結構的群體，而是由原子化個體形成的一盤散沙。

人民群眾的生存資源，經濟資源、社會資源等所有的資源，都由這個權力壟斷。改革開放之前，人民公社走到極端的那個時候，農民的柴米油鹽、衣食住行，生老病死，婚喪嫁娶，全都有國家的影子，全都不是農民自主的事。

經濟觀察報：是，看你的書這個感覺很明顯。我大約總結，一個是國家取代了社會，一個集體取代了傳統社會經濟結構，再一個就是政治儀式取代了世俗規範，總之是一個國家力量對原有的這種社會支撐結構的全面取代。這是第一過程。當然，我們其後又看到，就像突然地全面地取代一樣，其後在某些領域，它又突然地撤出了。這與中國形成了當前這個特殊的底層結構是有關係的。

郭于華：我同意你這個概括。今天我們很多人也在爭論這個問題，國家的角色與職能，曾經是大包大攬，對普通人從生活到政治到文化到經濟，它都管了（當然也管不好）。但是在撤出的過程中，今天有一些人認為，因為國家撤出，有很多方面喪失了保障，甚至有人說還不如改革開放前那個時代或者說毛時代，說那會兒還有保障。這個問題，我就想問一下：那個時代的那些能叫醫療保障嗎？能叫養老保障嗎？我覺得那很難算是「保障」。

經濟觀察報：那就是說，這個「取代」實際上也是一個偽命題。它說它已經取代了原來的整個社會支撐體系和社會保障結構，但是實際上它並沒有起到這個取代，它或許取代了舊有的社會形式，但並沒有提供出它宣稱的足夠完善的制度供給、保障供給。

郭于華：對，它並沒有真正做到，沒有承擔起來。而在今天，這個情況就更複雜。

國家權力要有邊界，你看孫立平舉的例子，到一個地方去講座，那個地方縣委書記說我現在真的是特別腦袋疼，今年的指標是拆遷一百萬平方米。孫老師說拆哪呀？回答說管他拆哪都得拆，拆哪都得拆出一百萬平方米，要不然我就「烏紗不保」，就幹不下去了。你看這個事，你就看出這個公權力完全是邊沒界的。你可以看到，問題就出在一方面權力不受限制，另一方面權力放棄責任，這是最要命的問題。

所以你看下層群體就處在這種情況下，你想要我土地的時候，你就來圈我土地；你想佔我房子的時候，你就拆我房子。然後，我的養老、醫療、社會保障，你承擔有限，你不管。

所以我覺得，在看這個社會轉型的時候，我們很難簡單地說國家撤退了還是沒撤退。你說他撤退了嗎，沒撤退，它的利益所在一點都不會撤退；但是，它該承擔的責任夠不夠呢？

經濟觀察報：確實，在某一部分或者是最低下的底層和人群上，有一個政府和市場雙重退出、雙重失靈的問題。同時，又沒有一個社會的自治結構，來代替或者說完善政府和市場的某些作用。

郭于華：前一段看到媒體經常會提到廣東，廣東可能在這方面，就是在社會建設這方面，是走的比較靠前的。他們這些年一直在做這種嘗試對吧，比如說對社會組織放寬、降低門檻，放寬那個登記註冊，包括政府購買社會服務，做這樣一些探索，當然成功不成功這個還得再看，但是畢竟不是以前那樣的單一的思維了，單一思維就是我大包大攬，但是你怎麼可能大包大攬，包攬不了。那就會出問題，也會造成普通民眾的一

種思維和行為慣性——今天很多人會說民眾素質低，遇到事他就知道找政府。那他不找政府找誰？政府權力長期以來包攬天下，那群眾自然會形成對權力的這種信奉和依賴。

經濟觀察報：公眾以往就沒有被允許形成社會自組織的資源和能力。

郭于華：我們今天一直都在做這方面的努力，就是説探討社會建設的問題。社會建設的問題，説到底就是一個真正意義上的現代公民社會的形成，它的內涵是社會應該是一個自組織的，而不是被組織的。社會相對於國家、也相對於市場存在，它和國家、市場不是一體的，它應該是一個主體。社會的自組織如果能慢慢發育起來，我覺得對整個社會的穩定是一個積極的正面作用。積極的正面的作用就是，這種健康的社會力量如果能發育起來——你可以看其他國家和地區有很多先例，他們可以去幫政府做很多事情，公益的事情、慈善的事情，有很多都可以通過社會的自組織來完成。我們在研究報告裏提到過這個問題，就是説中國這個社會有一種病態，這種病就叫社會恐懼症，一提起社會就是洪水猛獸，就是不安定的力量，就是破壞性的力量。其實，群體性事件哪個是有組織的？通常是突發的、大規模一轟而起，然後就很難控制；如果給他正當的表達方式、表達渠道，他才可以有組織地合理合法的表達，那不是一個對誰都有好處的事嗎？越不改良，越不往好的方向走，後面就越難。社會無自組織能力，會帶來整個社會的撕裂，導致失序、暴力。

人家老説你們到底是什麼派，我説反正不是暴力革命派，我也不認為我是改良派，我們就是社會派，就是希望中國通過逐漸形成健康的社會力量，發育出一個健康的好社會。

關於「歷史」與講述

經濟觀察報：你是社會建設派，社會建設派的中國思路。社會的自我組織、自我發育，可能還需要過程，但是我覺得有一點也是很重要的，昨天看您的新書也想到了這個，就是應該讓社會現在就可以做到些什麼呀，我覺得是「自我表達」。

郭于華：正是這樣。為什麼我的書名用的「傾聽」這個詞？其實底層不需要「救世主」，不需要別人去啟蒙他們，他們每天都在從自身的生活當中，體驗到那種不公正，他們只是特別無奈；他們也不是不會說話，他們只是發不出聲音來，即便有些發出的聲音，別人聽不到，或者聽而不聞、視而不見。

所以我覺得研究者的一個工作，是應該在這個過程當中起一點作用。我們並不是要去替他們表達或言說。包括我的研究和寫作，其中很多是歷史性的——一些口述歷史，但並不是說他們沒有歷史，我替他們寫一部歷史；而是開闢一個講述的空間。這個講述者，講述的主體是他們，而不是我們。我們是作為傾聽者、研究者，一方面能夠使他們的聲音讓更多的人聽到，另一方面，我們也要對他們的經歷和表達——他們其實有對他們自己，有對歷史的評判——把這些東西作為我們的研究對象，我們來分析社會到底是怎樣形成這樣一種狀況，而今天又發生怎樣的轉變。其實他們跟你一樣都是普通人，有自己權利、有自己尊嚴的獨立個體，跟你是一樣的，你不能以一個優勢的、高高在上的心態去做這件事。

經濟觀察報：在這裏我有一個小警惕。底層口述史，怎麼能夠避免成為您書裏面所描述的那種——通過有組織地「挖苦根、倒苦水、憶苦思甜」，以構建某種「階級史觀」。普遍的底層口述史發掘，會不會在某種程度上重演這個過程。我想知道你怎麼對待這個問題。

郭于華：你非常會提問題。我認為可以從兩個方面來看，第一就是訴苦這件事，當年的「訴苦」，實際上並不是一個自主的講述，最大的問題在於是被組織、被動員的，被動員起來講述，被組織安排講述，所以不是一個自主的行為，這恰恰是當年官方主導的講述和我們今天在做口述歷史的一個根本區別。它會通過很多方式來動員，比如說開始的時候，農民根本就不知道怎麼訴苦怎麼倒苦水，得去動員得去做工作，然後學習訴苦、樹典型之類的，最終把這個歸結到階級壓迫上去。

　　當年「訴苦」所表達的「恨」，那個過程是一個「建構」的過程，是一套「革命話語」或者一套「權力技術」在起作用。這個跟我們今天去做口述史是很不一樣的。我們是怎樣的呢？我聽你講不是為了要改變你，要改變你的世界觀，而是讓你自主地去表達。這是基本思路，當然還包括方法上的區別，比如我們很少去問你怎麼看這個歷史和鬥爭，這個講述經常都是在嘮家常，就是在說他們家過去的事，他很有興趣地去講他的這些經歷，然後他自然有他的評判。我們需要去質疑和批判的一種方式，是那種權力主導的講述。

　　第二點，就是關於我們怎麼看待歷史的真實性的問題。我們知道，任何歷史，官方歷史也好，或者我們今天說民間講述形成的歷史也好，我們得承認它都是一種「建構」。他今天講出來的東西，我們把他呈現出來，我們不能說這就是還原了歷史真相。我們必須認識到，它也是一種建構，官方史也好，民間史也好，文字史也好，口述史也好，都是一個建構過程。那麼，我們能不能因為它是建構，我就可以不顧及真相？我覺得這不行。我們以往的歷史建構過程當中，權力是一個非常重要的因素，是一個主導性的因素，之前的那種正式的官方史，基本上是一個權力主導的建構，這個過程中會有許許多多的問題，《一九八四》裏面說「誰掌握了歷史誰就掌握了未來；但誰掌

了現在誰就掌握了歷史」，説的其實就是這個問題。權力會為了自己的需要，隨意地篡改歷史，隨意歪曲歷史。那麼今天我們做口述歷史，我們也不能認為農民講的就是當時的真實情況，但是我們要有一系列的方法和努力，盡力追尋真相。當然，我們只敢說我們盡可能接近真相，不能説我們講出來的就是真相。

口述史的使命，不在於給官方史拾遺補缺，而是能夠獨立存在的。我一直認為，「真相」也好或者我們説「歷史」也好，應該是多重聲音、多元性的存在。如果只有一種聲音，只有一種歷史，而且告訴人們這是唯一正確的歷史，其他都是旁門左道，這種情況下我認為一定要去質疑那個唯一。因為你這個就是權力建構的一種歷史，而且強迫大家去相信。所以我們現在的工作，就是希望有多重聲音出來，有不同面向的歷史呈現，我們不是要去替代誰，我們是説有不同的歷史樣貌呈現出來，這個時候讀者會自己去做思考。我不想強加給誰，説你必須得認同我這個，我説的是對的，最有道理的，我們不能這樣做，這樣做就跟官方史沒有分別了，它是應該具有開放性的，可以討論和質疑的。

經濟觀察報：我們剛説到了，歷史就是建構。但是原來主要有兩種建構方式，一種是官修國史，所謂的官方史；一種是中國的獨特傳統，就是私史，士大夫個人治史。孔子做《春秋》，《春秋》就是最早私史。這個傳統，曾曆百代而不絕。那麼目前做的這種口述史，是不是可以説在官方史和精英私史之外，別開新路，以發掘記敘普通人的歷史為宗旨呢？大時代和小人物的命運，在歷史記憶中統合了。

郭于華：對，您説的確實是，文史不分家，中國的歷史文獻真的是太發達了，似乎沒有哪個國家能夠相比。但是曾經

一段時間以來，知識分子基本放棄了從個人角度出發的歷史言說，普通人更與大歷史絕緣。

其實在國際史學界一直有一個傳統，比如說布羅代爾的傳統，他們對於普通人日常生活史的關注，以至於對最無特點的普通人的關注，你看他的研究是從「一日三餐的麵包」開始的。在今天我們為什麼一直致力於這方面，就是因為我們在這塊真的是很欠缺的，普通民眾在歷史當中，既沒有聲音又沒有面目，沒有名字沒有形象，似乎什麼都沒有。你這個歷史車輪滾滾向前，他們就是壓在車輪下的石子沙粒，但即使是沙石難道不應該也留下點印跡嗎？

所以你提的這個問題很重要。我一直在說，我們需要意識到普通人的歷史的權利和歷史的責任。普通人對於歷史，他應該有這個權利，我一直覺得我們應該像保護自己的財產一樣，來保護我們記憶和講述歷史的權利。這是一種權利，我們不能隨隨便便就被人給代表了。普通人應該有他們的權利，包括講述和記錄個人、家庭和家族的歷史。

這樣子孫後代會知道我們的前輩是怎麼過來的，這應該是一種權利，同時也是一種責任。對於前輩，要了解他們的經歷，知道他們遭遇過什麼，他們有什麼想法；同時，我們也有責任保留記錄讓後代也知道這些經歷，這其實是一個非常重要的東西。今天有很多地方出現了一種現象，就是叫「草根寫史」，我覺得民間講述和草根寫史是一種普通人的歷史權利的覺醒與歷史責任的擔當。

經濟觀察報：而且我覺得更重要的是在現實當中，在維護歷史正義的時候，對普通人的這種歷史發掘和記錄，是有很大的現實力量的。前一段剛剛過去的一個事情，那個您肯定也注意到了，前段時間有些人公然出來否定所謂的「三年自然災害」

時期，人民大規模餓死的史實。這就是大是大非，當時我們報紙我就寫了社論〈以私人記憶守護歷史神祠〉，請讀者請青年們去問問你的父母、祖父母和所有經歷那個時代的人們，用私人的記憶為那個大歷史做見證。結果是那些造假者、粉飾者，他們的企圖抵擋不住普通人們的真切記憶。

郭于華：對。很多人包括有一些青年學生，都在做這個事了，很年輕的學生，他們回家去，農村來的回老家去，採訪他們的爺爺奶奶，了解他們怎麼度過那個年代，他們什麼感受，尋找那些逝去的真相。對民間歷史的這種守護，是非常好的非常有意義的事。

我們總是說中華民族的文明如何燦爛，歷史如何悠久，但我們又真的不拿歷史當回事，有很多歷史就那麼煙消雲散，就那麼過去了。再加上有時並不是真的健忘，而是總有一些人一些勢力不想讓我們記住這些該記住的東西，不讓人們知道該知道的東西。

所以，可以做的一件事，就是大家都可以從自己身邊做起，從自己的長輩家人開始，發掘和記錄普通人所見所知的歷史，這對歷史、對社會和我們自己都具有重要意義。

18 「草泥馬」
互聯網時代「弱者的武器」

　　美國著名的政治人類學家詹姆斯·斯科特（James C. Scott）在對東南亞農民的反抗實踐進行民族志調查研究的基礎上，提出了「弱者的武器」（weapons of the weak）和「隱藏的文本」（hidden transcript）這樣兩個重要概念，用以解釋底層群體生存與反抗的邏輯，為人們提供了理解農民政治的灼見。所謂「弱者的武器」指的是農民反抗的日常形式（everyday forms of peasant resistance），即農民同那些索取者、壓迫者之間平凡的卻持續不斷的鬥爭。這些日常形式的反抗通常包括：偷懶，裝糊塗，開小差，假裝順從，偷盜，裝傻賣呆，誹謗，縱火，怠工等等。在斯科特看來，甚至受僱於農場主的打穀工在脫粒時敲打稻穀的次數都關涉到階級之間的爭奪。這些被稱為「弱者的武器」的階級鬥爭形式具有共同特點：它們幾乎不需要事先的協調和計劃，而是利用心照不宣的理解和非正式的社會網絡，通常體現為一種個體的自助形式；它們避免直接地、象徵性地對抗權威。這類幾乎不着痕跡的「弱者武器」的運用是由於公開的、有組織的政治行動對於多數下層階級來說是過於奢侈了，那即使不是自取滅亡，也是過於危險的。

　　斯科特推出的另一個概念「隱藏的文本」指的是相對於「公開的文本」（public transcript）而存在的、發生在後台的話語、姿態和實踐，它們避開掌權者直接的監視，抵觸或改變着「公開的文本」所表現的內容。它們是千百萬人生存智慧的重要部

分。斯科特指出，每一從屬群體因其苦難都會創造出「隱藏的文本」，它表現為一種在統治者背後說出的對於權力的批評，它使從屬者可能破除「虛假意識」（false consciousness）和神秘化的迷障。作為底層政治（infrapolitics）的「隱藏的文本」，有助於理解底層群體難以捉摸的政治行為和複雜情境中的權力關係。

斯科特研究的是上個世紀中後期下層農民的「弱者的武器」；而最近網上十分熱門的視頻「馬勒戈壁上的草泥馬」和童聲合唱「草泥馬之歌」則是另一種形式的表達，即互聯網時代的「弱者的武器」。崔衛平撰文說明了「草泥馬」事件的背景，[1]梳理了「草泥族」與「河蟹族」之間的矛盾與博弈過程，讓我們意識到這不僅僅是搞笑、惡搞或簡單地發洩不滿，而且是關涉每個網民、公民生態環境的重大問題。

「整治互聯網低俗之風專項行動」是促成「草泥馬」這一新物種誕生的先導。崔文以豆瓣網為例，列舉分析了多個被「解散」的小組，說明「低俗」的標準其實是不存在的。當然，有人會認為，這類小組並非如崔衛平所想「會閃現出多少智慧的火花？會積聚起多少智慧的能量？」具有「那些最為寶貴的、創造性的思想和元素」，它們只不過是些「閒聊、牢騷、調情、發洩、發神經」的「小資情懷」。我想，即便如此，又如何呢？難道這些不是多樣性的網絡生存所必需的嗎？總不能不高尚、不嚴肅就不允許存在吧？況且在我看來，這些小組的活動——無論是讀書、討論、言說，還是政治的、哲學的、文化的、生活的內容，至少比某些主流媒體大播特播或者在春晚大餐上提供給全國人民的某些內容不「低俗」多了。而被整肅的當然不獨豆瓣，Google、百度、新浪、搜狐、網易、騰訊、ChinaRen、

1　崔衛平，〈我是一隻草泥馬〉，見http://www.aisixiang.com/data/24955.html。

中搜、貓撲等等網中「翹楚」也都榜上有名。到目前為止，第九批低俗網站名單已經出爐。這種整治真是大有「只許州官放火，不許百姓點燈」之嫌，亦頗具「寧可錯殺一千，決不放過一個」之勢。

崔衛平說「治低專項行動」引起了「草泥族」與「河蟹族」之間矛盾的升級，必須有人對於這種「民族隔閡」的行為承擔責任。追究責任者在目前形勢下條件尚不成熟，而「草泥馬」的行動倒是更值得關注。無論是「動物世界特別篇」「馬勒戈壁上的草泥馬」視頻，還是童聲合唱「草泥馬之歌」，或者新疆曲調的「動畫版草泥馬之歌」，都是絕妙的「隱藏的文本」創作；豆瓣的一些用戶為了抗議以「色情或可能對網站運營帶來潛在危害」為由刪除世界名畫，發起了「給名畫穿衣服」的反低俗運動——從那身着 T 恤短褲的大衛雕像上，從世界名畫「泉」中已經穿了內衣或裙裝的少女像上，從名畫、名雕塑被設計穿上「晚禮服系列」、「比基尼系列」、「睡衣系列」的形象上，我們在忍俊不禁的同時會感受到「弱者的武器」的力量。

「惡搞」當然是無奈之舉，是情緒的發洩，但它也是「弱者的武器」，是草根的表達方式。因為他們不是強勢者，也不掌握「公開的文本」，對他們而言，公開的、正當的、自由的表達渠道是封閉的。他們只能使用「弱者的武器」，創造「隱藏的文本」。但不要小看了這類「草泥馬」方式，這需要做出自主的選擇：要麼做沉默懦弱的羔羊，要麼做「頑強勇敢」的「草泥馬」。

至於這種表達的功效我們也不應過於悲觀。斯科特的研究告訴我們：公開文本與隱藏文本的交界處是一個支配者與從屬者持續爭奪的地帶——但並不是一堵結實的牆。通過「隱藏的文本」，從屬階級有可能創造並維持一個社會空間，而這一社會空間本身也是反抗所要達到的成就。缺少表達空間的「草泥

馬」，不能指望這一空間能自然而然地獲得，也不能寄希望於被賜予。抗爭的空間是在抗爭過程中撐開的，表達的空間是在努力表達中獲得的，過程本身至關重要。

最後我想說的是，關於「草泥馬」，不要說它過於惡搞、低俗甚至下流，也不必覺得如崔衛平之一貫平和、克制、文雅之人也說這類諧音。這當中的邏輯其實很明白，正可謂：官不惡搞，民不惡搞；上不折騰，下不折騰；「河蟹」不低俗，「草泥馬」不低俗是也。

2009 年 2 月 22 日

19 不要用「一分為二」
消弭了是非善惡的界線

在學界極左派的言論中，不時能聽到「對任何事物都要一分為二地看」，「要有辯證的觀點」等說法，而這類說法通常出現在有關重大歷史事件的爭論中：比如反右、大躍進和大饑荒、文革等政治運動。

說對反右運動要「一分為二」，並不令人驚奇，因為官方早有明確的定性：「與其它後來被中國共產黨自己否定的政治運動相比較，反右運動本身並未被中共視為錯誤。但中共承認執行過程中有「擴大化」問題，即「反右擴大化」。在具體執行中，尤其是在運動的後期，很多單位將標準簡單化，為下級單位指定右派分子的百分比，造成許多人被冤枉。」(見百度百科，〈反右運動〉)

這就是按照一分為二或辯證的觀點，反右運動是正確的、必要的，只是犯了「嚴重擴大化的錯誤」。儘管這「嚴重」程度有官方數字的證明：

根據中國共產黨十一屆三中全會後複查統計，全國共劃分右派份子 552,877 人。複查核實改正錯劃(並未平反真正「右派」)右派 533,222 人，佔總人數 97%。但學界對此人數統計認識並未統一。至 1986 年，約剩下 5,000 名右派。消息人士稱，至 90 年代中期，只剩下不到 100 名「右派」。其中中央級「右派」只剩 5 人未改正，分別為章伯鈞、羅隆基、彭文應、儲安平、陳仁炳。

對直接導致了大饑荒的大躍進運動，再做一分為二的判斷就不那麼容易了。畢竟，有數千萬人因飢餓而殞命，人相食、死絕戶、無人村的慘狀觸目驚心，而餓死的恰恰是生產糧食的種田人！

然而，極左們還是堅持一分為二，認為大躍進也有好的一面：「充分調動了廣大群眾的積極性」。這裏我們必須要問一句，調動起廣大群眾的積極性幹什麼？全民大煉鋼鐵瞎折騰？砸鍋拆灶剝奪農民生計來源？砍樹煉鋼破壞資源環境？虛報產量弄虛作假？最後把群眾自身成千上萬地餓死？極左們的大腦不知是如何發育的，邏輯這東西硬是無存於其中。

文革似乎更加複雜一些，「一分為二」的常見的判斷有「繼續革命不斷革命的偉大探索」，「發動群眾進行大民主」，「解決官僚主義、修正主義問題」，「發動者的初衷是良好的」。

這樣的「一分為二」恰恰緣自於我們從未對作為政治運動式治理達到頂峰的文革做過徹底的否定、清算和反思；而文革思維、話語和文革方式至今仍延續未絕。雖然，有限的否定可以承認文革是「全民族的一場浩劫」，「十年動亂」，按照1981年中共十一屆六中全會通過的《關於建國以來黨的若干歷史問題的決議》，「這是一場由領導者錯誤發動、被反革命集團利用，給黨、國家和各族人民帶來嚴重災難的內亂」。而用一分為二的辯證法，同時卻又「確立」發動者領導者的「歷史地位，堅持和發展其思想」，並強調「這是最核心的一條。」

暫且不說文革對中國文化和國人精神世界戕害之後患無窮，僅以對人的生命的剝奪就已罪惡滔天。雖有幾種不同的說法，如葉劍英在中共十二屆一中全會後的中央政治局擴大會議上披露的文革遭受迫害及死亡人數；中共中央黨史研究室等合編的《建國以來歷史政治運動事實》中披露的數字；以及專家根據中

國縣誌記載的統計的數字——文革中非正常死亡者至少達773萬人[1]。無論何者更接近事實，損失之巨大都是無可置疑的。

極左派們盡可以說「初衷是好的」，「為了追求理想社會必須付出代價」云云。但問題的關鍵是，面對美好遠大的「理想」和災難深重的後果，經歷其中的人們有權質問：究竟是誰、又憑什麼以千百萬人民的生存和命運為代價，去做構建「理想」社會的試驗，無論這理想國有多麼美好？誰有權力決定數以億記的人民的生死存亡和未來前景？

分清罪與錯，善與惡，是人類的基本能力和良知，是一個社會能否前行進步的先決條件。那些粉紅派，呈現着過渡性混和色彩，辯證着一方面，另一方面；粉紅作為他們的底色，倒也恰當。而歷史就是歷史，真相就是真相，是就是是，非就是非[2]。不可含糊，不能錯亂。

面對罪惡導致的巨大災難，我們不能視而不見，也不能一分為二。如若就這樣黑白不辨，是非不分，我們將永遠在混沌的泥漿中打滾，我們將永無出路。

2016 年 3 月 27 日

1　「1984 年 5 月，中共中央又經過兩年零七個月的全面調查、核實，重新統計的文革有關數字：420 萬餘人被關押審查；172 萬 8,000 餘人非正常死亡；13 萬 5,000 餘人被以現行反革命罪判處死刑；武鬥中死亡 23 萬 7,000 餘人，703 萬餘人傷殘；7 萬 1,200 餘個家庭整個被毀。」（見文史網）

2　胡紫微，〈對於罪惡我們無法一分為二〉載 http://www.21ccom.net/articles/read/article_2013071087387.html。

20 文革離我們有多遠？

　　文革的發動至今已經半個世紀過去了，文革的結束至今也已經 40 年了，然而文革並未遠去。當年剛剛記事和懂些事（10歲）的小學生，今年已是花甲；當年的革命造反小將們（中學紅衛兵），大多年近古稀；而當年革命的對象——走資本主義道路的當權派們，若還在世也是耄耋之年了。能夠記憶和比較清楚地講述或寫出文革經歷的人已經越來越少，然而，這樣一場對中國乃至世界的歷史和走向都產生了重大影響的「革命」，卻至今在它所發生的國度沒有得到清楚的過程呈現、事件記錄，仍然缺少多角度多主體的講述，更遑論全面分析和汲取教訓。沒有完整的真相，沒有徹底的否定，沒有深刻的反思和真誠的懺悔，文革就沒有走遠。

文革發生在中國，文革研究卻在外國

　　人們不難發現：無產階級文化大革命的研究工作，大多是在海外進行的。有關文革的記錄和研究，至今已有不少面世。人們比較熟悉的有：美國哈佛大學教授馬若德（Roderick MacFarquhar）的三部曲《文化大革命的起源》；馬若德與瑞典當代中國研究學者沈邁克（Michael Schoenhals）合作完成的《毛澤東最後的革命》；旅居美國的華裔學者王友琴的《文革受難者》；中國作家馮驥才的紀實文學《一百個人的十年》；旅美學者林達

＊　本文原載於《明報月刊》，2016 年 8 月。

《已消失的中國「猶太人群體」》；楊繼繩的《道路・理論・制度——我對文化大革命的思考》，等等；難得有人整理了《漢語文革書目》（截止至 2009 年），國內國際共計 604 種[1]。但這些記錄和研究成果，大多在海外出版。國內的記錄、研究特別是發表仍然是一個禁區，即使以個人回憶錄方式呈現的對那段歷史有所涉及的作品，也是相當有限的。

對比人類歷史上的重大災難和悲劇性事件，例如納粹對猶太人的大屠殺，前蘇聯的古拉格群島等，都有大量的記實作品、研究專著和文學、影視等方式的表現，而中國的文革這樣一場給人民的生命、財產和精神世界、給整個社會乃至世界都帶來巨大損害的運動，卻在不記憶、不講述、不討論、不思考中漸漸淡出人們的視野。

既是人類，就不能過着他的生活而不講述他的生活，記憶、敍述和思考是人之所以為人的根本屬性。人作為政治動物，其自我的存在是通過對公共事物包括歷史事件進行思考、言說和積極的行動來實現的。正如漢娜・阿倫特（Hannah Arendt）所指出的：「公民對公共事務的理性的自由討論和公開言說是公共領域存在的條件和表徵，而且講述的公共性——是人作為社會動物與政治動物的尊嚴所在。」[2]

不記錄、不講述、不反思，不僅僅使巨大的政治災難被淡忘，被粉飾，甚至使之被扭曲、被美化。時至今日，一些極左派甚至將文革視作大眾民主、追求平等的革命，並以文革思維和文革方式反對改革開放和憲政民主，阻止社會前行的腳步。

1　http://3y.uu456.com/bp_49l3q45xw5797950l86q_1.html。
2　漢娜・阿倫特，《人的條件》，竺乾威等譯，上海人民出版社，1999年，頁18。

不清算，永遠放不下歷史的負擔

關於文革，自其結束以來一直就有「正確對待，團結一致向前看」的主張；而出於現實政治的考量，更確定了「宜粗不宜細，宜寬不宜嚴，宜少不宜多」的原則，且用組織審查取代法律審判，用政治結論取代歷史判斷。1980年中共十一屆六中全會《關於建國以來黨的若干歷史問題的決議》對文革的判斷是：「文化大革命是一場由領導者錯誤發動，被反革命集團利用，給黨、國家、民族帶來嚴重災難的內亂。對於這一全域性的、長時間的左傾嚴重錯誤，毛澤東負有主要責任」。半個世紀之後，一些人對文革的看法甚至達不到這個歷史決議的程度。

文革作為「災難性的內亂」，所導致的中國人民無數生命財產的毀滅和整個民族精神道德的沉淪，在人類歷史上都可謂空前絕後。而時至今日，從朝到野，從高官到平民，不僅沒有在文革的判斷上達成共識，反而因對文革的態度不同而造成社會的撕裂。眾所周知，一個民族對於歷史的態度影響其未來發展：不回顧，便不能向前看，更無法前行；苦難若不被記憶、不進入歷史，就不會成為人生的財富。

徐賁曾引述德國歷史學家漢斯‧莫姆森（Hans Monmsen）在阿倫特《艾克曼在耶路撒冷》德文本序言中所說：「極權以它的暴力和恐怖塑造社會中所有的人群，無論是充當加害者還是受害者，他們都同樣適宜。」[3]

文革是中國人的歷史共業：在1949年至文革結束這一時段中，我們經歷了中華民族史乃至人類文明史上都堪稱獨特的歷史過程，新政權的建立和鞏固以政治運動作為基本機制與途徑，大大小小的運動，一波接一波的高潮充盈和控制着整個社

3　徐賁，〈群眾和「人民文革」〉。

會。這類運動由國家最高統治者發動，普通民眾或被迫或自覺地參與其中。無論是積極加入，還是被動裏挾，抑或成為受害者，都難逃運動的羅網。

文革是在歷次政治運動基礎上達到極致的運動。其動力機制需要專門分析，以村落社區為例，「官報私仇」就是運動發起和持續的重要機制之一。村莊一如所有有人群生存的地方，不可避免地存在各種矛盾、衝突：家庭不和、宗族矛盾、地方爭端、為各種利益包括土地、水源、林木、牲畜放養等發生的衝突乃至械鬥都不鮮見，而這林林總總的矛盾衝突除極少數可能激化外，大都能夠在鄉村共同體的框架內得到解決。然而作為國家儀式的政治運動，經由權力技術建立和演示權力與權威，劃分階級，區分革命與反動、先進與落後並由此造成群體的分類與分疏，並形成鬥爭之勢。這種分類與（階級）鬥爭技術自然與鄉村社會中原有的矛盾衝突交織互動，構成村民們所說的「官報私仇」現象：個人恩怨或群體矛盾通過一次次政治運動而不斷地累積與升級，逐漸變成你死我活的世仇。在這一過程中，公共邏輯與私人邏輯、革命邏輯與人情邏輯相互置換，成為民眾參與政治的重要動機或動力。這也是運動自身所具有的動力機制，即運動一旦發動，就有不斷持續下去的能量。按照村民的說法：運動就是人整人，一次運動來了，這撥人整那撥人，下次運動來了，那撥人又翻過來整這撥人；運動來運動去就成了你死我活的階級鬥爭，結下的恩怨到下一輩都解不開。

有人認為文革的積極意義包含了人民反抗官僚主義的內容，其實文革前造成人們不滿的主要原因並非官僚主義，不滿和怨氣來自於極權統治造成的貧困和不公。「幹群關係」緊張尖銳是事實，但這一表像本質上是極權統治與被統治的緊張。文革之前官僚體系對毛的無法無天稍有轄制，遂成為毛發動文革的動因之一，因而毛才是始作俑者，官僚集團不過是執行他的

意志、而後又作為他發動文革的靶向而已。所以，所謂「人民文革」，「大民主，大自由」都是不存在的：被動員、被驅使、被裹挾而參與其中，自覺或不自覺地成為工具和炮灰，何談民主與自由？

歷史共業需要全體人民的共同承擔，施害者、協從者、受害者、互害者都需要更多的回顧和認知。災難和痛苦唯有進入集體記憶和公共討論，才能成為整個社會的經驗教訓。

不反思，永遠走不出罪惡的淵藪

在文革結束 40 年後的今天，文革後遺症仍然存在，甚至還有人在召喚文革的陰魂。當年薄、王在重慶的唱紅打黑，讓人清楚地嗅到文革的氣息；對言論、出版、研究的嚴格控制讓人感受到與文革非常類似的方式，甚至一些官方話語都與 40 年前如出一轍；對不同政見甚至不同意見的兇狠攻擊、打壓甚至法辦更是將文革一幕直接推到人們眼前，以至許多人開始擔憂文革再度發生。

在當下的反腐運動中，可以看到這樣的舉報文字：「對這些人渣、垃圾，最根本的還是發動群眾，還是文革，還是把狗東西批倒鬥臭，讓他們求生不得、求死不能。」對此有人提問：這不是文革的方式嗎？「各種積怨都可借政治施放，就看誰能搶佔意識形態話語至高點，這就是文革。」

看到「群眾運動」、「批倒鬥臭」、「徹底搞臭」一類的字眼，讓人有種既熟悉又陌生的感覺，文革似乎真的呼之欲出了。經歷者會感到脊背發涼，人們難免心驚：文革要來了嗎？文革會來嗎？文革離我們有多遠？這種擔憂不難理解，但我想說，就現實而言，文革不會重演，當下的種種跡象和一些人對

文革的招喚，只是對文革拙劣而醜陋的模仿。理由是，當今時代，文革的基礎和條件已不具備。

不難了解，文革不是突然發生的，前十七年的意識形態和政治運動方式將「革命」推至高峰，文革是運動式統治達到登峰造極時的產物。而文革之所以能夠全面鋪開，達到「全國山河一片紅」，有着計劃經濟的基礎和總體性社會的條件以及閉關鎖國的環境。這意味着，全黨全民無可選擇，只能跟着走，「理解的要執行，不理解的也要執行，在執行過程中加深理解」（林彪語）。無可選擇即只能在「活着」還是「不活」之間做出選擇。而在改革開放已經三十多年的今天，市場經濟的主體地位已基本確立，單靠意識形態話語已然無法綁架所有人走回頭路。雖然文革悲劇並未真正得到全面清理和認真反思，召喚罪惡幽靈的聲音也從未中斷過，但畢竟中共十一屆六中全會決議已經判定了文革的基本性質，國門已經打開，互聯網將全球連接在一起，更重要的是扼住人們生存命脈、能夠迫使人們捲入運動的經濟基礎已不復存在。

雖然文革實際上難以重現，但我們仍不可掉以輕心。值得我們關注並思考的是，文革悲劇雖不至重演，但文革毒素卻並未肅清，文革思維和文革邏輯並未走遠：否則，為何未曾經歷者也諳熟這一套？為何輕易就用文革方式表達或行事？人們又為什麼動輒祭起文革的旗幟？以意識形態話語為器攻擊他人或討要公道？

對於文革和歷次政治運動，沒有在呈現真相、釐清邏輯基礎上的徹底清算和深刻反思，認知錯誤和觀念混沌就在所難免。對歷史認識的扭曲、混亂必然導致整個國家和國民是非不明，罪錯不分，認同成王敗寇的叢林法則，這意味着，文革的土壤未被清理，文革重演的隱患就依然存在。

尤其值得注意的是，在改革開放進入新的歷史時期以後，在一個日益告別傳統邁向現代的社會中，「運動」，作為社會動員和社會治理的機制並未終止，中國的城鄉社會在許多方面依然保持儀式化運作、運動式治理的傳統路數。而且「運動」意識也並未在人們心中消失，以紅色話語和偉大旗幟包裹私貨和欲念，為速達目的而不擇手段，甚至不惜以作惡方式借助公權力打壓對手剷除異己等屢屢可見，這說明現代社會和政治生活中的文革遺存並不是遙遠的天方夜譚，而將人們拉到「運動」戰車之上和捲入車輪之下的社會文化基礎也並非不復存在。

　　運動式治理，是以文革方式反對文革體制造成的弊端，其實這種方式並非發端於文革，也不會終止於文革，毋寧說它是一種以惡制惡的方式，而作惡機制一旦起動就難以中止，其結果無異於緣木求魚或南轅北轍，終不免害人害己。

　　文革更為長久的影響和令人更為擔憂的是，文革思維與文革方式，作為一種毒素對整個社會的污染和對人們精神世界的毒化。這種污染和毒化帶來的後果未能及時得到清除，也從未有過認真的反思，因而其惡果可能導致萬劫不復。文革再清楚不過地表現出制度之惡與人性之惡如何相互建構、相互促成；制度、文化與人性陷入惡性循環；遺毒入骨，暴戾、奴性、欺騙成為政治基因。在文革發動已經半個世紀的今天，從根本上清理和反思更是迫在眉睫。

　　我們距離文革有多遠，取決於我們的觀念、思考以及我們如何行動。

2016 年 5 月 2 日

21 「文化大革命」的記憶與反思

《迷冬：青春的狂歡與煉獄》
的社會學解讀

知道作家胡發雲，是從讀他的《如焉@sars.come》開始的，《迷冬》則是多年後的又一沉重之作。評論一部小說，本不是社會學研究者的「本職」，但這部書寫文革經歷的作品，實在是涵納了作者的社會關懷與對一種「紅色文明」的學理解剖，這也同樣是我多年從事口述歷史研究的主旨與內在衝動。正如胡發雲曾經對《中國新聞周刊》所說的：「當這個社會的歷史記錄缺席的時候，文學在某種意義上起了代償的功能。我們應該留下一點時代的印記」。好的文學作品是人們靈魂的講述，是歷史記錄和學術分析的疊加，而只是表述方式不同而已。

個體命運與時代大潮

《迷冬》的副標題其實是作品的主題，「青春的狂歡與煉獄」，作者講述了在文革發端後不到一年的時間裏一群還是中學生的少男少女們的經歷。我相信《迷冬》中的每個人物都有現實中的原型，不同個性、不同特長、不同背景的人們被捲入時代大潮，演繹出色彩斑斕的命運畫卷。孤獨、有些「頹廢」的音樂天才，出身革命家庭卻在文革第一波遭遇慘痛變故的少女，以職業革命家狀態投入運動的中學生，出身貧寒卻偶然進入音樂殿堂的兄弟……一群出身非「紅五類」的少男少女們，各懷思慮、各俱才華，自發組成了「獨立寒秋毛澤東思想文藝宣傳

隊」，他們像是被時代大潮拋出在外，旋即又被捲入其中的一顆顆沙石，以「文藝」的方式歷經那場毀壞文化的大革命帶來的諸般磨礪。他們在動盪、流離、暴力、恐怖和和迷茫中，也同時收穫了青春期必有的愛情、友誼和美麗。花季少年經歷了正常社會中的人一生也不會有的摧折；命運被無情地撥弄和改變，而且是所有人的命運。

那是一場由最高統治者發動並「設計」的「大革命」，堪稱社會工程或者社會實驗，每個普通人或被動或主動地都被捲入其中，成為試驗品，甚至成為相互戰鬥的炮灰，而他們的「目標」卻是共同的，都是為了保衛偉大領袖和他的思想以及路線。每個人的命運、每個家庭的遭際全然改變，而正是因為這種全面捲入，個人經歷本身就成為一段宏大歷史過程的構成部分，或者説那所謂的宏觀社會歷史進程正是由無數小人物的經歷形成和推演的。

記錄和分析個人歷史的背後有着深厚的學理內涵。個體遭遇與社會結構及其變遷之間的複雜關係，可以通過一個個看似卑微瑣碎的故事得以呈現。這需要社會學的想像力與洞察力，貫穿微觀與宏觀之間的屏障。揭示個人苦難的社會性，是法國思想家布迪厄（Pierre Bourdieu）重要的方法論主張，他認為，個人性即社會性，最具個人性的也就是最非個人性的。個體遭遇的困難，看似主觀層面的緊張或衝突，但反映的往往是社會世界深層的結構性矛盾[1]。由此，個人記憶和講述就有了歷史與社會的意義，個人經歷應該也能夠成為大歷史的構成部分。我們同時要意識到，記憶被權力控制，記憶也被權力規訓。保羅•康納

---

1 Bourdieu, Pierre. *The Weight of the World: Social Suffering in Contemporary Society*. Polity Press, 1999；布迪厄、華康德，《實踐與反思——反思社會學導引》，李猛、李康譯，中央編譯出版社，1998年。

頓（Paul Connerton）在探討「群體的記憶如何傳播和保持」的問題時論證，「有關過去的意象和有關過去的記憶知識，是通過（或多或少是儀式的）操演來傳達和維持的」，記憶是「社會結構的慣性」造成的，由此，個體層面的「個人記憶」，「認知記憶」和「習慣行為模式」經由「紀念儀式」、「身體實踐」及其中象徵的操演而形塑個體記憶[2]；這裏操演之手當然無疑是權力。正緣於此，未被完全馴服的個體記憶才尤為珍貴和值得重視。

從普通人的日常生活中構建歷史（making history from everyday life of common people）[3]，使個人講述成為一種歷史證明，為千百萬普通人民的生存作見證，是文學和歷史以及學術都應該承擔的使命。

並非所有的經歷都是人生的財富

《迷冬》是作者對特定的一群人所經歷文革的記述，也是反思的產物，凝聚着作者對於過往經歷的理解和思考。這種思考在文革進行時就開始了，這一代人是在革命英雄主義教育中長大的，充滿着浪漫主義的對革命的憧憬和與革命相伴的愛情的渴望；然而當「革命」真的降臨時，帶來的卻是最落後的血統論，醜陋與野蠻，離棄與背叛，美好的人性的東西統統被砸爛。主人公多多正是在這樣的現實中「漸漸成為一個反革命者，他痛苦地抵牾這一場突如其來的大革命，連同它所催生的那些語言，圖畫，音樂，舞蹈……都讓他厭惡至極」。夏小布，從名字便知其出身革命家庭，從運動最初的革命造反小將一夜

2　保羅•康納頓，《社會如何記憶》，納日碧力戈譯，上海人民出版社，2000年。
3　郭于華，《受苦人的講述：驥村歷史與一種文明的邏輯》，香港中文大學出版社，2013年。

間變成「黑五類」子女，父親自殺，她從切身之痛中長大，成為幹練、有主見又大氣的「獨立寒秋」的領導者。而他們在當時的迷茫和有限覺醒，大多與音樂和閱讀帶來的啟迪分不開。更為自覺的思考是宮小華和父親宮克在西南逃亡之旅中發生的，女兒問：「他們為什麼要把你……變成一個壞人？」父親答：「他們需要這個世界上有壞人。」女兒說：「為什麼？」父親說：「那樣，就可以證明他們是好人。」女兒又問：「大家都是好人不行嗎？」父親答：「不行。」女兒：「為什麼？」父親：「那他們就沒有控制這個世界的權力了。」這樣彎彎繞繞的話女兒居然聽懂了：「其實他們自己是壞人？」

當然全書都不妨視為作者凝聚了全部心血對於那場「大革命」的痛徹反思，而這樣的記憶、表述和思考在今天的中國仍屬罕見。

就常識而言，一場全民族的災難過後，應該有全面的記錄、探討、呈現真相和深入反思，以避免悲劇再度上演。無論作為親歷者還是後來人我們不應對前人的經歷、功過、是非置若罔聞。從哲理層面而言，我們需要有社會記憶，它是整個民族的良知，也是人性道德的基礎，更是社會正義的理由。而我們的社會卻似乎特別健忘，不該忘記的忘記了，應該清楚的模糊了或者扭曲了，這是權力支配歷史和消磨記憶的過程和機制。一如奧威爾（George Orwell）的《一九八四》中所描寫的達到極致的權力技術。我們常見的說法是「向前看」（或者向錢看），「過去的就讓它過去吧」，是「擱置爭議」、「不討論」；在一些文學和歷史作品中，也時常出現「青春無悔」，「苦難是人生的財富」，「寬恕比自由更重要」一類的心靈雞湯；在學術研究中更是設置了討論和研究的禁區，這些都是控制歷史和社會記憶的權力技術，也是作家、藝術家、學者們對於權力技術的服膺。然而一場浩劫，改變了成千上萬人們的生命歷程，那種深

厚、那份沉重，豈是一句「青春無悔」那樣簡單和輕薄？追尋歷史的真相，探究歷史過程的邏輯和機制，揭示製造苦難的制度原因是社會科學的學術使命與社會擔當，如若學術研究不能承擔這樣的任務，反而成為製造迷霧、扭曲歷史的權力工具，那麼社會失憶、社會失語和社會喪失是非判斷就是必然的結果。

　　普通人所經歷的苦難，只有進入歷史，也就是被記錄、被講述、被分析，經驗教訓被後人汲取，那麼苦難才是有價值的，才可以是我們社會共同的財富。我們揭示社會苦難的根源，就是明瞭那些苦難到底是怎麼製造出來的，遮蔽苦難的迷障被清除，製造苦難的機制被中止，這時苦難才不僅僅是個體的經歷和感受，而是具有了一種社會的力量。就此，胡發雲的寫作向讀者昭示了，即使作為普通人，我們也不能放棄自己的歷史權利，而要像保護我們的財產權一樣去保護我們歷史的權利。歷史的權利也是作為人的基本權利，世間生物唯有人不能過着他的生活而不講述他的生活、不思考他的生活。

　　最近發生的當年文革中的紅衛兵向老師、同學的道歉之舉，是在他們年近古稀之時懺悔的開始，但真正的反思和徹悟尚未開始。道歉應該肯定和鼓勵，並且應進一步推動全社會的反思，特別制度層面的思考。對於親歷的歷史必須有反思，才會有覺悟，否則幾代人所經歷的苦難就煙消雲散，毫無價值。談到寬恕，當然必要，但寬恕並不是以忘卻為前提的；寬恕必須以真相的呈現、是非的判斷、真誠的道歉為前提，有真相、有反思才會有寬恕，在牢記歷史教訓的同時才能放下歷史共業的負擔。我們必須真實而徹底地了解和記住文革，文革的悲劇才不會重演；中國人民必須要過這一關，遲早要過這一關，我們逃無可逃。唯有經過記憶、記錄、表達和反思，才能達到徹悟，才能明辨是非善惡，成為一個正常的社會，正常的國家，融入人類文明的主流。

柔弱和美麗終將不可戰勝

「迷冬」時節，青春在淒風苦雨和腥風血雨中依然綻放。正如作者寫到的：「生命的欲望，總是能夠用各種各樣的方式倔強地表達出來」。「這些十四五歲到十八九歲的少男少女們歷盡那麼多於他們的年齡來説是太過於殘酷的打擊與折磨後，仍在苦苦尋找理解，溫情，尋找人與人之間的關愛與自己的生存之路」[4]。

所謂無產階級文化大革命時代，是一個意識形態強暴文化的年代。「破四舊」，「反封資修」，以野蠻和蒙昧的方式幾乎將一切文明之物踏入泥沼。全國人民只剩下「八個樣板戲」，「三戰」和「紅歌」、「忠字舞」可以「欣賞」。在這種凋零和粗鄙的環境中，少年們的音樂、文藝之芽在悄悄生長，「音樂藝術常常能説出各人所需要的東西」，在文藝的慰藉下，溫情，浪漫，友愛，愛情等青春應有的一切情愫頑強地抬起頭來，弱弱地、小小地溫暖着一群少年的心，讓他們彼此珍惜並保留人性的溫度。雖然這一時期的文藝無可避免地充滿意識形態內容，以革命的紅色作為底色，但仍微妙地潛在地影響了一代人的欣賞習慣和心智。而吊詭之處在於，多年之後，當紅歌再度唱響之時，過來人們發現，那些極端的革命文藝表達方式會讓他們「翻湧起一股嘔吐感」，但同時他們「個人的情緒記憶，都附着在一種無處不在水銀瀉地般的意識形態文化上了」，除此「竟然沒有我們自己的純正的潔淨的文化載體，來記錄下我們的生命」[5]。當年的紅歌與一代人生命中最美好的年華、最絢麗的青春、最柔軟的心田交織在一起，悲劇性地相伴相隨，那種愛恨交織令未經歷者感到匪夷所思。

4　胡發雲，〈紅魯藝〉，見http://www.aisixiang.com/data/20546.html。

5　胡發雲，〈如焉@sars.come〉，中國國際廣播出版社，2006年。

在一個正常社會裏，人們的生活方式、喜好偏愛尤其是所思所想，本應該是多樣的，只要是在法律的軌道內並不對他人造成傷害，多元共存是社會生態健康的基本表徵。而在極權統治達到極至的文革時代，人們被要求整齊劃一，大一統進入生活的方方面面：從衣食住行到語言、動作，從文藝音樂到思維方式，任何不一致的都被視作弊端而加以污辱和剿滅。於是美變成了醜，正常被視為變態，善良正義受到制裁。正是在這種氛圍中，多多、夏小布們和舅舅、宮克等在與創作「火在燒，鐵在燒！蘸我血，打大刀！」的同時，也在看禁書、偷聽古典音樂、寫反詩、流連於大自然的美麗和歷史文化的深厚等，才顯示出保持正常健康和啟蒙的意義。舅舅是一個令人難忘的形象：英俊瀟灑，善良又軟弱，還多才多藝；尤其是他的同性戀傾向，在那個時代簡直就是罪不可赦的另類異端，而他註定的悲劇命運也揭示了整個社會的極度病態，並預示着一種消滅社會文化多元性的革命之不可能持續。

胡發雲以近乎執拗的方式寫出自己和同伴們的文革經歷，沒有什麼東西能改變這一寫作的內容，這個路子成了他的不歸路。而他的執着既有對於歷史責任的堅守，也出於一種信念：「人類千萬年來的生活中，恰恰是這樣一些最柔弱的東西，消解着革命的剛硬，粗鄙和兇殘」。一如作者在《如焉@sars.come》中所說：「一個多世紀過去了，斯大林不見了，貝利亞不見了，勃列日涅夫不見了，甚至如日中天的那個馬雅可夫斯基也不見了，但是，安娜卡列妮娜的美麗還在，有些柔弱得不堪一擊的東西，比那些不可一世的權勢要強大得多」。

在一場全民被裹挾進入的紅色革命中，在橫暴而又無所不至的宰製之下，那不可戰勝、不曾泯滅的究竟是什麼？其實無非就是人們要求有保證的生存條件，有作為人的基本權利以及

對平凡的幸福的追求和對有尊嚴的生活的嚮往，這難道不是最基本、最正常的要求和人性體現？在苦難中生長、抗爭，他們創造了歷史，因為他們別無選擇。就此而言，沒有任何一種暴力能夠永久地與所有人的正常要求和人性對抗、能夠消滅愛情生長的力量。青春在煉獄的水火中淬煉，那綻放的生命和愛，是用青春的血液澆灌的；愛情，友情，手足之情，浪漫，純真，信任，相互溫暖⋯⋯人性所需的真善美是任何強大橫暴的統治機器都無法消滅的，這是我們的希望所在。

《迷冬》是「青春的狂歡與煉獄」三部曲之一，我們期待着。

2014 年 1 月 18 日

22　馬克思社會思想再思考

2013年去逝的朗奴・高斯（Ronald Coase，內地譯羅納德・科斯）曾經說過：「如今的中國經濟面臨着一個重要問題，即缺乏思想市場，這是中國經濟諸多弊端和險象叢生的根源。開放、自由的思想市場，不能阻止錯誤思想或邪惡觀念的產生，但歷史已經表明，就這一方面，壓抑思想市場會遭至更壞的結果。一個運作良好的思想市場，培育寬容，這是一副有效的對偏見和自負的解毒劑。在一個開放的社會，錯誤的思想很少能侵蝕社會的根基，威脅社會穩定。」[1]

開放思想的市場，是經濟、社會、文化繁榮並保有活力的前提條件；也是對制度和政策可能會發生錯誤的糾正機制。而中國的現狀正如高斯所言是「缺乏思想市場」。這形成今日中國正常發展的桎梏。國務院總理李克強在2014年夏季達沃斯論壇上、2015年兩會政府工作報告中及不同場合曾多次反覆提出要推動「大眾創業、萬眾創新」，強調這是結構性改革的重要內容。然而與此同時，充斥於我們耳中的宣傳輿論卻是：實現共產主義的偉大目標。若以常識和邏輯思考一下，不難發現其間悖論：在一個主張消滅私有產權，並建立一個公有制和進行

---

*　本文原載於《中國戰略分析季刊》，2017年第1期。

1　參見高斯在2012《財經》年會上的致詞，載 http://finance.ifeng.com/news/special/2012cjnh/20111215/5276266.shtml。

集體生產的主義之下，不安全，誰敢創業？無自由，又何能創新？這種宣傳上的矛盾用老百姓的話說：就是既要馬兒跑，又要馬兒不吃草。

思想市場的缺乏源於思想的被禁錮。長期以來我們被強迫接受並只認同唯一的指導思想：馬克思主義及其以後的繼承發展。各大學不僅都設置有馬克思主義思想理論課程，而且爭先恐後地紛紛建立了馬（克思主義學）院；馬院的研究經費和教師收入優厚於其他社會科學專業；在每年公佈的國家社科基金項目課題指南中，馬克思主義思想理論研究不僅排位最前，而且數量也佔據很高比例，以最新的 2016 年為例：

在全部23個「學科」中，馬克思主義・科學社會主義計有 85 項選題；黨史・黨建 96 項；其後的哲學、經濟學、法學、政治學、社會學、人口學、歷史學、文學、語言學、管理學等等 21 個學科共計 1,711 項；

雖然馬克思主義和黨史在課題數量上不是最多的，但需考慮到後面許多學科都在前若干項列出與馬克思、社會主義、中國特色、習近平思想有關的題目：

如哲學的前 21 項都是關於馬哲的課題，第 22 項到第 32 項是關於習近平治國理政哲學、中國特色社會主義哲學、中國道路的哲學、中國共產黨人學哲學、用哲學等的研究；

在理論經濟研究中，列在最前面的是「當代馬克思主義經濟學的理論創新與發展研究」、「馬克思主義經濟學的當代化研究」、「中國經濟模式的經濟學理論研究」；

政治學，名列前茅的是習近平總書記有關講話、十八大以來治國理政新理念、中國特色社會主義、中國特色政治學等特色研究；

法學，前十項是關於馬克思主義法學理論、習近平總書記全面依法治國思想、中國特色社會主義法律體系、中國特色社會主義法治理論體系、社會主義核心價值觀與法治文化等研究；

社會學，首列「馬克思主義社會學理論研究」；民族問題研究，首列「馬克思主義民族理論研究」；國際問題研究，首列「馬克思主義國際關係理論研究」；宗教學，前兩項為「馬克思主義經典作家無神論思想研究」，「馬克思主義宗教觀當代發展研究」；中國文學，首列「習近平總書記在文藝工作座談會上重要講話精神研究」，「馬克思主義文學理論中國化研究」，稍後還有「馬克思、恩格斯與比較文學研究」；新聞學與傳播學，首列「習近平總書記對外傳播思想研究」，「中國夢話語體系的修辭和全球傳播效果研究」，「講好中國故事」的傳播理論分析與詮釋等[2]。

如果研究者在此指南下申報社科基金課題，通常「以馬克思主義為指導思想」也是必不可少的八股套話；可能還要加上「全面貫徹落實黨的××大和××屆三中、四中、五中全會精神，高舉中國特色社會主義偉大旗幟，以鄧小平理論、三個代表重要思想、科學發展觀為指導，深入貫徹×××總書記系列重要講話精神」等慣用話語。

這樣的現象不勝枚舉，不難看到學術研究領域中思想壟斷的狀況。馬克思主義理論作為對人類社會及其發展的解釋之一，亦需經受實踐的檢驗。一種理論若成為壟斷性意識形態，將本來多元的思想定於一尊，就如同市場中一種商品形成壟斷，必然扼殺市場的活力甚至使市場無法正常運作。高斯的忠告正是就此而言。

---

2 全國哲學社會科學規劃辦公室，《國家社會科學基金項目2016年度課題指南》，2015年12月。

重構還是埋葬？

　　馬克思主義作為一種社會思想，即說明和解釋世界的學說，可以是非常重要社會理論。社會學理論中的古典社會學開篇就要講到馬克思；但是它即使重要，也只是諸多社會理論之一，而非唯一；與其同時存在的還有若干重要的不同的解釋，構成多樣的理論、觀點、流派和主義。暫且不論馬克思主義對社會發展解釋得對與錯，同樣重要的古典社會理論還有韋伯的解釋和涂爾幹的解釋，他們所進行的幾乎都是對資本主義社會運行機制和命運的探索，也都包含對社會現實的批判：簡而言之，馬克思關注的是資本主義生產關係特別是其中勞動與資本的關係以及由此而形成的階級分析與階級鬥爭理論；韋伯探討的是資本主義文明形成的精神條件，尤其是與基督教倫理之間的關係，以及這一社會前行中遇到的困境；涂爾幹所面對的則是社會「失範」問題和尋找現代資本主義社會中新的整合機制即「有機聯繫」，這種「有機聯繫」是建立在由勞動分工所形成的互相依賴的基礎上的。思想家們的分析和探索構成了古典社會學的基本理論命題，也奠定了現代社會學學科的基礎。這些理論以及後世的諸多社會理論，構成了缺一而不成其為完整的社會思想體系。

　　然而，一種理論或一種思想卻成為佔絕對統治地位的主義，成為各門學科甚至各行各業的指導思想，其中權力意志必是決定性因素。強權決定利用哪種理論和如何利用。當我們長期生活於這種權力意志之下時，就將其確立的意識形態視作當然，不假思索地接受它。比如，我們從來不去思考，馬克思主義為何是「放之四海而皆準的真理」？它究竟是不是一種科學理論？如果是，它需不需要經過實踐檢驗或邏輯推理的論證過程？我們的院校設置為何只有馬（克思主義學）院而沒有黑（格

爾）院、韋（伯）院、涂（爾幹）院？為什麼我們所有的研究都必須以馬克思主義而不是其他的主義為指導思想？為什麼我們各門學科的教材都必須有一本「馬（克思主義理論研究和建設）工程教材」？而這種被視作當然的意識形態恰恰是馬克思本人所指出的「虛假意識」（false consciousness）[3]。

　　將作為一種社會理論或社會思想的馬克思主義奉為唯一的、終極的真理，甚至作為近乎宗教式的存在，有着內在的邏輯矛盾：既然已經是絕對真理，還用得着研究嗎？倘若已經成為各領域的指導思想，還有必要探討嗎？作為學者、研究者，具有正常的心智和邏輯思維難道不是最基本的要求嗎？如果你將它作為科學，那麼它不應成為信崇的對象，它需要實踐的檢驗被證實或被證偽；如果你視它為宗教，它亦不能被強制性地要求所有人信奉，因為今天的人類社會信仰自由已經成為共識。

　　將自己定位於社會學馬克思主義（sociological Marxism）的美國社會學家麥克·布洛維（Michael Burawoy）曾經概括了針對作為一種社會理論的馬克思主義的四種不同立場：即傳播馬克思主義，埋葬馬克思主義，運用馬克思主義和構築馬克思主義。他所認同的立場是第四種——將馬克思主義作為「一種至關重要的社會理論的有力分析傳統，用以科學地理解當代社會變遷和社會再生產的困境和可能性」。正是由於「馬克思主義不是教義，不是業已建成的真理大廈」，因而「構築馬克思主義意味着重建馬克思主義」[4]。在今日，原教旨主義地運用馬克思主義早已是明日黃花，因而才有作為重建和超越意義上的「構築」之說。

3　馬克思、恩格斯，《德意志意識形態》，人民出版社，2003年。
4　麥克·布洛維，《公共社會學》，沈原等譯，社會科學文獻出版社，2007年。

當今世界，只在個別的地方，馬克思主義依然作為教條或意識形態工具被功利主義地、抱殘守缺地加以「利用」。一如布洛維所言，這種利用其實正是「埋葬」馬克思主義的過程[5]。如若只是功利性地將馬克思主義意識形態化甚至教條化、教義化，權宜性地用作統治的工具，那麼馬克思主義就會成為一柄雙刃劍，它一方面泯滅了社會，扼殺了自由；另一方面也必然葬送馬克思主義本身。

　　以資本主義社會的運行規律和歷史命運作為核心研究內容的馬克思主義固然是一種社會理論，但弔詭的是，「社會」卻不是其核心概念。在馬克思對資本主義社會的研究中，社會只是隱含的、潛在的，社會概念是懸置的，從未以清晰的面目出現。作為一種社會理論的馬克思主義，其核心理論執着於階級關係和階級鬥爭。正如布洛維所言：階級處於馬克思的資本主義動力學（dynamics）和再生產的中心位置。將「社會」引入研究中心並進行理論建樹的，是從安東尼奧‧葛蘭西（Antonio Gramsci）到布洛維等一系列後馬的思想家。

　　至此，高斯忠告的意義突顯，思想的市場必須是思想多元共存、相互競爭、相互促進的，如此才能保持正常的社會生態和思想的生命力，一如市場的繁榮與活力。讓馬克思的學説回歸原位，脱離統治意識形態而成為可以探討、爭論、質疑、反思的諸多社會思想中的一種，對思想理論界和馬克思主義本身而言應該都是幸事。

5　麥克‧布洛維，《公共社會學》，沈原等譯，社會科學文獻出版社，2007年，頁139–41。

合作還是鬥爭？

作為提出問題和初步討論，我們先從作為馬克思主義重要組成部分的階級分析和階級鬥爭理論開始。馬克思關於階級和階級鬥爭理論的基本邏輯是：人類社會是分化為階級的；階級劃分的依據是人們擁有財富和財產的多少，進而人們的政治觀點和宗教信仰在一定程度上是受其財富和財產狀況影響的；現代資本主義社會由於生產資料佔有的不同，存在着財富和權力嚴重不平等現象，這種不平等可能成為重大社會衝突和意識形態衝突的根源；由生產方式創造出社會群體或階層，稱為階級，在成熟的資本主義社會中存在兩大階級——資產階級和無產階級：前者佔有生產資料，即技術性的和科學的設備，後者除了擁有勞動力外一無所有。資本主義社會的矛盾具有對抗性，它既體現在生產力與生產關係的矛盾中，也體現在兩大階級之間的鬥爭中；資本主義社會的政治主要是階級之間的矛盾和鬥爭，階級鬥爭作為社會變遷的動力，終將經由無產階級革命推翻資產階級的統治，由資本主義社會轉變為社會主義社會，並最終實現共產主義。

在國際共產主義的經典《共產黨宣言》中，階級鬥爭理論表達得更為直白和激動人心：

> 至今一切社會的歷史都是階級鬥爭的歷史。自由民和奴隸、貴族和平民、領主和農奴、行會師傅和幫工，一句話，壓迫者和被壓迫者，始終處於相互對立的地位，進行不斷的、有時隱蔽有時公開的鬥爭，而每一次鬥爭的結局是整個社會受到革命改造或者鬥爭的各階級同歸於盡。

> 現代的國家政權不過是管理整個資產階級的共同事務的委員會罷了。資產階級不僅鍛造了置自身於死地的武

器：它還產生了將要運用這種武器的人—現代的工人，
即無產者。

無產階級，現今社會的最下層，如果不炸毀構成官方社
會的整個上層，就不能抬起頭來，挺起胸來。每一個國
家的無產階級當然首先應該打倒本國的資產階級。無產
階級用暴力推翻資產階級而建立自己的統治。

共產黨人不屑於隱瞞自己的觀點和意圖。他們公開宣
佈：他們的目的只有用暴力推翻全部現存的社會制度才
能達到。

對於社會分化與社會矛盾的認識，若從社會理論的脈絡進
行梳理，可見馬克思的階級與階級鬥爭理論，與「社會學之父」
奧古斯特‧孔德（Auguste Comte）畢生關注社會進步與社會秩序構
成全然不同的取向，與奠定了社會學理論基石的兩位社會學思
想家涂爾幹和韋伯也完全不同。馬克思以極大的熱情關注階級
衝突，擁抱鬥爭哲學，強調暴力革命，這些都使其社會思想帶
有濃厚的革命色彩。

無怪乎另一位無產階級革命領袖這樣概括馬克思的鬥爭哲
學：「馬克思主義的道理千頭萬緒，歸根結底就是一句話：造反
有理。根據這個道理，於是就反抗，就鬥爭，就幹社會主義。」
如此概括雖有失簡單卻也不無精準。

社會學中的衝突理論與馬克思的階級與階級鬥爭學說有着
淵源關係。馬克思主義社會學家強調的是社會中經濟力量的重
要性，而不是功能主義者所強調的共同價值觀。他們關注社會集
團之間的持續鬥爭——不限於工人階級與資產階級，而是更廣泛
的支配者與被支配者，統治群體與被統治群體，雖然他們並不一
定主張社會的進步是一個階級推翻另一個階級的革命。後世的

社會學衝突學派，無論是強調競爭與衝突關係不可避免的齊美爾（Georg Simmel），還是主張衝突主要來自對資源的支配與控制權的爭奪的達倫多夫（Ralf G. Dahrendorf），或者認為衝突有正面功能的科塞（Lewis Coser），都以馬克思的階級衝突理論作為先驅，不難看到，社會理論中衝突學派的源流關係。值得注意的是，後世衝突理論的代表人物，都沒有將衝突必然導致社會解體或一個群體消滅另一個群體作為必然選項。

而作為奠基性的重要社會理論或者說社會學兩大理論傳統的代表人物韋伯和涂爾幹，又都不同意馬克思的階級鬥爭理論。

作為理解社會學傳統的開創者，韋伯也關注社會的分化，但與馬克思不同，韋伯認為，階級僅僅代表在勞動力市場中具有同等地位者的整體聚合。階級不可能被組織起來採取決定性的行動，因為他們缺乏產生這種行動的任何共同基礎。共同的、有目的的行動更傾向於出現在另外兩種不同的社會聯盟中：一是身份階層，即由具有相同的職業或專業地位的人組成，故社會階層是按照經濟標準（財富）、政治標準（權力）和社會標準（聲望）進行區分的。由於人們擁有相同的身份地位，因而也往往具有相同的生活方式和價值觀念。身份階層可以成為某種政治行動的基礎。二是為了達到特定的政治目標和行使權力而專門組織起來的政黨組織（此處從略）[6]。

韋伯的社會分層理論並不導向社會的分裂與衝突；而韋伯探討資本主義社會的核心問題是理性化（Rationalization）問題。

6　韋伯，〈政治共同體內部的權力分配：階級、身份、政黨〉，《經濟與社會》，林榮遠譯，商務印書館，1997年；〈政治作為一種志業〉，《韋伯作品集I學術與政治》，錢永祥等譯，廣西師範大學出版社，2004年。

韋伯認為：西方文明的理性化進程體現在行政管理、法律制度、經濟組織到生活方式各方面，而這些構成社會秩序諸要素的理性化之間的張力。「資本主義精神」是韋伯最為關注的理性發展結果，他把資本生產和交易中的信任問題，歸結為新教教徒在世俗生活中單獨面對上帝而形成的天職和品質。而他最重要的貢獻之一是看到官僚制因其非人格化和專業化精神成為現代社會最有效的管理方式的同時，預見到其高效率和有益於社會秩序的特徵，有可能演化出使人喪失自由和主體性的「鐵籠」（Iron Cage）。

　　在馬克思的階級理論中，階級鬥爭是一種零和遊戲，一個階級的所得是其對立階級的喪失，因而鬥爭體現為一個階級推翻另一階級的革命；而韋伯的身份地位分層則是不同群體相互之間的評價與排序各不相同，它們之間既非必然相互依賴，也不一定相互衝突，某些群體的地位有可能提升，但無須取代地位較高群體，即階層分化並不帶來零和遊戲[7]，更不導致你死我活。

　　奠定了實證主義社會學傳統、並作為現代社會學開創者的涂爾幹，更是作為與衝突學派相對的共識學派、以完全不同的方式——社會分工與社會整合的理論來描述世界。他對社會分工、自殺、宗教等「社會事實」的研究，以「社會團結」（Social Solidarity）作為中心問題，接續了孔德的核心問題——社會秩序。涂爾幹假設社會中存在着某種潛在的契約或信念。與馬克思和韋伯相比，涂爾幹最主要的關注點是社會一致性的本質。其幾部代表作都是圍繞社會團結展開的。與馬克思強調經濟、韋伯注重國家有所不同，涂爾幹和托克維爾（Alexis de Tocqueville）在政治建設中更為強調公民社會的形成和作用。相

7　馬爾科姆•沃特斯，《現代社會學理論》，楊善華等譯，華夏出版社，2000年，頁345。

對於馬克思主義的關注點是階級和階級衝突的本質，涂爾幹的著作更多地聚焦在社會的本質、社會的整體性和一致性上。在涂爾幹看來，教育、宗教和經濟體現了社會的主要制度，而制度為整個社會提供了指導規範和法律。比如宗教的重要性在於它是維護特定社會秩序的黏合劑，宗教提供給任何一個既定社會以核心價值，使社會能夠聚合在一起（與馬克思對經濟的分析形成對比）。文化、符號和儀式是促使社會群體不斷強化認同感的手段。勞動分工也是理解社會本質的關鍵要素，在涂爾幹看來，勞動分工本質上是某一社會為維護其成員的物質生存而規定的不同任務和功能。它使社會的特徵更為堅固，使社會作為一個運作實體存在下去[8]。

涂爾幹對國家與政治的看法完全來自於他對社會的見解。國家或者政府，只是另一種類的社會制度。國家並非代表居支配地位的階級或群體的利益來進行管理，而是代表整體社會並尋求達成全面的契約和共識。國家應體現盧梭（Jean-Jacques Rousseau）所稱的社會公意；社會是權威的基礎，而國家則是出面來代表社會實施其基本運作和操作。

在《社會分工論》的「第二版序言」中，涂爾幹說：

> 我們所要揭示的失範（anomie）狀態，造成了經濟世界中極端悲慘的景象，各種各樣的衝突和混亂頻繁產生出來。既然我們無法約束當前彼此爭鬥的各種勢力，無法提供能夠使人們俯首帖耳的限制，它們就會突破所有界限，繼而相互對抗，相互防範，相互削弱。當然，那些最強的勢力就會在與弱者的對抗中獨佔上風，使後者屈尊於它的意志。但是，這些被征服者雖然暫時屈從了強

8　涂爾幹，《社會分工論》，渠東譯，三聯書店，2000年。

力統治，卻沒有認同統治，因此這種狀態肯定不會帶來一種安寧祥和的氣氛。由暴力達成的休戰協議總歸是臨時性的，它不能安撫任何一方。人的熱情只能靠他們所尊從的道德來遏止。如果所有權威都喪失殆盡，那麼剩下的只會是強者統治的法律，而戰爭，不管它是潛在的還是突現的，都將是人類永遠無法避免的病症……這種無政府狀態明顯是一種病態現象，因為它是與社會的整個目標反向而行的，社會之所以存在，就是要消除，至少是削弱人們之間的相互爭鬥，把強力法則歸屬於更高的法則（涂爾幹，《社會分工論》，頁 xxxii）。

在涂爾幹看來，社會不僅是一個整體（social body），還是一個有機團結的整體（social organism），它不僅在結構上集合併結合了各種細胞和組織，而且在功能上也具備有機體的所有活力和潛能。正因為如此，失範才成為令人擔憂之事。社會是涂爾幹眼中最主要的主體，他強調現代分工與市場的基本功能，就在於促進了社會成員之間的有機團結，強化了社會秩序的意識紐帶。涂爾幹始終把教育和道德看作現代社會建設的兩大主題，人們必須在社會領域中安身立命。這就是為什麼人們一旦發現共同利益並聯合起來的時候，他們不僅維護着自身的利益，而且還互助合作，共同避開來犯之敵。他們這樣做，為的是進一步享受彼此交往的樂趣，與其他人共同感受生活，歸根結底，這就是一種共同的道德生活[9]。

從古典社會學三大家的比較來看，強調合作還是主張鬥爭形成了殊為不同的理論傳統。而從人們的社會實踐過程來看，人類社會得以存在和持續的條件是人們之間的合作互惠，共

9　涂爾幹，《社會分工論》，渠東譯，三聯書店，2000 年。

存共榮；經濟活動的基礎亦在於參與交換的人們之間的相互信任。如同中國人自古以來懂得「和氣生財」的道理，合作互惠、共生共存是人類社會延續至今的基本條件。戰爭狀態不能成為常態，而從文明進步的角度看，人類的競爭模式已經日漸從打鬥、戰爭、軍事衝突轉換成體育競技、商業競爭、文藝比賽、遊戲等。

和平共處，包容理解，和諧共榮，是人類文明亘古長存的主題。共產主義運動曾以最理想的社會、最美麗的新世界為許諾動員人們的參與和奉獻。而在追求理想社會的過程中採取鬥爭、毀滅的方式，甚至為達目的不擇手段，不惜以作惡的方式推行革命。過程與手段之惡必然導致罪惡的結果，最漂亮的目標卻帶來最邪惡的後果和最深重的苦難。我們可以先放下這樣的問題：究竟是美好的初衷在運行中變得邪惡？還是從來就沒有美好的初衷？而只有打江山坐江山的皇帝夢？去思考導致災難性後果的機制和理念到底是什麼。有人認為是馬克思對理想社會的設計是被後來人閹割誤導造成的，但我們仍須思考，為什麼那麼多種社會理論中只有馬克思主義會被如此利用並對人類造成災難？其觀念本身含有什麼錯誤的成分？比如階級仇恨與階級鬥爭理論。一種理論或觀念如若倡導對立而不是合作，鼓動仇恨而不是和解，定於一尊而不是多元包容，那麼這種理論被用作武器並帶來與其美好初衷相反的後果，就不是難以理解的了。

私有還是公有？

接續上面的話題，合作與競爭建立在什麼基礎之上？眾所周知，人們在經濟生活中的交換與互動要以擁有為基礎，即以合法的財產權為前提條件，簡而言之，就是屬於自己的東西才

有權處置。追尋這一問題的答案，須從作為共產主義指導思想的馬克思主義理論的源頭開始。

馬克思的政治經濟學理論建立在否定私有制強調公有制的基礎上。馬克思認為，正是生產資料的私人佔有導致資本家得以榨取工人勞動所生產的剩餘價值，從而構成剝削關係，產生勞資之間的矛盾，並形成階級和階級鬥爭。而「生產資料的集中與勞動的社會化，達到了同它們的資本主義外殼無法兼容的地步。這個外殼就要炸毀了。資本主義私有財產制的喪鐘就要響起。剝奪者就要被剝奪了。」（見《共產黨宣言》）

馬克思在《資本論》中將勞動能力視作與財富的對立，雖然只是一種可能性：

> 消極的勞動，只是一種可能性：是一切客體都完全被剝奪的勞動的可能性。勞動能力表示絕對貧困，即物的財富被全部剝奪。因為整個物質世界以及物質財富的一般形式即交換價值，都作為別人的商品和別人的貨幣與它相對立，而勞動能力……本身失去了這些條件而獨立地存在着。[10]

以消滅私有制、建立公有制為目標的經典論著明確宣稱：

> 隨着大工業的發展，資產階級賴以生產和佔有產品的基礎本身也就從它的腳下被挖掉了。它首先生產的是它自身的掘墓人。資產階級的滅亡和無產階級的勝利是同樣不可避免的。

> 共產黨人可以把自己的理論概括為一句話：消滅私有制。正是要消滅資產者的個性、獨立性和自由。

10　《馬克思恩格斯全集》第 47 卷，頁 38。

奪取政權之後，「無產階級將利用自己的政治統治，一步一步地奪取資產階級的全部資本，把一切生產工具集中在國家即組織成為統治階級的無產階級手裏，並且盡可能快地增加生產力的總量。」（以上引文全見《共產黨宣言》）

作為無產階級革命導師的列寧也曾指出：剩餘價值學說是馬克思經濟理論的基石。

> 私有財產孕育了無產階級作為自身的判決，而無產階級執行之；正如薪資勞動帶給別人財富、帶給自己悲慘作為自身的判決，也是由無產階級來執行。如果無產階級勝利，這絕不意味無產階級成為社會的專制者，因為唯有藉由廢除自身及其對立面，無產階級才能取得勝利。屆時，無產階級及其命定的對立面——私有財產——都將消失。[11]

以私有制為無產階級革命或共產主義運動要消滅的對象，是幾乎所有革命導師一致的觀念。但這一主張卻是違背自然與人性的。正如茅于軾先生所言：

> 早先我也不懂得為什麼說：私有財產是道德之神；財產公有不符合道德。後來慢慢懂得，贊成財產公有的人並不是願意把自己的財產拿出來分給大家，而是想讓別人的財產通過公有，自己也有一份。於是尊重別人的財產私有，並神聖不可侵犯，才符合道德。所謂公有其實是一種非分之想。[12]

茅于軾先生其實是以常識性話語道出了私有財產的天然合法性。

11　轉引自胡平，〈龐巴維克早就駁倒了馬克思——紀念龐巴維克逝世100週年〉，載 http://www.chinainperspective.com/ArtShow.aspx?AID=29998。

12　參見茅于軾《讀懂財富》，東方出版社，2014年。

根據一些經濟學家深入淺出的概括，我們可以獲得對私有制的常識性理解：

　　首先，私有制是一種自然秩序，它不是某個人或某種理論製造出來的，而是天然的，即在人們的經濟活動中自發形成的規則。「以自己的勞動謀求自己的生存和發展，沒有什麼比這更自然的了」。因為自己的投入（勞動，資本，技術）而獲得生產成果，構成一種自然的社會分配秩序。私有財產之所以不容侵犯，所依據的是：這一財產是由你的勞動資本技術創造出來的。而人們常說的無義之財，指的就是別人投入創造出來的成果卻被你佔有。財富由誰的投入創造出來的，正是確定財富歸誰所有的依據。沒有私有，便沒有什麼正義不正義，也就沒有了社會的基本秩序。所以私有財產不容侵犯，不是先有法律規定，而是來自一種自然的認識。私有是一種自然法則和自然秩序。

　　其次，私有又是一種自然的生產發展秩序。人們之所以投入勞動資本技術，是建立在這種投入取得的生產成果能夠為自己所有的預期之上，如果自己投入勞動資本技術，成果卻歸別人所有（比如奴隸的勞動成果歸奴隸主所有），或者歸「公有」、「大家所有」，個人便不會很情願的投入，社會生產和發展的動力便消失。這種社會仍可能有生產和發展，但必須依靠暴力強制或欺騙（比如為了理想為了國家等等的精神宣傳）去維持和推動，社會生產就失去自我發展的機制。

　　同時，私有制也是人們的交易活動與社會合作的基礎。當社會生產分工實現專業化生產，可大幅提高生產效率時，必然出現交易。交易建立的基礎是交易產品或服務的私有，沒有私有，就沒有產品或服務的處置權，當然就沒有交易；公有制不可能產生市場和交易。交易的公平在於雙方能夠自由的不受脅迫地討價還價。而私有既是個人自由的前提，又是討價還價

的動力，買賣雙方的自由和相互制約，是交易秩序的基礎。理性人之間如何合作，如何通過合作達成互惠而不是互害，需要依靠私有財產制度，這是人類創造的克服囚徒困境的最重要制度。大衛•休謨（David Hume）認為它是三大自然法則的第一法則。有了私有產權制度，產權得到有效保護，合作與博弈才有可能。產權制度其實先於國家、先於政府而存在。市場的真正功能在於讓人類更好地合作。由於私有產權是人的自由的保證，沒有私有產權，人不可能有自由。如果一個經濟當中有大量的特權階層，如果政府可以隨意剝奪個人財產，如果自願交易的合約得不到遵守，人們就不可能有通過分工而合作的積極性[13]。

如果我們暫且先放下革命導師們倡導的主義，以常識和日常生活邏輯想一想，市場經濟的基本道理在於，由於分工的存在，個人需要與其他的個人交換產品以滿足自己的生存需求；出於一己私利的個人可以為他人提供產品或服務、並且個人要想使自己生活得更幸福（天經地義），就必須更好地滿足他人的需求——提供更好的產品或服務；這本是利己與利他並存不悖。而所謂「毫不利己，專門利人」、不追求私利、不承認財產私有，「狠鬥私字一閃念」，是與基本的人性和道德背道而馳，是與自然天道對抗，因而也必然不能成立。

人類文明成就的積累，是因為建立了道德的和法律的制度，這種制度保護了個人的財富積累，保護了個人為增加幸福

---

13 胥志義，〈消滅私有制是一場災難〉，見http://www.21ccom.net/articles/sxwh/shsc/article_2014011999244.html；許小年，〈改革需要更多共識〉，見http://business.sohu.com/s2012/0920/s361044275/；許小年，〈沒有私有制就沒有創新〉，見http://money.163.com/11/0526/16/750BD4OL00254ML2.html；張維迎，〈社會合作的制度基礎〉，《博弈與社會》，見http://www.aisixiang.com/data/72611.html#。

而進行自主選擇的權利和自由，也保護了人們之間的合作、交易關係及社會成員不受他人尤其是強權的剝奪。就此而言，私有財產和保護私有財產的制度是社會構成的基石。

而所謂公有制，是在消滅私有制基礎上形成的。表面上它只是消滅生產資料私有，實際上它通過行政權力，把所有生產成果收歸「公共」或「國家」所有。因而實際上消滅了勞動和技術的私有。當個人或生產組織不能直接獲得生產成果、擁有這種生產成果的所有權時，勞動或技術的私有就變得無意義。不用說那些必須實行組織化生產，資本投入是國家的企業，即「公有制」企業生產的產品並不歸這個企業私有，而要歸「公共」或「國家」所有；即便是中國的農民和服務行業人員，本是個體生產，自己勞動自己獲得勞動成果，政府也通過強制性的集體生產，把生產成果收歸「公共」或「國家」所有。之後國家通過權力再對這些生產成果進行分配。由此個人所得並不是因個人的投入（包括勞動、技術、資本），而完全取決於國家的分配權力。[14] 這樣的由權力配置資源、領導生產和分配成果，必然使生產者完全喪失權利，是「通往奴役之路」。

《共產黨宣言》明確聲稱：無產者沒有什麼自己的東西必須加以保護，他們必須摧毀至今保護和保障私有財產的一切。

不難發現，無產階級剝奪資產階級的財產和「摧毀」保障私有財產的一切，是自身從無到有的過程；這與消滅私有財產自相矛盾。所謂「剝奪者被剝奪」的命題其實是經過搶奪使一部分人佔有而另一部分人沒有。更何況，事實證明，所謂公有和國有並不是真正的全民所有，如若是人人有份，為什麼人民得不

14　胥志義，〈消滅私有制是一場災難〉。

到屬於自己的那一份？所以，「消滅私有制」是真正意義上的剝削和搶奪。

就此而言，私有制也是人的基本權利和自由的根本保證。人類社會走到今天，不同國家的歷史進程已經證明：最典型的公有制、指令性計劃經濟都造成巨大惡果而難以為繼。只有在財產權得到堅定不移的保護時，個人的自由和權利才有保障。因為，財產權構成一道最有效的壁壘，可用來抵禦公權力的干涉和侵犯。私有財產，是形成秩序與規則的基礎；保護私有財產的制度是人類社會正常與文明的保證。

彼得・德魯克（Peter F. Drucker）曾指出：極權主義試圖通過種種「非經濟手段」創造歷史，讓經濟發展中遭遇不平等的大眾在這個非經濟的社會中獲得平等，其結果是整個國家被推向極權主義深淵。他嚴酷地指出，在這個過程中，人民交出的是自由，得到的是鎖鏈。[15]

路德維希・馮・米塞斯（Ludwig von Mises）也早就指出：這些空想家熱衷於設計地球樂園的各種規劃，而所有這些規劃的共同特徵就是，這些烏托邦中的居民都必須無條件地首先服從於其創建者，爾後還得繼續服從於其繼任者。[16]只有市場經濟把每個人的命運交給他們自己，市場經濟認定生產者是自身命運的主人。這個制度不在於消滅人的惡念，卻在於要人為了私利，而去求得公平。在亞當・斯密（Adam Smith）看來，每個人只要不偷不搶不騙，他的私利就是最崇高的社會公利。那些相互衝突

---

15 彼得・德魯克，《經濟人的末日》，洪世民、趙志恒譯，上海譯文出版社，2015年。

16 路德維希・馮・米塞斯1967年在芝加哥大學的演講稿，1982年之前從未公開發表，後收入作者《貨幣、方法和市場進程》一書，見http://www.21ccom.net/articles/sxwh/shsc/article_2013083191014.html。

的社會利益絕不能交給「計劃者」仲裁，而是應該在競爭中讓上帝來取捨。[17]

綜上所述，馬克思主義以終極真理和單一道路為人類社會規劃未來，不能不說是一種理性的僭妄。以階級鬥爭、暴力革命、無產階級專政為手段，必然埋下人類群體相互仇恨的種子，成為日後的災難性土壤。這樣一套思想體系——階級與階級鬥爭，暴力革命奪取政權，無產階級專政，消滅私有制，並將此主義推及全世界，很容易為試圖人為建造大一統社會的專制統治者所利用。分析已有的幾種極權政體，不難發現，極權之惡，正在於拿到了打開地獄之門的鑰匙：發掘人性之惡和人性中最大的弱點並將其發揮到極致。

人類群體之間的合作、博弈、競爭乃至戰爭，都須遵循一定的共同遊戲規則。而極權主義運動的重要邏輯之一是，玩不過，就破壞遊戲規則：遊戲中因智力、能力處於劣勢而不能戰勝對手，於是耍賴或用強，用破壞規則的方式打敗對手。因智力較低、能力較差、按照人們認同的一定之規玩不過對手的遊戲者，不在提升自身能力上下功夫，而想方設法破壞掉規則另起爐灶，以強權、暴力、厚黑取勝而上位，取而代之甚至消滅對手，這種情形在歷史中屢見不鮮。這也是成王敗寇邏輯得以形成的實踐基礎。

大道至簡。長久以來，我們在意識形態的霧霾中喘息，因缺氧而頭腦混沌。思想家們其實早已把最基本的道理講清楚了，而這些道理成為公眾認知的常識常理卻不那麼容易，思想

---

17 樊弓，〈鉛筆是怎樣造出來的〉，見 http://www.wenku1.com/view/B74EB7EAD0ADCAE0.html。

解放還有很長的路要走。如果我們回到平常心態，保持正常心智，開放大腦和視域，換一種認知思考的角度和方式，這些道理其實都是不難明白的。

2016年6月4日於北京

參考文獻

安東尼奧•葛蘭西，《獄中箚記》，曹雷雨等譯，中國社會科學出版社，2000年。

佛烈德利赫•海耶克，《通往奴役之路》，王明毅 、馮興元譯，中國社會科學出版社，2013年。

沈原，《市場、階級與社會：轉型社會學的關鍵議題》，社會科學文獻出版社，2007年。

拉爾夫•達倫多夫，〈關於衝突的理論〉，載《國外社會學》1987年第3期。

拉爾夫•達倫多夫，《現代社會衝突》，林榮遠譯，中國人民大學出版社，2016年。

法蘭西斯•福山，《歷史的終結與最後的人》，陳高華譯，廣西師範大學出版社，2014年。

法蘭西斯•福山，《信任──社會美德與創造經濟繁榮》，郭華譯，廣西師範大學出版社，2016年。

科塞，《社會衝突的功能》，孫立平譯，華夏出版社，1989年。

韋伯，《新教倫理與資本主義精神》，于曉、陳維綱譯，三聯書店，1987年。

韋伯，《韋伯作品集》I–V，錢永祥等譯，廣西師範大學出版社，2004年。

格奧爾格•齊美爾，《社會是如何可能的》，林榮遠編譯，廣西師範大學出版社，2002年。

格奧爾格•齊美爾，《社會學──關於社會化形式的研究》，林榮遠譯，華夏出版社，2002年。

涂爾幹，《自殺論》，鐘旭輝等譯，浙江人民出版社，1988 年。

涂爾幹，《社會學方法的準則》，狄玉明譯，商務印書館，1995 年。

涂爾幹，《宗教生活的基本形式》，渠東等譯，上海人民出版社，
　　1999 年。

涂爾幹，《社會分工論》，渠東譯，三聯書店，2000 年。

馬克思，《資本論》，人民出版社，2004 年。

郭于華，史雲桐，〈馬克思主義與社會——布洛維《社會學馬克思主
　　義》的啟示〉，《開放時代》，2008 年第 3 期。

麥克·布洛維，《公共社會學》，沈原等譯，社會科學文獻出版社，
　　2007 年。

23 福山的慧眼

社會資本的積累與自發社會的力量

出版於 1995 年的《信任——社會美德與創造經濟繁榮》使法蘭西斯・福山（Francis Fukuyama）再一次向世界展示出睿智的眼光和深邃的思考。按照作者自己的説明，這是「接着我自己的《歷史的終結與最後的人》寫一本關於經濟方面的書」。出版 20 年來，這本《信任》沒有像《歷史的終結》那樣譽謗交加，或許因為這是一本更具專業性的學術著作，或許本書的標題不像前本那樣帶有較強的判斷性質，亦或許讀者難以僅憑書名就快速貼上意識形態的標籤。

全書分為五個部分，共 31 章，可謂厚重之作。開篇的第一部分即明確道出主題：信任作為文化理念在經濟社會塑造中的作用。這是福山立足於「歷史終結處的人類處境」所進行的探究，與終結或許多人認為尚未終結的歷史有着內在的接續性。歷史終結處，人類仍面臨愈發複雜的現代生活和社會問題：「各國體制都趨向民主資本主義這一模式，但這並不意味着社會將不再面臨各種挑戰。在這個特定的體制構架中，有些社會富裕，有些則陷於貧困，民眾對於社會生活和精神生活的滿意度也有高有低」（頁4）。以「美國的問題」為例，福山認為困境「源於美國人對自身社會以及其長期以來的共同體傾向缺乏正確的認知」，其實這也是人類已經或即將面臨的根本性問題。這些

---

* 本文原載於福山《信任——社會美德與創造經濟繁榮》（中譯本）導讀。

問題需要從社會結構中尋找解決之道，所以福山從經濟活動入手，進而漸次推進到社會、文化、制度，並將諸結構性要素加以通盤考量。

人們發現，信任與產業結構和大規模組織的創建密切相關，而後者對經濟繁榮和競爭力至關重要。探討信任對經濟發展的作用，即信任程度與經濟績效的關係，福山是通過對不同國家的比較研究進行的，其中低信任文化的代表國家是中國、意大利南部、法國；高信任文化的代表國家則包括日本、德國和美國；而無論哪一類國家，又都同中有異，無不具有各自的歷史、文化、制度和經濟的特點以及這些因素相互作用的錯綜複雜過程。

信任，是經濟的更是社會與文化的主題

福山指出：雖然「今天所有的政治問題都圍繞着經濟問題」，但「經濟立於社會生活中，若要理解經濟，則必須要了解現代社會如何進行自我組織這一更為宏觀的問題，二者不可分離(前言頁i)。在本書的第二、三、四部分，作者討論並比較分析了四個低信任社會即家族式的社會——中國、法國、意大利和韓國，兩個有高度信任的社會——日本和德國，以及在信任譜系中較難定位的美國社會。通過一些重要變量，比如家族色彩、企業規模、信任範圍、管理權特點、轉型過程及企業競爭力等的分析，作者提出人類社會性的兩大橋樑——家庭和非親屬關係的共同體，決定了信任的範圍和程度，也極大地影響了企業運作的成本和競爭力乃至經濟活動的特點。

具體而言，像日本和德國這樣有着高度信任和社會資本的社會，能夠在沒有國家支持的情況下創建大型機構；美國和

德國私有企業的規模要遠大於意大利和法國。雖然中國人、韓國人和意大利人都重視家庭、家族，但日本和韓國擁有大型企業和高度集中的產業，相形之下台灣和香港的企業規模就要小許多。這當中，高度信任的社會（例如德國、日本和美國），與豐富的社會資本——也就是創建大型私有商業機構的能力——之間有着相關性。相反，在相對低信任的社會，如台灣和香港地區、法國以及意大利，一般來說充斥的都是家族企業。進而，企業規模的確會影響到一個國家具體能夠參與全球經濟的哪些部分，並且從長遠來看會影響一個國家的整體競爭力。此外，大型公司對於創建大品牌背後的市場營銷公司也是必需的，不難發現，世界上最著名的品牌名無一例外都來自能夠組建大型組織的國家，反之，人們很難找出一個小型中國企業創建的品牌（頁27–30）。可以說，企業規模、著名品牌、結構位置和整體競爭力，都是信任程度的體現和文化傳統的表徵。

人的經濟活動嵌入於社會關係，是社會科學經久不衰的重要命題。經濟人類學家卡爾•波蘭尼（Karl Polanyi）早在對19世紀英國史的考察中就提出「能動社會」（active society）的概念。他指出，人類的經濟生活原是嵌入於非經濟的制度和社會關係之中的。當市場邏輯全面滲透於人類生活時，與市場擴張相抗衡的則是社會的自我保護運動：面對市場的侵蝕，社會本身展開動員，產生出各種社會規範和制度安排，諸如工會、合作社、爭取減少工作時間的工廠運動組織、爭取擴大政治權利的憲章運動，以及政黨的初步發展等，以此來抵禦和規制市場。這種對市場過程做出積極回應的社會就是「能動社會」[1]。能動社會的概念並不是要否定市場經濟，而是反對市場化、商品化滲透

1　卡爾•波蘭尼，《大轉型：我們時代的政治與經濟起源》，浙江人民出版社，2007年。

到社會的方方面面，成為人類生活唯一的組織原則。福山對經濟活動的理解正是從現代社會如何進行自我組織這一角度展開的，不難判斷：比較健全的法治和比較健康的社會是市場經濟得以正常運行的基礎與條件。

人類自組織的共同體是信任生成的園地，而與此不可分離的是更為內在的市場關係中信任的文化基礎，也就是福山同時要探討的信任基於什麼理念。他指出：經濟行為是社會生活中至關重要的一環，它由各種習俗、規則、道德義務以及其他各種習慣連綴在一起，塑造着社會（頁7）。亞當·斯密（Adam Smith）對此體悟甚深，經濟生活是社會生活中緊密不可分的一部分，要理解經濟行為，就不可能將其與習俗、道德觀和社會習慣分割開來。簡而言之，它不能與文化脫節。（頁13）

在福山所分析各國案例中，都表現出「經濟參與者互相支持，是因為他們相信，彼此之間已經構建出一個基於相互信任的共同體」。而「每一個案例中的共同體都是文化共同體，基於每一個共同體成員內心中的道德習慣和道義回報」（頁9）。

相反的案例則表明：信任的匱乏則會使經濟徘徊不前，還會引發其他社會問題。由此，福山引出社會學家詹姆斯·科爾曼（James Coleman）的「社會資本」概念：即群體或組織內部的人們為了某些共同目標而合作的能力。這類結社的能力取決於共同體內規範和價值共享的程度，並且它能讓個人利益服從全體利益，進而價值共享締造信任，而信任則具有巨大的且可衡量的經濟價值。（頁10–11）如若「社會資本」匱乏，則導致相反的過程：信任關係難以建立，經濟運作成本上升，市場活力嚴重不足。對於為什麼資本主義與民主制度有如此緊密的聯繫，社會資本的概念也給出了清楚的解釋：在一個健康的資本主義經濟中，應該有足夠的社會資本支撐整個社會，使企業、公司、網

絡組織等等能夠自行組織起來。這種自我組織習性也正是使民主政治體制順利運轉的必要條件。只有建立在民眾自治之上的法律，才能將自由制度轉化為有序的自由(頁330)。

福山概括說：「社會資本根植於文化，它是信任的熔爐，是一個經濟體健康與否的關鍵」(頁31)。而「社會資本的積累是一個極其複雜甚至可以說是神秘莫測的文化過程」(頁11)。

福山進一步闡釋：我所定義的文化有着文化和社會結構兩方面的含義，文化是傳承下來的倫理習慣。文化或許可以用排除法來理解。它不是理性選擇，選擇受文化影響，且來源於習慣」(頁32)。這一定義令人想起佛烈德利赫・海耶克(Friedrich Hayek)所言：「觀念的轉變和人類意志的力量，塑造了今天的世界」[2]。文化、觀念在社會科學中似乎總是最含糊曖昧難以捉摸的，從經濟過程到文化過程也是從硬到軟，從實在走向微妙，其實經濟、社會、文化之間本來是互嵌互動、難解難分的，應該說它們共同塑造了今日的世界。

不同社會文化中的人在經濟活動中的表現會很不相同。福山發現，華人文化的社會中大型、科層制、公共持有、專業管理的法人團體(公司)不存在，他們難以信任自己家族和親屬群體之外的人。華人無法想像信任一個陌生人而不是與自己有關係的人；他們也會覺得德國人、日本人的遵規守約近乎機械刻板；而德、日人也無法理解並且鄙視中國式的一盤散沙和窩裏鬥；「鷹隼不群」個人主義至上的美國人學不來日本人基於普遍社會信任的精益生產(just-in-time)模式。這樣的差異不勝枚舉。我親身經歷的一次小小事件也頗耐人尋味：許多年前一次在倫敦街頭一個不起眼的路邊小店為打道回府而購買物品，在英倫

---

2 佛烈德利赫・耶克，《通往奴役之路》，王明毅等譯，中國社會科學出版社，2013年。

友人的陪伴下選中一個 Nike 牌的雙肩背包，付過錢後，我幾乎是無意識地問了一句：這是真 Nike 還是假 Nike？友人和店主對這個問題都大惑不解，深表驚詫，睜大眼睛問：「為什麼要造假的、賣假的？那不是等於自尋死路嗎？」。這時我才意識到我習慣性地問了一個非常中國的問題——身處山寨產品盛行的「市場」文化中再普通不過的問題，而西方的經營者和消費者對這種問題卻完全沒法理解。原因在於我們的社會信任結構全然不同，我們與他們處在非常不同的市場環境和制度背景下。

信任，源於良性的政治生態（制度環境）

福山的論述在傳統信任和現代信任的區別與轉換上着力甚多，他比較了各類國家傳統社會關係與文化觀念的特點、信任的不同範圍與程度、以及傳統社會組織轉變為現代法人團體的過程，這些特點與過程決定了各國經濟組織、規模和成就的迥然有別。

簡而言之，傳統信任與現代信任的區別體現為人際信任和系統信任。不難理解，現代社會的信任主要來自於系統信任。系統信任是指陌生人之間能夠建立起的信任，通常來自於對權威的信任，即對有合法性的公權力的信任；對專業體系的信任，即對有專業知識和規範的專家系統的信任；對規則的信任，即對法律、規則、制度的信任。系統信任中，對法律、制度的信任最為重要。福山指出：

> 依韋伯之見，現代經濟世界的形成與契約的興起同樣有密切的關係。產權法、契約和穩定的商業法體系等制度的發展，是西方崛起的關鍵所在。如果說規則和契約對現代商業來說普遍重要，那麼同樣顯而易見的是，在現代工廠，規則和契約離不開對信任的需要。（頁 201–203）

不僅在經濟領域，系統信任對政治生活與社會生活能否正常運行同樣不可或缺。在共同體規模不斷擴展乃至日趨全球化的今日世界，經濟、政治、社會生活都變得愈加多元和複雜，人際信任向系統信任的轉變勢在必行。

> 那些堅持人人生而平等的國家必須使更多不同信仰、不同道德標準的人走到一起。代替道德共同體的是法律，代替自發性信任的則是正式的平等和合法訴訟程序。
> （頁230–231）

系統信任的崩解會導致整個社會生態的惡化。這種亂相橫生的狀況在我們非但不陌生，而且感同身受。從五花八門的造假術，到層出不窮的詐騙案；從有毒有害的農產品，到含三聚氰胺的嬰幼兒奶粉；從貪腐程度不斷打破健力士紀錄的高層大老虎，到摔倒病倒街頭無人敢扶的老頭老太……我們的社會信任跌落已經達到何種程度？人人做事事都提心吊膽，人人自危，把任何對方都看成不懷好意的騙子，稍不留神就會上當吃虧，而且也確實不斷地上當吃虧。系統信任的失敗也可波及到傳統人際信任：即使是熟人、朋友甚至親屬也難以信任，傳銷中的「殺熟」之舉已經屢見不鮮。人們驚異，難道我們成了一個相互提防甚至相互加害的社會嗎？

人人都必須「精明」之極才能生存得好一點，恰恰反映了制度層面的問題。沒有運行良好的制度與規則的保證就只能依靠個人的精明和算計，這樣的市場環境、生存環境會讓生活於其中的人們不堪其累，而且風險頗高，社會各階層都會感覺不安全；原因在於基本的信任結構出了問題，交易成本高得驚人。試想一旦該由制度和規則承擔的設計、籌劃、安排和計算都得由個人承擔了，這個社會的運行將會多麼艱澀，多麼彆扭。誰都承認中國人絕頂聰明，老謀深算，甚至稱得上詭計多端，善於「打擦邊球」，鑽制度和政策的空子。但是別忘記，絕對理性

的個人加在一起完全有可能成為非理性的社會。當人人都被迫成為「精明人」的時候，整個社會的理性和智力便會衰落。一個喪失了智慧只會取巧的社會必定是小人得志的社會。我們不妨想一想在這種情況下我們得到了什麼？失去的又是什麼？究竟是得到的更重要？還是失去的更有價值？

任何體制的社會都存在各種各樣的風險，風險來自於經濟活動、社會交換中的種種不確定性，也來自於人性的各種弱點。法律、規則的設立基於「人是靠不住的」、人是有弱點的，而好的制度則會最大限度地抑制人性中的惡，引導人性向善向上。長此以往，久而久之，習慣成自然，人們對契約、信用和應有的行為方式達成共識，認為理應如此，不再感到規則的束縛。反之，制度、文化與人性若進入惡性循環，信任的垮塌就加速進行。不遠的例子可舉出郭美美與紅十字會事件[3]，一個社會中，人們失去對商品、市場的信任不足為奇，他們認為資本的本性就是牟取利潤；人們失去對官方的信任也不難理解，不受制約的權力必然作惡；然而人們一旦失去對慈善機構的信任，就說明社會信任的潰敗已經到底了。

一個信任結構崩塌的社會，必然是惡人當道，小人得志，沒有誠信，不講聲譽，缺少敬畏，泯滅信仰，而人人都要為道德淪喪埋單的社會。謀利型權力（爭奪利益；放棄責任）所形成的制度條件，造成了制度、文化與人性的惡性互動，致使整個社會相互欺騙、相互「投毒」——商家、廠家欺騙消費者，教

3　2011年6月，自稱「中國紅十字會商業總經理」的郭美美在微博分享其奢華生活，包括別墅住所、名貴跑車、其母親的名牌手袋、乘搭飛機頭等艙等。郭美美的奢華生活引來公眾猜測，質疑其財產來自中國紅十字會的公眾捐款。其後中國紅十字會澄清該會並沒有商業總經理一職，亦沒有名為郭美美的員工。而郭美美承認其頭銜純屬貪玩杜撰，她的財產來自「乾爸」——前中紅博愛董事王軍。

師欺騙學生，公僕欺騙百姓，所有人欺騙所有人。於是從官員到民眾，從精英到平民，從上層到底層競相沉淪，加速度地墮落。這種平庸而普遍的惡是如何形成的？有人歸結為人性，有人歸結為信仰（文化），有人歸結為制度。三者雖是互動互構的關係，但破解惡性循環還須從制度入手，好制度造就好德行、善人性，道德的自覺基於自由。我們需要探討如何以公平正義為基礎，建立一個能夠激勵人性中的善、抑制平庸之惡，使社會成員能夠免於在警惕、懷疑和恐懼中生活的制度。簡而言之，重構道德的社會基礎和制度基礎才是解決之道。

福山的研究從制度層面提供了建立系統信任的政治資源，其政治理念與《歷史的終結》緊密銜接。福山指出：

> 政治經濟體制的極大趨同已然在世界範圍內發生。本世紀初，各國因為意識形態的鴻溝而對立。今天，幾乎所有的發達國家已經或準備採用自由民主的政治制度，與此同時，世界大部分國家轉向市場導向的經濟，並融入資本主義的全球性分工。他們都堅信自由主義政治經濟體制的活力源於健康且多樣化的公民社會。歷史終結處人類制度的萬法歸一讓我們可以斷定，在後工業社會，通過野心勃勃的社會工程實現更進一步的改善是不可能的了。今天，幾乎所有嚴肅的觀察家都不再寄望於社會工程，他們都堅信自由主義政治經濟體制的活力源於健康且多樣化的公民社會。（頁4-5）

基於各國的歷史與現實，特別是經濟生活與經濟發達水平的比較，福山此書的核心觀點，正如他在《歷史的終結與最後的人》一書中指出並在此強調的：

> 我論述了人類的歷史進程可以理解為兩大力量的共同推動。第一種力量是理性的欲望，在這種欲望下，人類企

圖通過財富的積累來滿足自己的物質需要。第二種力量也是歷史進程中同樣重要的動力，即黑格爾所謂的「尋求承認的鬥爭」，也就是說，所有人都希望自己從根本上作為自由的、道德的存在而被其他人承認……只有他們得到恰如其分的評價時，才會感到由衷的自豪。這種尋求承認的欲望是人類精神中異常強大的部分。(頁332)

這種對「承認」的追求是人區別於動物的根本屬性。每個人類個體都尋求他人承認自己的尊嚴，的確，這一驅動力是如此之根深蒂固，如此之不可或缺，以至於成為整個人類歷史進程的引擎。(頁6-7)

　　經由比較，福山認為：資本主義與自由民主之間相互依存的重要關係變得更加明晰。現代自由民主國家為了滿足人們尋求承認的欲望，將政治秩序建基於普遍且平等的承認原則之上。但是在實踐中，自由民主之所以能夠運轉，是因為尋求承認的鬥爭以前是在軍事、宗教或民族主義的平台上展開，而如今則是在經濟層面上展開。(頁333)正是在達到一種相對穩定的社會均衡的意義上，它構成了歷史的終結。相比於包括了奴隸制、君主制、貴族制、共產主義體制、法西斯體制等在內的歷史上的各種其他制度，一個既包含「自由」也包含「民主」的制度，由於具有糾錯改善機制，能夠達成權力制衡而延續至今，並且成為世界上大多數國家最終的選擇。

　　關於信任的建立與制度本質的關係，福山也留下了一個有待探究的問題。他認為，成功的資本主義經濟顯然是穩定的自由民主制度非常重要的支柱；當然，資本主義經濟也有可能與威權政治體制共存，譬如今天的中國大陸、從前的德國、日本、韓國、台灣地區和西班牙(頁329)。這一共存現象促使我們進一步思考：市場經濟可與威權政體共存，這在實踐中已經存

在;但是所謂市場資本主義能否與極權政體共存?二者之間是否為水火不相容的相悖關係?若能共存,其內在機制和邏輯又是什麼?相互糾纏中它們各自又發生了什麼變化?這樣的社會其未來走向如何?

回到信任的問題上,無論從理論上還是從實踐中,我們都不難理解,系統信任是對制度的信任,而強權之下沒有真正的信任。人們對於權力的迷戀、依附、崇拜、懼怕,都不是信任。

信任的擴展有賴於社會資本的積累與社會的生長

福山認為,任何一種經濟行為,從開乾洗店到生產大型集成電路,無一不涉及人與人的社會合作,自由主義政治經濟體制的活力源於健康且多樣化的公民社會。(頁4–5)

眾所周知,現代社會是信用社會,現代經濟是信用經濟,帶有普遍性而不僅僅是繫於特殊關係的信任是現代社會生活的基本紐帶。然而,在福山看來,

> 歷史終結處所誕生的自由民主制並非完全是一個「現代」產物。倘若民主和資本主義體制要想順風得水,必然要和某些前現代的文化習俗和睦相處。法律、合同和經濟理性是後工業社會穩定和繁榮的必要而非充分條件:它們必須和互惠、道德義務、共同體責任以及信任一起孕育發酵,而這些因素往往根植於習慣而非理性計算。對於現代社會而言,這些因素絕非明日黃花,而是其成功的先決條件。(頁12)

信任與自發社會性的關係的討論可由一個似乎存在悖論的問題引出,福山以美國為例:以權利為基礎的自由主義持續發

展，權利得以全面擴張以對抗幾乎全部現存共同體的權威性，而最終，個體化發展的結論也就不言自明。美國社會在很多方面都變得愈發個體化，美國人也必然感受到價值共享和共同體精神的匱乏。這種社會的多元化「弱化了內部信任，給相互合作添加了新的障礙，因此美國各類組織之間建立合作會變得愈發艱難。」（頁11）

對於這樣似乎矛盾的民族性格，福山給予的解釋是，美國人有着結社生活的習性，這對強有力的個人主義傾向構成了某種平衡；美國的民主和經濟之所以取得如此成功，原因不是依靠單純的個人主義或共同體主義，而是因為這兩種對立傾向的互補。「鷹隼不群」的美國人卻又能夠「循道合群」（頁251）。

與市場經濟、民主政治鼎足而立的公民社會，其重要意義由此而突顯。與此形成對照的是：極權工程所設想的，是對獨立的民間社會的完全破壞，並另創造一個完全圍繞着國家的社會主義新社會（頁334）。這個所謂新社會與福山所説的自發社會和社會學意義上的公民社會有着本質的區別，其根本不同在於被組織還是自組織。

事實上，社會資本與自發社會不僅對經濟而且對政治都是不可缺少的。

社會性是對自治政治體制的重要支持。（頁301）

與企業一樣，民主政治體制的有效運轉同樣基於信任，社會信任的降低將需要更多的政治干預，以及制定更多法規來規範社會關係。意識形態和體制之爭已經落下帷幕，從今以後，社會資本的保存和積累將成為關注的焦點。（頁335）

市場、社會、權力之間的互動與制衡關係將成為不能不面對的重要議題：自由主義政治經濟體制的活力源於健康且多樣化的公民社會；一個蓬勃發展的公民社會根植於民眾的習慣、習俗和道德品行。而這些特徵只能通過有意識的政治行動來間接改變，抑或是通過提高文化意識和對文化的尊重來滋養。（頁4–5）在其中，信任，成為支撐共同體的基礎和共識，缺少了相互信任，共同體不可能自發形成。三足鼎立的市場、社會、權力關係能否達到相對均衡相互制衡，影響到社會信任能否持續，決定着社會生態的優劣。這是每個社會都不得不面對的。中國社會現階段的信任危機已經非常明顯：人與人之間、不同的社會群體之間各存戒備，體制內外互不信任，官民之間尤為猜忌，整個社會的信用鏈條相當脆弱。當一個社會中最基本的信任結構都崩解之時，社會活動的交易成本就會高得驚人，社會運轉會異常艱澀，矛盾衝突也會頻頻發生。這些都是上述三者關係嚴重失衡的後果。

　　信任與組織創新是福山探討的又一重要話題。他指出，人類必須學會如何相互協作，之後才能創造財富，如果還想要有進一步發展，則必須創建新的組織結構（頁44–45）。自工業革命以來，組織創新一直扮演着極為重要的角色，正如道格拉斯•諾斯（Douglass C. North）等所言：「高效的經濟組織是增長的關鍵；西歐高效的經濟組織的發展成就了西方的崛起。」這樣的組織不僅包括各種企業、公司、跨洋商貿、生產運營模式、「經連會網絡」等經濟組織，也泛指豐富多樣的社會與文化群體、公民社團，在今日還應加上互聯網時代的網絡社區。

　　自發社會與組織創新的關鍵在於自發、自主、自治的主體性。簡而言之，自發社會形成的根本在於社會主體性的培育，

尤其是自組織的社會生活的培育與公民的成長。社會的形成不應是權力主導的過程，也不是權力或市場對社會的佔領；也不能簡單地歸結為促進各種社會事業的發展、社會管理機構的強化和社區建設的實施；而是充分發揮社會自身的主體性，即自治意義上的公民社會和能動社會的建設。社會的自主與自治實際上是形成合作與社會有序運行的重要機制和途徑。

無論如何理解歷史是否終結，無論如何想像信任何以存在，福山的思考都沒有停止。他的目力仍在時間與空間中伸展，縱橫捭闔，通達透徹。

> 今日世界，經濟增長、社會變革與自由民主制意識形態的支配力量大致互為表裏。而且，在此刻，尚未有講得通的意識形態浮現，足堪與民主思想相匹敵。這固然並非意味着突尼斯、埃及或利比亞正走在通往良好民主制的坦途之上，卻也暗示着政治自由及政治參與絕非歐美文化的獨特癖好。[4]

亦如福山前不久在多倫多大學演講時所指出的：

> 西方民主整體處於低潮和衰退（decay）之中。但是，有民主的替代品嗎？
>
> 即便你相信現在上面坐着個好皇帝，但是你這個體制有什麼辦法防止出現壞皇帝、或者說能一直保障好皇帝的供應呢？根本沒有辦法，這一點是這種體制最致命的問題。

讓我們還是着眼於社會。自發社會是信任生長的土壤，這種生長的力量不可能永遠被阻擋。社會資本的積累與自發社會

4　福山，〈歷史的未來──自由民主制能否在中產階級的衰微中倖存？〉，《東方歷史評論》，第1期。

力量的形成是一個生長的過程，這一動態過程將不僅帶來經濟的活力，也會帶來政治的活力，並將抑制因靜止固化而導致的腐敗，而其自身也會在這一過程中獲得蓬勃的生命力。生長，不斷地生長，這可能是我們走出信任困境的真正出路，這也是人類的希望所在。

2016 年 1 月 5 日

24 最美是自由

由張耀傑的《民國紅粉》
談女性的自立與自由

《民國紅粉》中描述女性凡 22 人，雖然她們的家世、性格迥異，遭際、命運不同，但在那個新舊交替、傳統與現代相互糾結的時代中，卻都是些非凡的女子；或者不如說，她們都在中國現代史上留下了難以抹去的色彩，是為民國紅粉。

悲劇源於不自立

諸紅粉中，且不論那些「殉情殉道」、「絕情獨身」、「生離死別」之種種，即使擔當了大任或開創了先聲抑或擁有萬貫財富或才情文采的「成功」者，也都不免多少為某種悲劇色彩所籠罩，「紅顏薄命」似乎有着更為廣義和普遍的內涵。

不言而喻，在一個傳統桎梏雖已開始鬆動但仍為專制男權統治的社會中，女性的悲劇幾乎是不可避免的，更何況男性又何嘗不在悲劇之中。女性的悲劇命運常常被歸結為來自於不獨立、不自由，即依附於某種外部力量以及在長期依附中形成的依附性人格。傳統的可依附力量可以是家族、父兄，丈夫和夫家，也可以是權力、金錢；無論依附於誰都不是一種獨立存在狀態。而弔詭的是，在社會變革過程中，那些促使女性擺脫依

* 本文原載於《財新周刊》，2014 年第 16 期。

附、走出家庭羈絆的力量──革命、組織，或者革命組織的化身，本身又成了依附的對象。於是，「女性解放」有時不過是依附對象的轉換，女性由一種附屬品轉變為另一種附屬品，其作為花瓶、工具或可供驅使的力量的性質並未改變，甚至可能由此而陷入更深的悲劇性淵藪。書中的劉清揚、蕭紅等可謂從一種依附轉換為另一種依附的典型人物。

女性若要去除依附性、成為獨立自強者是需要一定的條件和資源的。是否擁有資源和擁有何種資源決定了她們在自由之路上能夠走多遠。各種條件資源中首要的是經濟方面的資源和能力，試想作者最為讚賞的張幼儀若是一位缺少經濟支持的文藝女青年，是否能夠撐住了自己和孩子，也撐起了婆家、娘家兩個家族？民國時代，工商社會開始繁榮，資源條件相對增加，選擇的空間也相對較大，這些為個人能力、學識的發展提供了可能性。當然，除了經濟和社會條件，更為重要的還是自身的因素：理念，能力，修為，身心的強大。可以這麼說，沒有資源很難獨立，有了資源未必獨立；前者如李超，蕭紅，後者如劉清揚，廬隱，即使強大如張幼儀這樣的女性，最終也未能完全脫離家族、父兄的制約和自身理念的束縛。更不用說比如蕭紅，幾乎是碰上誰就跟了誰，但即使是革命青年，也終未能讓她自強自立，自由自主地生活哪怕一天！作者用了「情癡作家的錯愛人生」來概括蕭紅，其實根本原因不在「錯愛」，不在遇人不淑，而在無法自己安身立命。

被解放不是真解放

女性解放是民國以來的重要議題，直到今天仍未完結，不對，應該是仍未能真正展開。民國初開，自由之風東漸，紅粉們開始追求解放──獨立，自由，新生；許多人甚至用自己的青

春和生命來進行這一追求，但仍未能掙脫「娜拉走後怎樣」鳥籠子。女性解放還存在一個很大的誤區，就是人們通常認為一場革命的勝利、一個新制度的建立或一個政權的更迭能夠帶來真正的婦女解放。這種解放的標誌通常是女性走出家庭，擺脫傳統角色的束縛，在城市中參加工作，在農村中參加集體生產勞動，與男人平起平坐，「時代不同了，男女都一樣」，「婦女能頂半邊天」等等。這一解放過程甚至被一些男權主義者認為已經過頭了，說「現在應該是解放男人的時候了」。

「革命等於解放」、「女性解放過頭了」的説法之所以不對，就現實而言是因為其脫離中國社會的實際情況；我們不能僅僅看到女性受教育比例、女性就業比例有明顯提升的數字，還必須看到最能體現性別是否平等的人口出生性別比[1]，118甚至超過120的數字是無法視而不見的；就道理而言，我認為這種解放其實是一種幻象，原因在於所有真正的解放都是自己爭取來的，而不是被恩賜的；解放是自我解放，否則就不是真正意義上的解放；一如被冊封的「領導階級」也不是真正的工人階級為同樣道理。

美國「性學家」蘇三（Susan）女士在比較了中西男女的一些特點後認為：

> 中國男性的性行為更傾向於「等級觀念」，從一個男人的自我角色出發，從這種性關係中得到認證自我存在感。值得注意的是，這類人與上級和同僚同去做這類事情的佔很大比例，西方人則不會這樣。通俗一點講，西

1　性別比是統計人類社會男女性人口比例的指標，新生嬰兒性別比一般約為103–107，即每100位女性對103–107位男性。2000年，中國新生嬰兒性別比為119.2，屬男女比例嚴重失衡。2014年，中國新生嬰兒性別比降至115.88。

方男人糾結於靈與肉之間取捨，而中國男人糾結於地位
與肉體之間。

在中國做女人不容易，作美女更難⋯⋯美麗被從這個女
人身上剝離出來，成為一種為男人利用的工具，失去了
獨立人格，這種心理狀態依然普遍⋯⋯相比之下，西方
女性可以選擇的餘地更大，在西方做個美女不會太難。[2]

被解放仍然是一種工具化過程，因而完全可能成為新的
壓迫。民國時代不乏追隨甚至積極參加革命的女性，但許多卻
在革命洪流中被沖刷得傷痕累累以至完全失去了她們開始所追
求的個性、自我，甚至被消蝕了女性與人性，上演了無數場悲
劇。1949年之後的農村女性也有着同樣的「解放」過程：參加集
體生產勞動與政治運動，並不意味着與男性的平等，而只是從
家庭、宗族的附屬品變成集體和國家的工具，而且是低一等的
工具。這種「解放」的邏輯體現的是意識形態的建構與宰製，造
成了女性解放的話語、解放的實踐和解放的感受之間有着巨大
的反差。

女性解放的歷史與現實有助於我們思考中國政體的性質，
其父權本質顯著而且從未改變。只要這一性別政治的根本不
變，權力就依然是毒藥，也是春藥；女人是工具、是花瓶或者
是禍水的不公正狀態就不會有根本性的改變。

女權與人權當同步前行

性別不平等是權利不平等的突出表現，因而，真正的女性
解放必須與爭取人權、即人的解放和自由同步前行。近年的一

---

2 參見網絡文章〈美國女「性學家」評說中國男人性心理〉，載 http://club.kdnet.net/
dispbbs.asp?boardid=1&id=9835823。

次中國婦女地位世界排名佔到第 28 位（按照三套指標：人文發展指數 HDI；性別發展指數 GDI；性別賦權指數 GEM）[3]，這很是讓一些人感到驕傲的；但不能忽略的另一個排名是中國人權狀況的世界排名，總在 100 上下[4]；人們不禁會問：何以可能在人權狀態如此的情境下女性地位獨高？

中國文明自帝國專制確立以來就依奉一種成王敗寇的法則，這一文明的基本邏輯之一就是膜拜強權，崇尚暴力，與現代政治文明有着相當距離。這一邏輯不改變，則女性解放無可期待。不獨女性，強權之下，整個民族失去了陽剛之氣：獨立、自主、自由、奔放、主動、創新的氣質大都在被剿滅之列；而懦弱、猥瑣、犬儒、陰柔、諂媚等奴性奴相卻因強權和實利的滋養而瘋長起來。強權的剝奪和壓迫造成人的工具化，人性的麻木和喪失是根本問題，簡而言之，中國的根本問題是要拿人當人的問題，而不僅僅是男人或女人的問題。因此，在中國社會的現實中，爭取女權的鬥爭與爭取人權的鬥爭本是同一過程，同一方向，女性爭取平等權利與男性爭取平等權利的指向不是對方，而是施加壓迫的強權。在這一過程中，無論女性還是男性，作為公民都需有所擔當，都要成為行動的主體、意識的主體，在追求和保護權利的過程中才有真正的女性解放和人的自由。

《民國紅粉》的作者以深入細緻的考據功夫，呈現民國時期諸多女性人物的家國傳奇，志在剝去偽造歷史的外衣，重新認識歷史，無疑是值得稱道的。但在「考察歷史人物及歷史事件

3　李銀河，〈中國婦女地位世界排名第28位〉，中國新聞網，載 http://www.chinanews.com/cul/2010/06-30/2371617.shtml。

4　見〈挪威人權狀況全球第一　中國排名進步最大〉，載 http://internal.dbw.cn/system/2009/10/06/052142040.shtml。

的局限性和幽暗面」[5]之時，剖析之筆更需指向造成大多悲劇的內在緣由。作者認為許多民國女性就其人性表現而言「是不達標的」，亦有評論者將作者的歷史考證視作「剝洋蔥似的，毫不留情地把這些革命話語或者主流話語中的光鮮人物，剝光給我們看」[6]——「她們就是打着女性解放的招牌，給自己低劣的生物本能與情欲放縱找個冠冕堂皇的美好藉口而已」[7]。我以為這樣的「剝皮」有失厚道，而且並無意義。歷史學者應該做的是呈現真相並尋找悲劇和苦難的結構性根源，而不是對個人進行道德化譴責。細品之下，紅粉當中，多是可憐之人，而被作者批評最多的蕭紅其實堪稱最可憐者。

獨立自強的女性最美，人的解放和自由路途遙遠……

2014 年 4 月 6 日

5　李對龍，〈民國的「娜拉」們——評張耀傑《民國紅粉》〉，中國作家網，載 http://www.chinawriter.com.cn/wxpl/2014/2014-04-08/199270.html。

6　端木賜香，〈扒開蕭紅的洋蔥皮——談張耀傑《民國紅粉》〉，載 https://m.chuansongme.com/n/300631。

7　同上。

邁向文明方為正途

25 洞悉共產主義制度及其轉型

轉型社會學論綱

　　今天中國正在經歷的重大變遷被稱之為社會轉型（social transformation）。轉型的過程始於改革開放以來從原來的計劃經濟體制向現代市場經濟體制的轉變，而基本涵義當然包括了經濟、政治、社會和文化的制度性變革，特別是現代化的社會轉型與走向憲政民主的政治轉型。轉型社會學的主旨在於從一種文明以及文明比較研究的視野關注社會轉型，透過轉型過程中的種種社會事實，發現並揭示其中的社會結構關係、社會運作的機制和邏輯，特別是作為社會主體的實踐者的行動與力量，為理解文明及其轉型提供洞見。

從文明的視野理解社會轉型

　　正如孫立平指出的，一種文明，只要在人類歷史上佔有一個重要的位置，無論它最終的命運如何，都會對人類的智慧構成嚴峻的挑戰：這種文明是怎樣產生的？它從文化到制度是怎樣運作的？它的獨特之處在哪裡？它又將向何處去？[1] 中國的共

---

*　本文經與孫立平、沈原討論磋商而形成；亦體現了清華大學社會學系社會轉型研究多年來的基本思路與踐行方向。

**　本文原載於《二十一世紀》2015年第6期。

1　孫立平，〈從工廠透視社會〉，《中國書評》總第3期，1995年，頁97–109。

產主義治理模式，是不同於資本主義的在人類歷史上產生重要影響的一種文明形式，我們曾經並且依然處於這個文明的影響之下。作為社會研究者，我們所面對的是一個在人類歷史上堪稱獨特的、擁有最多人口的、對世界格局有着重要影響的社會以及它的大轉變。這個社會生成於前現代即傳統的農業社會，經歷了極為獨特的被稱之為「社會主義」的長達半個多世紀的歷程，而今天又處在探索發展之路的重大轉型過程中。勿庸諱言，對這個相當獨特的文明，我們少有對其內在的結構和精密微妙的運作機制的解析，更缺少從整體文明層面上的反思。

「文明」（Civilization）這一概念通常被理解為宏大的、形態完整並且發展到相當高水平的文化與社會。有人可能不同意將「共產主義文明」用於1949年以後的中國社會，認為這一段歷史時間不夠長，而原屬「共產主義陣營」的國家大都在半個世紀內就發生了解體、重構或者改革，走上了資本主義的發展道路。有鑒於此，我們不妨先就有關文化與文明的概念進行解析。將「文明」與「文化」對應地看，是因為二者在實際使用中處於不同的「級別」。「文明」通常是指社會與文化發展到較高階段的狀態，是相對於「原始」、「蒙昧」、「野蠻」狀態的人類社會進化的產物。然而我們同時也應看到，文明是一個過程（Process），是動態的和相對性的概念；特別是這一相對性體現為不同的社會、文化對於「文明」與「野蠻」的分殊有着各自不同的理解。將自己定義為文明人和文明的中心是諸多文化中的常見現象。因而，我們若從社會人類學的文化概念的角度來理解「文明」，就不難體會到這一明顯褒義性的概念其實如同許多文化概念一樣也是社會認知和文化定義的結果，表達了潛意識中的自我肯定和自我認同。

諾博特・埃利亞斯（Norbert Elias）在《文明的進程——文明的社會起源和心理起源的研究》一書的開篇即指出：與社會長期

朝着某一方向「發展」相伴，人的行為和經驗，個人情感以及從某種意義上來說人的所有行為的構成也會朝着某一個方向變化。對這種變化的解釋往往是：自己所處的國家的人比以前「文明」了，其他國家的人「不文明」，甚至比自己國家的人「野蠻」。在這本探討「文明人所特有的行為方式」的書中，埃利亞斯目光犀利地一語道破：文明這一概念表現了西方國家的自我意識，或者也可以把它說成是民族的自我意識。它包括了西方社會自認為在最近兩三百年內所取得的一切成就，由於這些成就他們超越了前人或同時代尚處於「原始」階段的人們。他還特別指出，在英、法兩國，「文明」一詞集中地表現了這兩個民族對於西方國家進步乃至人類進步所起作用的一種驕傲。而「有教養的」一詞與文明概念非常接近，它是文明的最高形式[2]。

埃利亞斯對「文明」與「文化」概念的社會起源的論述，更清楚地表明「文明」概念在人們的使用中和由使用而顯示的認知意義，那就是對自己所屬的文明賦予宏大、高級、美好、理性和獨特的優勢意義。而若從一種中性、現實意義上理解文明，它不僅應包括人類創造的物質文明、思想文化傳統，更指人們每日踐行的生活方式和實際的社會運作邏輯。

以中性的文明概念來看待共產主義文明，首先，不難了解，社會主義中國是建立在傳統農業社會基礎之上的，而那個農業文明古國恐怕沒有人不承認是與其他幾大文明並列的中華文明。而所謂新社會不是原有文明的中斷，更不是退回到「原始」或「蒙昧」時代。就此而言，稱共產主義為文明並無褒貶之

---

2 文明這一概念表現了西方國家的自我意識，或者也可以把它說成是民族的自我意識。它包括了西方社會自認為在最近兩三百年內所取得的一切成就，由於這些成就他們超越了前人或同時代尚處於「原始」階段的人們。見諾博特‧埃利亞斯，《文明的進程——文明的社會起源和心理起源的研究》，王佩莉譯，三聯書店，1998 年。

意。其次，從文明的具體因素，即共產黨政權建立以後的經濟發展和科學技術發展來看，發展與現代化的主題始終是強烈追求的目標，在改革開放的新時代更是成為了最大的政治與意識形態目標。雖然其間經歷了人為因素造成的停滯、衰退階段，但畢竟極大地超過帝國時期甚至其他資本主義國家的發展速度。而中國在高科技和軍事技術方面的進步同樣引人注目。此外，在所謂精神文明包括文化、藝術，特別是意識形態和埃利亞斯所說的「世界觀」方面，這半個多世紀以來的產出無論從哪個角度來看恐怕都不能不認為是屬「文明」的範疇。雖然這一精神文化領域的成績不時地成為政治的附屬品。

至於中國共產主義運動的歷程及其所建立的政體與意識形態，堪稱最具「特色」的政治文化。為實現共產主義進行奮鬥曾經是對人類大同的理想社會的追求——在中國那曾經是有着最輝煌前景和最美好期待的人類社會發展的最高級階段，是最有抱負、最具學識和智慧的精英開創的道路，也是吸引最多的人為之犧牲和奉獻的事業。然而，烏托邦的理想和實踐帶來的結果卻是人類和人道的巨大災難。為什麼美好的初衷卻導致整個社會的悲劇？理想的烏托邦如何成為罪惡的淵藪？這正是需要我們深入探究、給予回答的重大問題，那畢竟是支配了我們民族超過半個世紀之久而今日依然沒有壽終正寢的制度與意識形態。

無論從經濟發展水平、科學技術水平還是從政治制度、意識形態來看，超過半個世紀的共產主義的歷史都應該是一種「文明」的歷史。而更重要的還在於這一文明相對於資本主義文明的獨特性。如果說現代社會科學產生於對資本主義社會的探究，並由此構成了古典和現代社會學的基本理論問題，那麼對於共產主義文明的研究，則應當成為中國社會學研究的富饒之地。歷史地看，我們關注今天的社會轉型，就不能不關注轉型前的社會即半個世紀以來的社會主義社會，同樣不能不關注社

會主義制度建立之前的傳統社會。前現代的農業社會是共產主義文明產生的土壤，也是今日社會轉型的基礎和條件。傳統社會、共產主義和後共產主義社會這三者交織疊加在一起，錯綜複雜，但卻構成我們學術靈感和思想、理論的豐厚資源。

這樣一種文明中有着太多等待破解的謎團——它極為強大的動員裹挾勢能，它改造和重建人們精神世界的能力，它促使人們放棄自我和自由服膺於統一思想和意志的力量，它作為制度和意識形態宰製的實踐過程和機制、邏輯與技術，以及普通人生存其中的社會與文化實踐。不了解這一切，就無從理解現代中國社會轉型的歷史過程，也無力解釋當代社會生活的方方面面。我們曾經有限地經歷了那一幕歷史，我們有責任記錄和解析它，並且讓下一代了解它記住它。建立在暴力和意識形態基礎上的共產主義革命既摧毀和斷絕傳統，又有意或無意地從傳統中獲得武器和資源為己所用。而這種基於實用主義的方式所導致的不僅是傳統的毀滅、現實的災難，也帶來整個民族精神世界的錯亂與墮落。面對這樣一種有別於資本主義文明的獨特邏輯和制度，我們將在米爾斯（C. Wright Mills）的意義上，將「社會學的想像力」[3] 概括為三個主要維度：在微觀事實與宏觀結構之間進行穿梭的貫通能力；穿透歷史與現實的洞察能力；對文明的獨特邏輯和微妙運作進行解析的能力[4]。

綜上所述，將共產主義作為一種獨特的文明形式來對待，才能揭示其中的許多奧秘及其內在的機制與邏輯。破解這些謎題是我們的使命，一個好的社會研究者應該是最具社會學想像

3　賴特‧米爾斯，《社會學的想像》，張君政、劉鈐佑譯，台灣巨流圖書公司，1996年。

4　郭于華，〈社會學的心質品質與洞察能力〉，《社會學家茶座》總第14輯，2006年1月，頁29–35。

力的人——以充滿智慧的心智品質承擔解釋、說明人類處境，啟示人的覺醒的責任[5]。正是在此意義上，從事學術事業的內在衝動——求知的好奇、破解迷題的樂趣、人文關懷和社會責任將融為一體。記錄普通生命的歷程，書寫未被書寫的歷史，改變以往僅從精英角度對社會變革的關注和分析，從底層的視角、為沉默的大多數關注和破解文明及其轉型。從事這一研究，我們需要良知和記憶，需要洞穿歷史與現實的眼光，需要深沉的悲憫之心和渾厚的智慧。如此才能從平凡瑣碎中構建出大氣磅礴、從細語微言中發掘出洪鐘大呂，生產出有意義的知識。

轉型社會學的新議程

當我們將中國社會轉型過程理解為文明轉折的含義時，我們有理由認為，共產主義文明及其轉型，對社會學的發展來說，具有極為獨特的意義：對這個文明的特點、運作邏輯及其轉型過程的研究應當成為當代社會學乃至整個社會科學發展的新的靈感來源和動力源泉[6]。而這種意義上的學術資源，只有歷史上資本主義文明的產生與演變才能與之相比。

中國社會學自 1980 年代初恢復以來，經歷了大致兩個重要的發展階段：從上世紀 80 年代初到 90 年代初，中國社會的現實問題佔據研究者的主要視野——現代化問題、婚姻家庭變遷、鄉鎮企業、勞動力流動、城鄉關係等都是熱鬧的研究領域。與強烈的現實關懷對應的是理論資源的相對缺乏和學術不夠規範，而且這一時期研究者借鑒較多的是來自美國的社會學理論。

---

5 賴特・米爾斯，《社會學的想像》，張君政、劉鈐佑譯，台灣巨流圖書公司，1996年。

6 孫立平，〈從工廠透視社會〉，《中國書評》總第3期，1995年，頁97–109。

自90年代以來，中國社會學在國際學術交流、引進重要的理論和學術規範方面有了長足的進步，日益成長為能夠提出有價值的思想觀點並參與學術對話的重要力量；但與此同時，部分研究卻日漸喪失對中國社會本質與特性的感覺，不能緊扣時代脈搏和社會現實。正是在這一學術傳統和現實的背景下，我們提出兩方面根本性的學術追求：面對中國社會的真實、緊迫和重大的問題；建設性地參與國際學術交流與對話；我們必須在社會現實與學術思想兩面開攻。這兩方面的努力集中體現為轉型社會學的提出和研究實踐，它包含着對中國社會轉型過程的深入思考，而且體現着創構理論的雄心與深厚的社會關懷。如果對轉型社會學的理論脈絡和思考做一個簡要的概括，我們可以看到一條清晰的探討社會結構變遷的比較研究的思路。

面對原社會主義陣營各個國家紛紛放棄計劃經濟，走向市場經濟，不同政治與社會取向的研究者做出了不同的理論反應。在福山（Francis Fukuyama）宣告歷史的終結之後，以塞勒尼（Ivan Szelenyi）、伊亞爾（Gil Eyal）和唐斯利（Eleanor Townsley）等為代表的社會研究者，通過對蘇東社會劇變的探索，試圖講述這些國家如何建造資本主義的故事，並由此提出向資本主義過渡的新理論。這一以新古典社會學作為理論標榜的研究強調的是「正在出現的資本主義的多樣性」，即比較資本主義研究。而其「市場轉型理論」則是在面對一種與傳統的資本主義截然不同的資本主義形成過程：中歐地區是一種在市場機制引入之前不存在私人所有者階級的社會；在這個社會中，技術－知識精英採納了一種新的、獨特的轉型策略——沒有資本家的資本主義形成[7]。在了解國際轉型研究的基礎上，中國社會轉型研究面對着

7　Eyal, Gil, et al., *Making Capitalism without Capitalists: Class Formation and Elite Struggle in Post-Communist Central Europe*. London and New York: Verso, 1998.

不同的歷史遺產與制度背景，較之於上述轉型研究，其視角轉換和特點可概括為以下三個方面：

從資本主義的比較研究到社會轉型的比較研究。面對麥克・布洛維（Michael Burawoy）所指稱的「第二次大轉變」的挑戰，勞倫斯・金（Lawrence Peter King）、塞勒尼等社會學家試圖提出「資本主義類型學」的範疇，把轉向市場經濟的前蘇聯、中、東歐和東亞的眾多社會主義國家分門別類地納入這個朝向資本主義運動的理論框架之中。[8]與上述思路不盡相同的是，中國的轉型社會學基於對制度背景的清醒認識和比較研究的脈絡，從政體的斷裂與延續的角度提出了中國市場轉型的獨特過程和邏輯。蘇東的市場轉型是與政體的斷裂關聯在一起的，這意味着在大規模的市場轉型發生之前，政體和主導性的意識形態都發生了根本性的「轉變」。這就為名正言順的、大規模的、以國家立法形式進行的市場轉型提供了可能性。與蘇東轉型的這一特點非常不同的是，中國的市場轉型過程是在基本社會體制框架（特別是政治制度）和主導意識形態不發生變化的前提下所進行的「漸進式」改革。這一獨特過程所推動的「社會轉變」可具體概括為如下特點：

一、政體連續性背景下的漸進式改革。二、權力連續性背景下的精英形成。三、主導意識形態連續性背景下的「非正式運作」[9]。

8　Burawoy, Michael. "The Sociology for the Second Great Transformation." *Annual Review of Sociology*, Vol. 26, 2000, pp. 693–695; King, Lawrence Peter and Ivan Szelenyi, *Theories of the New Class: Intellectuals and Power*. University of Minnesota Press, 2004.

9　孫立平，〈實踐社會學與市場轉型過程分析〉，《中國社會科學》，2002年第5期，頁83–96。

這樣一種比較視角下的社會轉型研究與前述布達佩斯學派資本主義比較研究的區別之一在於比較焦點的不同：其更為關注的是權力與市場兩種因素的組合模式及其對於整個社會結構的意義，而不僅僅是社會轉向何種資本主義。

從關注精英到關注普通人的日常生活和歷史命運。塞勒尼等人比較資本主義研究的特點之一是以關注精英的自上而下視角為主，這取決於他們對中歐「沒有資本家的資本主義」特性的基本判斷──「後共產主義的資本主義是由一個寬泛界定的知識階層來倡導的，該階層致力於資產階級社會及資本主義經濟制度的事業」[10]。

與對蘇東的轉型研究相比，對於中國社會轉型的研究有着明確的「底層視角」。從多年來最為着力的研究可以看到，農民、失業下崗工人、新失業群體、流動農村勞動力、新生代農民工、城市貧困人口等在權力結構中的弱勢群體一直是研究的主要對象。與中國社會中以佔有大量資源為特徵的強勢群體相對應的是以擁有大量人口為特徵的社會下層，他們幾乎構成了中國人口的絕大多數。這個群體不僅在經濟上處於弱勢而且在政治、社會和文化上也是弱勢的。他們雖然人數眾多，但是能發出的聲音卻十分微弱甚或全然無聲。這個弱勢群體不同於通常所說的貧困人口，他們主要是社會轉型的產物，而且具有高度的同質性、群體性和集中性。

如果將目前正在發生的這樣一種社會變革看作是與卡爾·波蘭尼（Karl Polanyi）所説的「大轉變」具有同樣意義的社會變遷的話，不涉及普通人在這一過程中的狀態和作用，對轉型的理解

---

10 Eyal, Gil, et al., *Making Capitalism without Capitalists: Class Formation and Elite Struggle in Post-Communist Central Europe*. London and New York: Verso, 1998.

就不會是全面的。市場轉型以及由此導致的社會轉變的過程，是涉及到全體社會成員的過程，而不只是涉及社會精英的過程。對於底層社會的研究，無疑將會豐富對市場轉型以及與之相伴隨的社會變遷的複雜性的理解。中國的轉型社會學並不僅僅強調「自下而上」的視角，更為重要的還在於，通過將「日常生活」看作是「上」「下」兩種力量互動的舞台，看到不同社會力量之間的關係和相互作用。例如，在對中國市場轉型過程的研究中，如何看待改革的利益與代價是一個根本性的問題：誰是改革的動力？誰獲取了改革的最大利益？誰承擔着改革最沉重的代價？巨大的社會不公正是如何出現的？社會結構的定型化過程是社會分層還是階級形成？所有這些問題都不是僅僅有向上看或向下看的眼光所能夠看清的。

從新古典主義社會學到公共社會學。塞勒尼等人關於比較資本主義研究的一個重要的理論抱負就是建立一個向資本主義過渡（Transition to Capitalism）的新理論。這一稱為「新古典社會學」（Neoclassical Sociology）的理論對古典社會學與經濟理論和後資本主義理論傳統都有所借鑒，但又都與之不同，其核心目標是解釋為什麼資本主義能夠在一個並不存在握有恆產的資本家的經濟體制中出現。塞勒尼等人敏銳地意識到，共產主義的衰落是發給社會學家的請柬，「正如新古典經濟學隨着福利國家的隕落而興起一樣，共產主義的衰落為啟動新的研究綱領提供了機會」[11]。

如果說塞勒尼等學者是韋伯傳統的繼承者，美國社會學家布洛維則是西方馬克思主義傳統的繼承者和推進者。應該說「新古典社會學」與「社會學的馬克思主義」（Sociological Marxism）構成研究當代社會主義國家市場轉型的兩條不同的學

---

11 Eyal, Gil, et al., *Making Capitalism without Capitalists*, 1998.

術路線。前者對正在來臨的市場社會抱持積極肯定的態度，在他們看來，社會主義似乎就是走了一條彎路，人類社會最終還是要走向資本主義，儘管是不同類型的資本主義；後者對市場社會乃至整個資本主義抱持批判和否定的態度，其基本立場仍為試圖超越資本主義。

面對中國社會的艱難轉型，不僅需要從社會結構視角分析其過程、困境以及趨勢，同時還需要打通學術性與公共性之間的屏障，使社會學能夠在擔當其學術使命的同時擔當社會使命，成為真正意義上的公共社會學（Public Sociology）。公共社會學的倡導者布洛維曾指出，一種批判而帶有能動性的社會學應當是「一種關於公眾、為了公眾的社會學」（A sociology about the public, for the public），應當透過討論重要的議題，例如全球化、國際衝突、社會不平等來觸動廣大民眾。他認為現在的我們比過去的任一時刻都需要公眾社會學，不只是認知世界上的重要議題，同時要召喚社會學的覺醒。[12] 公共社會學的提出與米爾斯倡導的「社會科學的政治使命與社會使命」，與漢娜‧阿倫特（Hannah Arendt）主張的「積極生活與政治實踐」可謂一脈相承。其所強調的「實踐」，在於喚醒公民的政治意識，以行動和語言這兩種人類所有能力的最高表現形式，就公共生活領域中的公共事務進行言說，彼此之間相互進行交談，最後達成共識。[13] 面對已經橫掃世界的第三波市場化（Marketization）浪潮和中國社會面臨的轉型陷阱，我們認同並努力推進布洛維所倡導的公共社會學，並認為公共社會學的任務在於通過參與社會實踐完成建設和保衛公民社會的使命。

---

12 麥克‧布洛維，《公共社會學》，沈原等譯，社會科學文獻出版社，2007年。
13 漢娜‧阿倫特，《人的條件》，竺乾威等譯，上海人民出版社，1999年，頁18–29。

解析共產主義統治的過程、機制、邏輯和技術

理解中國的社會轉型須在文明轉型的意義上進行：中國之社會轉型與世界意義上的社會轉型不同，具體而言，全球化過程中的轉型是資本主義文明的轉型或者是非資本主義轉向資本主義的過程；而中國的社會轉型則是共產主義文明的轉變與持續共存，是形成所謂「有中國特色的社會主義」即權貴結合的國家主義的過程。經歷千年帝制、百年革命及超過半個世紀的共產主義運動的中國，始終未曾徹底擺脫專制的桎梏，或者不妨說出自文化基因的沉痾痼疾始終未愈：權力高度集中且不受限制，政治與意識形態大一統，個人的權利和自由沒有保證，公民社會沒有空間。在這樣的土壤中憲政民主著實難以扎根和生長。

有鑒於此，關於中國社會轉型的研究，應該以中國轉型為主線，在國際比較視野中全面深入地對中國改革與轉型過程進行梳理和反思。作為引導轉型社會學研究綱領性的重大課題可以有縱橫兩個維度，每個維度中又包含若干重要議題。

轉型社會學首先要面對中國社會轉型的過程和特性

中國社會轉型的背景、起始、過程和困境構成今日念茲在茲的基本問題。簡單地說就是，轉型之路，為何別人走通了，我們走到今天卻走不下去了？反思中國轉型過程本身，包括反思改革理論，改革與轉型的關係，轉型的宏觀過程與不同社會的制度比較，「轉型陷阱」的形成，等等。我們必須意識到，經歷了三十多年的改革開放，自其開端就只有「不改不行了」的共識，而缺少清楚的價值理念和基本方向的共識，而時至今日價值目標依然不清楚的改革已然成為一種意識形態。這意味着，意涵不清楚，什麼都可以稱作改革；誰都可以藉改革之名謀權、奪利甚至作惡。

孫立平近日指出：改革開放的時代已經結束。客觀地說，改革現在確實已經走到了盡頭，儘管改革的任務其實沒有完成。這體現在改革已經成為一個不能有效解決當前中國社會種種問題的理念。仔細分析，在中國當時的情況下提出改革，是有一個隱含的價值目標的，這就是效率。這些年改革的實踐，貫穿的就是這樣一個目標。但這個價值目標是有問題的：第一，效率應當是社會的諸目標之一，其主要應該體現在經濟領域。當把效率作為整個社會目標的時候，也就摧毀了其他目標的價值。第二，當把效率作為唯一目標的時候，改革也就只能限於經濟領域，政治體制改革和法治建設根本無從談起。從這個意義上說，改革應當也只能是實現目標的手段。[14]

重新思考中國改革，探討轉型過程本身存在的悖論和困境，以下問題是無法繞開的：

中國從傳統社會到共產主義和後共產主義社會的轉變過程與邏輯

由國家、民間統治精英、民眾構成的社會結構是中國傳統社會的基本框架，三者所形成的較為穩定的互動關係及其演變是社會結構變遷的重要內容，並產生對社會生活廣泛而深刻的影響。三層社會結構形成於帝國體制（System of Empire）的建立（以秦統一為標誌），擁有統治權的是皇帝，執掌實際治理權的是職業官僚系統，而身處民間的仕紳－地主則依靠所擁有的非正式影響力發揮作用，三層結構遂得以定型。在其後的分化演變中，民間統治精英的衰落與解體帶來的直接結果就是帝制的結束，而其更深一層的影響則綿延相當之久：國家與社會的中

14　見孫立平博客：http://sun-liping.blog.sohu.com/254122344.html。

介失去了原有的有效性，基層社會整合發生困難；在政治解體的同時伴隨着社會解體；革命與造反頻繁；激進主義成為文化意識形態中的主旋律。更重要的是，在此後近一百年時間裏，中國一直缺乏能定型社會基本制度框架的力量，其最終的結果是以整合危機表現出來的總體性危機（Total Crisis）。在國共兩黨為解決總體性危機的角逐中，中共奪取並掌握了在大陸的政權，並在此基礎上建立了一個作為對總體性危機反應的總體性社會（Total Society）[15]。

從結構性特點來看，傳統中國有社群，有基於血緣、地緣或業緣等關係的共同體而缺少現代意義上的社會形式——以公共領域為基礎產生的、外在且獨立於國家的、具有高度自主性和自治的社會。「公民社會」對於中國而言是一個全新的社會概念。自 1949 年以後，中國建立起一個政治、經濟和社會高度合一的總體性社會，即一種結構分化程度很低的社會。國家對經濟和各種社會資源的分配和運作實行全面控制和壟斷。經濟與社會生活是高度政治化的，政治是高度意識形態化的；過去的「國家－民間精英－民眾」的三層結構變為「國家－人民」的二層結構。在這樣的體制下我們很難看到計劃外的經濟活動和自主的社會生活的存在，社會被國家嚴重擠壓而難以存活。

上世紀 70 年代末的改革開放在某種程度上打破了這一局面，經濟體制改革的推進為經濟自主提供了契機，使得經濟逐漸從國家的全面掌控中被釋放出來，開始嘗試着按照市場的原

---

15 「總體性危機」和「總體性社會」這兩個概念最初是由美國政治學家鄒讜先生提出來。見 Ho Ping-ti and Tsou Tang (eds), *China in Crisis*, University of Chicago Press, 1968；鄒讜，〈中國二十世紀政治與西方政治學〉，《思想家》，1989 年第 1 期；孫立平，〈自由流動資源和自由活動空間——論改革過程中中國社會結構的變遷〉，《探索與爭鳴》，1993 年第 1 期，頁 64–68。

則運行。一般而言，大規模的社會變革總會涉及到兩個相關的過程，一個是體制或制度的變革，也就是一套有關經濟－社會生活規則的改變。在中國的具體情況下，這主要體現為破除計劃經濟體制、形成市場經濟體制的過程。二是社會力量構成的變化，在社會學中主要指的就是分層結構及利益群體結構的變化。但在社會變革的不同階段上，這兩個過程之間的關係是不同的，而這種關係的變化又反過來會對變革或轉型的過程產生重要影響。通常市場經濟體制的確立可以為民主政治的發展和社會的自主發育提供契機，但後兩者並不會自然來臨，而必須是經不同社會力量的鬥爭、博弈而產生。中國的轉型困境恰恰發生於此：權力的強大，權力市場經濟的形成，社會力量的弱小，是導致社會結構失衡的內在原因。在整個90年代體制的變革仍在繼續進行的同時，新形成的社會力量及其組合關係已經開始逐步定型下來。正是從這個時候開始，定型下來的力量左右體制變革，一種扭曲改革的機制已經形成。

轉型悖論與轉型陷阱的形成

孫立平概括了中國社會面臨的幾大轉型悖論，並認為改革和轉型的最大悖論是改革的推動者與改革的對象是同一個主體。[16]顯然，主體將自身作為對象，即使斷其一指也難上加難。加之權力獨大，缺少制衡和監督，因而「頂層設計」、「反腐新政」都不免成為空談誤國。

掙不脫悖論的怪圈，是「轉型隱阱」形成的緣由。所謂「轉型陷阱」指的是，在改革和轉型過程中形成的既得利益格局阻

---

16 孫立平等，〈「中等收入陷阱」還是「轉型陷阱」?〉，《開放時代》，2012年第3期。

止進一步變革的過程，要求維持現狀，盡力將某些具有過渡性特徵的體制因素定型化，並由此導致經濟社會發展的畸形化和經濟社會問題的不斷積累。這個轉型過程既是中國過去30年社會變革的主線，也是過去30年經濟和社會發展的最主要的動力來源。然而，過去我們看待這個轉型過程的時候，往往有一個基本的假設，即這個過程有一個起點就是計劃經濟或權力支配一切的體制，還有一個終點就是市場經濟以及民主和法治，轉型的過程就是從起點到終點的轉變過程。但在這個時候，人們往往忽略了一種可能性，即在轉型的過程中會形成一種由改革或轉型過程本身造就的既得利益集團，到了一定的時候，這個既得利益集團會阻止進一步變革過程的發生；在轉型中形成的那些「過渡性制度因素」，也會在其主導下，隨時可能定型化。

「轉型陷阱」概念提示我們，中國社會現在所處的狀態既不是改革處於膠着狀態，也不是改革受挫，不是改革處於停滯狀態，甚至也不是向舊體制倒退，而是將轉型中某一特殊「過渡形態」定型化，形成以維護既得利益為主要目標的混合型體制。現在中國問題的關鍵是要打破「轉型陷阱」的邏輯，在公平正義的基礎上重新凝聚改革共識，堅定不移地走向現代文明[17]。探討轉型陷阱形成的邏輯，特別是尋找出路，是歷史與未來賦予我們的使命。

社會公正與轉型正義的問題

漸近式改革過程中逐漸坐大的特殊利益集團迫切需要維護現有利益格局並使之定型化，由此導致轉型過程中定型下來的權力－市場混合性體制形成自洽邏輯與路徑依賴，進而中國

---

17 清華大學社會學系社會發展研究課題組，〈「中等收入陷阱」還是「轉型陷阱」〉，《開放時代》，2012年第3期，頁125–145。

社會的改革面臨進退維谷的困局。權錢結合以及由此形成的腐敗，從根本上扭曲了中國社會發展的進程，也從根本上扭曲了改革的性質：改革從某種意義上說已經成為財富掠奪的戰爭，已經受制於現有的既得利益框架，即使是真正開明的改革者也無法擺脫這種制約，而普通民眾則因利益不斷受損而對改革充滿疑慮。

困局和陷阱的根源在於改革過程中權力、市場和社會三種力量的失衡，以及由此造成的「權力之惡」和「資本之惡」，特別是二者的結合與效果的疊加。資本和權力如果不置於社會的監控之下，就會成為一種失控甚至作惡的力量。這會直接導致整個社會生態的惡化，一些基礎和結構在腐敗、爛掉。看上去光鮮亮麗、花團錦簇，卻掩蓋不住內裏潰爛的病態。

中國改革過程已經清楚地顯示出，效率不能成為政治與權力合法性的基礎，社會的公平正義才是基礎。在今天這樣一個重大的歷史轉折關頭，要重新凝聚改革共識，必須將公平正義作為未來改革的基本方向和價值取向，以人民福祉為終極關切。追求公平正義的社會應成為改革新思路或改革再出發的基本內涵。

以公平正義為基礎的改革應該從發育權利、抑制權力、規範利益集團、建設法治社會着手。而在當下中國實現社會公平正義的根本含義就是破除改革以來業已形成的權貴體制。破除權貴體制的關鍵是限制權力。分權思想和基於此的權力制衡思路具有普世意義，長久以來，憲政民主、公平正義和社會福利這些關鍵問題一直都是人類思考的重要議題。破除不公正的經濟社會秩序，應該肯定自由平等作為普世價值。權利平等是指各個不同的利益集團都能夠合法地存在，都能公平地享有生存資源和基本權利，能夠有大致平等的機會，同時也承擔相應的

責任和義務。其中最重要的一是所有公民享有基本的權利，包括言論、思想、信仰自由和結社、集會、政治參與的權利；二是在各種資源的分配上所有公民享有平等的機會，不因出身、背景不同而受到不同待遇。法治是保證社會公平正義的根本。很顯然，中國當下的問題並不僅是法律、法規不健全的問題，也不僅是法律執行難的問題，而是政府能否在法治框架下運轉的根本性問題。

轉型正義還要面對的一個重要問題就是所謂「歷史共業」。「歷史共業」是指那些「在歷史和現實上，大家都以為是為了道德要求而去投身各種運動，事實上卻創造了極大的扭曲和壓迫，形成歷史上的罪惡」，對此，需要共同反思悲劇的惡果和內在原因；對過往的罪錯有所警覺、有所悔悟，徹底正視民族文化的病源，而加以更新轉化。[18] 應該說，有法治精神，有共同的承擔和反思，才能與歷史債務切割，走出冤冤相報的循環。「歷史共業」強調執政者要有歷史承擔，人民才能有共同承擔，有糾正罪錯的誠意和行動才會有諒解和寬容。同時必須意識到，拖延越久，債務越重，回頭越難。以勇氣和魄力正視歷史，承認罪錯，補償受難者，徹底反思造成悲劇的根本原因，以制度保證悲劇不再重演，才能卸下歷史的重負，走向光明的未來。

制度、文化、人性的互構互動關係

在社會生態不斷惡化、矛盾衝突日趨尖銳、惡性事件層出不窮的當今社會，追究作惡的緣由、尋求改良的道路是學者與

---

18 劉再復，〈無罪之罪和歷史共業——與梁燕城的對談〉，原載加拿大《文化中國》，1994 年 12 月號，另見 http://wxs.zhongwenlink.com/home/blog_read.asp?id=2191&blogid=36637。

公眾共同面對的難題。在「黑磚窯」事件、「釣魚執法」事件、「老人倒地無人扶」事件、「偷車殺死嬰兒」事件、食品安全危機等接踵而至時，人們驚呼「中華民族到了最缺德的時候！」人們亦難免發問：人性墮落、道德淪陷何以至此？

在回答上述問題時常見的思路是將惡行歸咎於「道德滑坡」、世風日下；再進一步則要麼歸於市場經濟帶來的自私冷漠、人性墮落，要麼歸於文化傳統的弊端所致。而一旦涉及制度原因通常就會有人反駁說制度也是由人制定的，或者制度也有其文化土壤。如此制度、文化、人性就陷入一種循環，究竟先有雞還是先有蛋拎不清楚。

就社會現實而言，各類所謂的「道德問題」並不是道德本身能夠承受之重。道德滑坡的基本背景是整個社會生態的惡化，因而僅從道德層面譴責公眾無德是避重就輕；要求民眾繼承和發揚中國傳統美德也無濟於事。不難發現，見危不援、見死不救的行為常常只是人們在掙扎和權衡之後做出的自認為理性的選擇。道理並不複雜，在一個懲罰善良，制裁正義的制度邏輯下，如何期待每個普通社會成員有高尚的精神？如何指望老百姓的道德水準天天向上？又如何要求公眾在一些情境下冷眼旁觀、沉默不語，而在另一些情境中挺身而出、見義勇為？[19]

就此最需要探討的問題是制度、文化與人性的互動、互構關係，若三者陷入惡性互動與惡性循環，必是極權的惡與「平庸的惡」形成相互建構的惡性互動，造成政治潰敗、社會潰敗、道德淪喪、價值崩解、信任無存，導致整個民族精神的衰敗和淪陷。顯然，三者雖是互動互構的關係，但破解惡性循

---

19 郭于華、孫立平，〈中國的機會結構與社會公正〉，載共識網，2011 年 11 月，http://www.21ccom.net/articles/zgyj/gqmq/2011/1117/48934.html。

環還須從制度入手，好制度造就好德行、善人性，道德的自覺基於自由。我們需要探討如何以公平正義為基礎，建立一個能夠激勵人性中的善、抑制平庸之惡，使社會成員能夠免於在警惕、懷疑和恐懼中生活的制度。簡而言之，重構道德的社會基礎和制度基礎才是解決之道。

極權體制與威權體制：對中國國家性質的理解

理解中國社會轉型的歷史與現實，特別是認清中國社會制度的基本性質，是把握轉型過程與趨勢的前提條件。許多具體社會問題的研究，之所以難以由表及裏，透徹地洞察其發生的機制和邏輯，就在於對政體的基本性質及其實際運作邏輯缺少理解和判斷。

就通常意義而言，極權主義意味着由一個政黨以及控制這一政黨的人對國家及人民實施專制性統治。極權之意在於對整個社會的全面（total）改造與控制，創造一種全面的生活觀念和統一的國家與社會。這一概念首先被用於描述 20 世紀兩種不同的政體：斯大林統治下的蘇聯和納粹德國的統治。而威權主義指的是以絕對權威的方式來實現領導者統治權的體制。其領導人無疑要有絕對的政治控制權，因而屬於一種寡頭政治。世界上許多發展中國家具有這種威權主義的特徵：一、領導人以一種近乎獨裁的方式進行統治；二、這些領導人致力於促進他們國家的經濟發展。

在我們看來，一個社會基本制度的性質不僅在於其如何產生、如何確立以及合法性的來源，而且要看這一制度的實際運作。具體而言要看其安排下是否有自由的市場經濟存在，是否有自主的公民社會的空間，以及國家是否對私人生活進行全面

的滲透和控制。對比研究其他國家的社會轉型過程和特性是必要的，這方面依然有許多問題需要下功夫予以釐清和闡明。

轉型社會學的社會結構分析與社會運動視角

通常，基本的社會結構是指主體的構成與聯盟關係。社會轉型的基本涵義是整個社會的結構性變遷，即不同的社會主體、階層或社會力量、利益集團之間關係的改變，其中最重要的結構關係是國家－市場－社會之間的關係，這種結構關係的轉變也是社會轉型的基本內涵。

孫立平將上世紀70年代末改革開放以來中國社會結構演變的幾個基本趨勢歸納為：一、結構定型；二、精英聯盟；三、寡頭統治；四、贏者通吃。[20] 正是如此趨勢和特點造成了中國社會轉型至今有四個結構性關係空前緊張，這就是：勞資關係，城鄉關係，族群關係和官民關係。其中尤其是官民關係的緊張和衝突已經到了視如仇讎、劍拔弩張的程度，許多社會問題和社會衝突也因此而起。

國家－市場－社會關係及其演變，構成轉型研究的核心內容。其中最重要的社會學議題就是公民的培育和公民社會的成長，即通過公民參與和社會建設來限制權力，規制資本，遏止已經發生的社會潰敗，形成良性的社會生態。在公民社會建設過程中，安東尼奧•葛蘭西（Antonio Gramsci）的「公民社會」（Civil Society）概念，波蘭尼的「能動社會」（Active Society）

20　孫立平，〈社會結構定型與精英寡頭統治的初步突現〉，《文化縱橫》，2008年第2期，另見http://www.aisixiang.com/data/22645.html。

概念，都具有重要的借鑒意義。[21] 此外，英國社會學家馬歇爾（T. H. Marshall）所提出的人們要求享受文明生活的標準實際上可以被看作「要求分享社會遺產的權利；進而就是要求成為社會的完全成員（full member）的權利即成為公民的權利」更是與公民社會的成長密切相關，他所表達的那種作為成員身份的人類平等被賦予了一種正式權利的意涵，即公民權或公民身份（citizenship）。公民權包括三個基本組成要素，即民事權（civil rights）、政治權（political rights）、社會權（social rights）。[22]

在中國當前權力與資本聯手形成的失衡結構中，公民社會不會從天而降，我們不能等待一個好社會自然來臨。公平正義的社會是公民的覺醒特別是公民的行動創造出來的。因此，對行動的關注和社會運動視角的研究就尤為必要，社會的自組織、自治和有組織行動則是重中之重。

探討社會運動與公共領域的形成、公民社會的發育，需要與以往的群眾運動劃清界限。真正的社會運動是主動參與的，而不是被動員、被捲入，被裹挾的；參與者是行動主體，是獨立自由的人，而不是工具或者精密的機器；沉默不是真正的參與。阿倫特意義上孤立的、原子式個人所構成的大眾，是孤獨無助、缺少社會關係、沒有特定的目標、政治上冷漠、不關心公共事務的，正是這類大眾構成了極權主義的土壤。

我們要清醒地意識到：體制改革的動力來自社會而非權力自身；體制內的改革力量是在社會力量的逼迫下產生的；公平

21　清華大學社會學系社會發展研究課題組，〈走向社會重建之路〉，《戰略與管理》，2010 年第 9/10 期合編本，頁 17–32。

22　T. H. 馬歇爾 1949 年在劍橋大學發表的《公民身份與社會階級》（Citizenship and Social Class）的著名演講。Marshall, T. H. and Tom Bottomore. *Citizenship and Social Class*. London: Pluto Press, 1992.

正義的規則是在各種力量的博弈中形成的；公民社會是在公民的參與行動中生產出來的。走出停滯狀態、恢復社會活力只能從公民的自覺和公民的行動開始。在社會結構分析與社會運動視野中，研究必須放在公民的成長和公民社會的形成上，以下幾個議題是至關重要的：

勞工研究──世界工廠的「中國特色」

工人階級的消退與再形成是伴隨中國社會轉型的重要「社會事實」，從計劃經濟體制下的國有企業和集體企業工人到今天已然成為勞工主體的農民工，社會學研究有必要「把工人階級帶回分析的中心」。特別是在中國已經成為「世界工廠」之時，一個世界上最為龐大的工人階級也正在形成，其構成主要有兩個部分：一部分是從農民變成工人的「農民工」；另一部分是原有國企工人轉變而成的勞動力市場中的工人。而作為農民工第二代的所謂「新生代農民工」更是以其相對於父輩的鮮明的特點而進入勞動力市場。這些特點折射出「新生代」作為制度範疇，與鄉村、城市、國家、資本所具有不同的關係，這也決定了他們在行為、表達、動機和觀念方面的特徵。

在勞工研究中，「勞動過程」、「工廠政體」、「專制與霸權」等分析性概念都可運用於「轉型期工人階級再形成」的過程。[23] 而當代農民工對資本與權力雙重壓迫和剝奪的抗爭也必然成為工人爭取勞工三權──團結權、集體談判權與集體行動權、並藉此改變失衡的勞資關係和「中國製造」發展模式的動力機制。這一轉變除了能為農民工賦權、使之在有組織的抗爭

---

23 沈原，〈社會轉型與工人階級的再形成〉，《社會學研究》，2006 年第 2 期，頁 13–36。

過程中從「自在的階級」轉變成「自為的階級」，也是產業轉型與升級和中國經濟可持續性的需要。如何突破城鄉二元結構的制度安排，使農民工在成為「企業公民」與「社區公民」的過程中形成中國的新工人階級，也是社會轉型的應有之義。而這一轉型的進程將表明：中國工人階級不再只是一個受苦受難的階級，而將成為一個有能力自覺地干預歷史進程的力量[24]。

都市運動與社會自治

隨着住房制度改革的全面展開，中國城市社會正經歷着一場深刻的「居住革命」。一時間，「居住改變中國，民主從社區開始」成為人們耳熟能詳的話語。伴隨着住房商品化、單位居住逐漸被社區居住替代的住房制度改革過程，圍繞着佔據人們生活比重最大的居住利益，不同利益主體之間的社會分化與利益博弈日漸浮現並趨於顯著，而這一利益博弈和社會抗爭過程鮮明地體現着中國社會轉型過程中國家、市場、社會之間複雜的互動關係。居住，這一私人生活空間不僅由於居住者的身份政治而具有了政治內涵，而且因為利益的保護和利益訴求的表達而導致公民權利意識的覺醒與公共生活的形成[25]。

在中國特定的制度背景與社會環境中，維權的「機會結構」和行動空間頗難出現。維權的集體行動者們面臨着「雙重的不可能性」：一方面是原子化的、孤獨的、脆弱的個體；另一方面是高度強制性和細密化的結構壓力。在如此結構性性制約下，行動就有了更為重要的作用，其能動性體現在不斷地觸

---

24 郭于華、沈原、潘毅、盧暉臨，〈當代農民工的抗爭與中國勞資關係轉型〉，《二十一世紀》總第124期，2011年4月號，頁4–14。

25 郭于華、沈原，〈居住的政治——B市業主維權與社區建設的實證研究〉，《開放時代》，2012年第2期，頁82–101。

碰、試探結構的邊界，在狹窄的縫隙中擴大空間，在厚實的壓迫中開闢縫隙。與此同時，作為行動者的主體性也是在抗爭實踐中生成的，不同的抗爭主體其主體意識的形成具有獨特性。我們需將業主維權運動提升到公民運動的高度來進行分析和研究，「從產權走向公民權」這一重要理論命題的政治意義顯而易見。針對業主維權運動的深入研究或許可以將其納入到「公民的形成」、「中產階級的形成」和「社會的形成」三個系列框架之中[26]。

對業主組織和社區自治的研究表明，所謂公民社會組織發展過程的三條道路，即市場化（Marketization）、政府合作化（Incorporation）和獨立化社會是一個較為普遍的現象。在中國特有的制度背景下，可以說，每一個社會組織都或多或少面臨着三條道路的選擇。業委會的產生和行動、業申委等業主聯合組織的困境和堅持，雖然一直面臨着存在的合法性、其與作為政府下派組織的居委會、作為市場組織的開發商和物業管理公司的關係、業主的認同等多方面困境，但畢竟作為新型社會組織的實踐已經開始，而有社會組織、有公共生活的公民才是真正的公民。這些社區精英們開始從啟蒙意識和社區自治理念形成過渡到指導維權與基層民主的實踐，他們意識到了行動的重要性，也意識到對於普通業主來說，一個再好的制度如果不進入運作過程，也是毫無意義的。

對城市中產階層的研究，除了作為有房階級的業主群體，還有十分重要的企業家群體。真正的企業家精神與自由主義理念是內在相通的，畢竟在發達國家中，中產階層是最重要的經

---

26 沈原，〈社會的生產〉，《社會》，2007年第2期，頁170–191；沈原，〈走向公民權──業主維權作為當代中國的一種公民運動〉，《市場、階級與社會》，社會科學文獻出版社，2007年。

濟－社會主體，也是公民社會的中堅力量；而在中國轉型過程中，中產階層形成、持續和認同的困境非常顯著。企業家如何通過自組織而形成公民社會，企業如何承擔社會責任，進而市場經濟、民主政治和公民社會的完整結構如何形成，這也是轉型社會學需要關注的重要議題。

維穩年代的官民關係

官民矛盾和衝突最鮮明地體現了權力與權利之間的巨大張力。維穩之所以成為製造不穩定因素的一個重要原因，在於現有的維穩思路往往是以壓制正當的利益表達為前提的，於是就形成了這樣一個惡性循環：越是強調社會穩定、強化維穩工作，政府特別是基層政府就越是不能容忍民眾的利益表達；民眾越是缺乏有效的利益表達，原已失衡的利益格局就越是傾斜，尤其是底層群體受到的損害也就越大；利益格局越是傾斜，利益矛盾和衝突也就越尖銳，不滿情緒也就越強烈；由於正當的利益要求受到壓制，一些群體或個人就只能採用體制外方式、有時甚至是暴力的方式來表達和發洩不滿，於是導致社會矛盾越加激烈；而社會矛盾越是激烈，政府就越是要加強維穩工作，從而形成一種越維越不穩的惡性循環[27]。

僵硬維穩思維的最大誤區之一，是將民眾的利益表達與社會穩定對立起來，將公民正當的利益訴求與表達視為不穩定因素。目前的社會矛盾和衝突，絕大多數是因為弱勢群體權利受損同時缺乏有效的利益表達而造成的。社會矛盾衝突事件呈現的上升趨勢，其根源並不在於利益矛盾數量的突然增多以至於

---

27 清華大學社會學系社會發展研究課題組，〈以利益表達制度化實現社會長治久安〉，《領導者》總第 33 期，2010 年 4 月號，頁 11–24。

無法應付，而是因為缺乏有效的利益均衡機制，無法及時調整不同群體之間的利益關係。利益矛盾和利益衝突的存在本是社會發展過程中的正常現象，一個正常健全的體制要有容納、歸置這類現象的渠道和方式，這就是制度化規則和規範的建立。破除階級鬥爭式維穩思維和「社會恐懼症」，認清維權就是維穩，維權才能維穩。探索均衡利益關係、拓寬表達渠道、化解社會矛盾之路，是我們重建社會信任、和諧社會關係、實現長治久安的治本之道。

錯綜複雜的族群關係及其演變

在各地頻發的群體性事件中，不少與地域族群有關，它們到底是族群矛盾還是城鄉、勞資、官民矛盾是需要加以分析釐清的。近年來層出不窮卻又不斷被掩蓋的民族、宗教衝突，如藏族、維族等緊張加劇的族群關係，究竟緣起何在？它們是何種性質的衝突？它們與極權式的治理邏輯的關係等，得到的關注和研究甚少。這些也都應該納入社會轉型研究的視野。

在對公民社會建設的研究中，我們特別要警惕「變形記」的發生，即權力機構擠佔社會空間，吸納社會資源，但卻並不能生產出自組織的公民社會，以及真正意義上的社會生活。不難預期，由權力主導的社會建設必將導致總體性權力的重建，並進而生產出我們並不陌生的總體性社會。

概言之，轉型社會學的研究需要有貫穿歷史與現實的眼光，也需具有面對未來社會問題前瞻性。可以預期，失業下崗、徵地拆遷、欠薪等問題很可能都是階段性的問題；而勞資關係、官民關係和環境危機等則相對是恆久性的問題。社會危機的引爆點有可能是經濟性的，如嚴重的通貨膨脹、政府因稅源狹窄而增加稅收造成廣泛的抗稅運動，也有可能是社會層面

的，如嚴峻的環境危機導致環境運動爆發、社會極度不公正造成大規模群體性事件、政治矛盾以族群衝突形式顯現等；但這些最後都會通過政治危機表現出來。在一個缺少社會中間層，國家直接面對民眾，同時社會信任瓦解、文化傳統斷裂、價值理念缺失的社會中，衝突和危機在所難免。

數字化時代的社會學方法論

面向社會轉型的實踐社會學

面對快速變遷的全球化世界，置身於轉型期的中國社會，社會科學工作者的任務是提出「要命」而「有趣」的問題並回答這些問題。這裡所謂「要命」指的是那些真實、緊迫而重大的社會問題；而「有趣」則指具有重要理論意義和學術潛力且能夠生產科學知識的問題。簡言之，面對「轉型陷阱」和「社會潰敗」的嚴峻態勢我們依然而且迫切地需要「社會學的想像力」。

進入轉型過程的實踐層面，意味着不能僅僅停留在制度、組織、要素、行動者等結構性特徵上。在近年的研究中我們一直在倡導一種實踐的社會學，它所強調的是，要面對實踐形態的社會現象，要將一種實踐狀態的社會現象即社會因素的實際運作過程作為社會學的研究對象。對於過去人們主要從靜態角度關注的現象，如社會關係、社會結構、社會網等，實踐社會學意味着要從實際運作過程的角度重新加以關注。面向實踐的社會學，是將「社會事實」看作是動態的、流動的。也就是說，社會事實的常態，是處於實踐的狀態中。

面對社會轉型的重大問題，社會研究的基礎在於米爾斯所說的「如今，舉凡重大問題的一切真實解答都必須仰賴人類覺醒的層次」。他曾強烈質疑和批評當時美國社會學的一些傾向：

把社會科學當成一套科層技術，以「方法論的」傲慢禁制社會探討，把大量精力耗費在調查方法與技巧上，謹守着嚴苛而呆板的機械程序；作品中充斥着蒙昧的概念，或者只關心一些和公共議題無關的枝節問題，瑣碎而無味。這些禁制、蒙昧與瑣碎造成了當今社會科學的危機[28]。從根本上說，有沒有社會學的想像力，是洞悉事實、去除蒙昧與遮掩真相、製造迷思之間的差別。面對社會結構轉型過程，研究者能夠看到什麼？注重什麼？他們眼中有着怎樣一幅社會圖景？首先就體現了是否具備社會學的想像力。在面臨社會結構的斷裂與失衡、社會不公正所導致的矛盾突顯、權力失控、總體性精英形成、機會結構鎖閉、社會生態惡化等社會諸象之時，主流的社會學界，要麼無視這些問題，專心致志地營造自己的宏大理論；要麼是用一種過密化的專業分工方式將問題本身零碎化、去政治化；更有淪為布迪厄所指斥的名為「科學研究」實為「社會巫術」[29]的社會調查存在。在研究實際中，缺乏社會學想像力的平庸之作、應景之作甚至奉旨之作亦非絕無僅有。

將事件置於研究的中心位置

在了解「新古典社會學」的精英視角和「社會學的馬克思主義」的工人階級視角對於研究社會轉型獨特貢獻的基礎上，我們需要探索一種超越「行動者/社會結構」的研究路徑和策略，這就是實踐社會學的提出和「過程－事件分析」的倡導。概括地說，這一取向是以對中國社會的經驗性研究為基礎，提出一種

28　賴特‧米爾斯，《社會學的想像》，張君政、劉鈐佑譯，台灣巨流圖書公司，1996年。

29　布迪厄、華康德，《實踐與反思——反思社會學導引》，李猛、李康譯，中央編譯出版社，1998年。

「對市場轉型實踐過程的分析」的研究路徑[30]。這種研究路徑所強調的是，通過對轉型中的過程、機制、技術和邏輯的關注，來實現對社會轉型的新的理解。這種路徑在方法上更加重視深度的個案研究，或者說更為強調從關注結構到關注過程的轉變[31]。

選擇具有影響力和趨勢性的重要事件進行分析，是要通過事件看到整個社會的結構及其改變，也就是它們如何體現轉型的過程與社會後果。研究並非就事論事，而是要從具體事件看到其背後的宏觀背景與結構變遷。與經典社會學研究用統計數據為基礎做推斷性分析相比，對社會事件的分析是以過程–事件為基礎的邏輯分析，即打通個體經驗、具體現象與宏觀社會結構的關係，強調動態過程所能揭示的機制、邏輯、技術和趨勢。探討事件所體現的大趨勢，是以思想的力度和邏輯的力量洞察社會萬象。

事件研究體現了社會科學定性研究的本質屬性：不限於描述某些現象、分析其因果和相關關係、證明某事物的代表性、普遍性，而重在揭示現象背後的機制和邏輯，並呈現這些機制和邏輯的普遍意義。以 2011 年發生在廣東中山的「小悦悦事件」[32]為例，我們並不是簡單地由此「見死不救」的現象得出中

---

30 孫立平，〈探尋實踐中的邏輯與機制〉，《社會學家茶座》總第 14 輯，2006 年 1 月號，頁 36–41。

31 參見孫立平，〈「過程－事件分析」與當代中國國家4農民關係的實踐形態〉；孫立平、郭于華，〈「軟硬兼施」：正式權力非正式運作的過程分析——華北 B 鎮定購糧食收購的個案研究〉，《清華社會學評論》特輯，鷺江出版社，2000 年，頁 1–46。

32 2011 年 10 月 13 日，2 歲女童小悦悦獨自跑上馬路，先後被兩輛貨車撞倒並輾過，其後十多名途人見狀均沒有上前施救。小悦悦送院搶救一星期後證實死亡。

國的民眾已然普遍地道德墮落的結論，而是要深入分析造成見死不救的機制和邏輯，說明一種懲罰善良、制裁正義的機制如何導致人們的膽怯、冷漠和麻木以及整個社會生態的惡化。

新媒體時代的「田野工作」

在數字化信息時代，新媒體的使用成為人們社會生活中最重要的內容，在中國特定的制度背景和社會環境中尤其如此。新媒體既然已經成為主要的資訊來源、交流互動平台、重要表達渠道、主體性創造空間，即社會學意義上的完整的公共領域和社會生活，那麼新媒體信息當然應該而且必須成為社會學研究的「田野」資料來源。以作為新媒體代表的微博為例，其「微動力」的「微力無窮」——能夠解決那麼多以其他方式難以解決的問題，為何不能作為獲取社會學研究的實證材料的來源呢？就此意義而言，只要是人們社會生活、社會關係呈現的地方，只要是人們進行社會實踐的地方，都應該而且可以成為「田野」。

網絡信息作為社會學實證研究材料的運用，首先源自於社會學所面對的社會事實本身發生了變化。數碼時代的信息分享和分析模式恰如凱文・凱利（Kevin Kelly）所指出的：21世紀人類思維方式將以「去中心化」模式取代20世紀的高度中心化的「原子模式」，互聯網的萬維（World Wide Web）模式就是「去中心」或者「多中心」特點的突出體現，其基本內涵就是超文本協議——大型分布式動態文本，信息可以零成本地傳遞和擴散，即「以去中心化的方法並借助最少的規則來完成」，電腦網絡正是在此意義上使人類脫離控制（Out of Control）[33]。這一「脫控」過程將使

33　凱文・凱利，《失控——全人類的最終命運和結局》，陳新武等譯，新星出版社，2010年。

信息、知識不再僅僅是某作者所獨有產權的事物，而是共有的公共知識資源。

　　概言之，以信息為基礎的社會將從根本上不同於以物質關係為基礎的社會。互聯網時代的信息分享和知識生產必將以嶄新的形式，改變乃至顛覆人類以往的成見和理念，也將帶來學術研究方法論和方法的與時俱進。社會生活的去中心化和去權威化，會從虛擬空間延伸到現實公共空間，形成對權力中心的監督與「顛覆」。面對這樣的社會事實，傳統社會學方法在即時性與多元性等方面的欠缺使得探索新的研究方法與數據來源成為必須。在國際上，分析實證主義研究方法也已經開始把大量的網絡資料納入自己的研究數據中。對於以事件為中心的研究視角來說，新媒體資料有着更為獨特和更深層次的意義。當然，對網絡資料的大量使用也要求我們更自覺地進行反思式的研究，對於所使用資料的有限性和可能的偏差做出清醒的衡量，在此基礎上做出邏輯的判斷。網絡資料的信度、權威性、選擇性、匿名性以及資料的互證性、直接性與間接性關係等也都是有待探討的重要問題。

　　我們所面對的是一個在人類歷史上堪稱獨特、擁有最多人口而且對世界格局有着重要影響的社會，而這個社會又正處於它的大轉變時期，正在艱難地探索着自己的生存和發展之路。這樣一個社會和這樣一個時代為學術提供了發展和創新的重要資源和機遇，也成為研究者重要的靈感來源和知識富礦。我們要建設的是有能力面對真實社會生活和社會轉型的社會學，而不僅是書齋裏或概念中的社會學。面對中國社會轉型的大趨勢，社會學應該也必須有所作為。

26　和諧社會三論

「構建社會主義和諧社會」概念的首次提出，是十六屆四中全會《中共中央關於加強黨的執政能力建設的決定》。該決定將這一概念正式列為中國共產黨全面提高執政能力的五大能力之一。而在此前的中共十六大報告中，有關「和諧社會」的思想已經有所體現。到2006年10月11日中國共產黨第十六屆六中全會，則正式通過了《中共中央關於構建社會主義和諧社會若干重大問題的決定》，使之成為未來中國政治與社會發展的大政方針。

「和諧社會」概念甫一提出，即獲得諸多擁護、諸多歡欣、諸多討論。人們對其內涵、意義的理解自然不盡相同，而若要將這一理念付諸實踐，進入實際的「構建」過程，還真要在理解何為「和諧社會」上下些功夫。

和諧社會要以人為本

中共中央提出的構建社會主義和諧社會的首要原則就是以人為本——「必須堅持以人為本。始終把最廣大人民的根本利益作為黨和國家一切工作的出發點和落腳點，實現好、維護好、發展好最廣大人民的根本利益，不斷滿足人民日益增長的物質文化需要，做到發展為了人民、發展依靠人民、發展成果由人民共享，促進人的全面發展。」

社會不和諧的根本原因是沒有「以人為本」，中國社會各種問題的癥結是沒有把人作為根本。比如說，在強調經濟建設和發展重要性的時候，宣稱「發展是硬道理」。更有某些政府部門公然聲稱「誰與招商引資過不去，就是與××人民過不去」、「誰與政府對着幹，當時就叫誰難看」，在這類口號中，我們感受不到人的存在和人的意義，只有不明方向的甚至是盲目的「發展」。這裏需要問的是：究竟什麼是發展？誰的發展？發展是誰的硬道理？以破壞環境為前提的開發是發展嗎？以犧牲人的幸福、健康甚至生存為代價的高污染、高耗能的經濟增長是發展嗎？而在以人為本的思路下，經濟的增長、GDP 的增加永遠不能「硬」過人的生存、發展和自由！

　　又如，還有一種觀點將社會和諧等同於社會穩定：「在我國經濟社會快速發展過程中，社會穩定壓倒一切，而和諧社會正是與社會穩定相對應的具體社會狀態。社會主義和諧社會的提出，標誌着我們對社會穩定的認識有了進一步的深化和細化」。在社會穩定的思維定勢下，黨和政府將保持「安定團結」作為中心工作和目標，人民群眾也將這一似乎不言而喻的強勢話語作為一種霸權加以自覺地接受，從而在全社會形成一種關於穩定的「虛假意識」（馬克思的概念）。對於「穩定是壓倒一切的」提法，我們需要重新思考的是：穩定的含義是什麼？為什麼要穩定？又是誰從「穩定」中獲益最大？若是以人為本，穩定就永遠不應成為目的，而只能是保障、增進人的福祉的條件和手段。社會穩定永遠不應「壓倒」人民的生存和幸福！

　　還有一種和諧思路可以稱之為「代價說」，即所謂「改革開放要付出代價」，「各種困境是改革發展過程中的陣痛」。對此我們需要思考的是：誰付出代價？誰獲得收益？「陣痛」什麼時候結束？「陣痛」之後又是什麼？在「進步」的歷史進程中，為什

麼總是大部分人付出代價、承受苦難，少部分人獲取收益、享受成果？這代價如果是以人的生存、人的幸福為犧牲，又談何以人為本？

從歷史中不難看到，中國文化一貫就有以人為犧牲的傳統。正是「一將功成萬骨枯」，王侯將相從來以百姓的屍骨和鮮血為江山奠基，為社稷疆土，為自己染紅頂子。而中國的老百姓在帝王眼中一直就如同沙石泥土、螻蟻草芥，是「只可使由之不可使知之」的工具。普通人在歷史中的銷聲匿跡恰恰因為他們是工具，工具用過之後是不必留下記錄的；工具甚至還不如統治者鍾愛的香車寶馬、寵物珍玩。應為根本的人在歷史中消失了，只作為統計數字而存在；在統治的視野中也消失了，只作為工具而存在。

從歷史到現實我們可以知道，黨提出的「構建和諧社會的原則是以人為本」有多麼重要。根本的問題在於要把人當人，只有人才是真正的、根本的目的。人永遠不應成為代價、工具和祭品！以人為本才是和諧社會的真正要義，以人為本構建和諧社會才不只是一句口號或一個幌子。

和諧社會是和而不同

已故的任仲夷老人曾對「和諧」二字有過精闢的闡釋──「和」，右邊是口，左邊是禾，合起來就是人人有飯吃；「諧」左邊是言，右邊是皆，合起來就是大家皆能言。和諧社會就是「人人有飯吃，大家皆能言」的社會，這一闡釋深具政治智慧而且為人們廣泛認同，它啟發人們認識到：和諧不等於大一統，和諧社會不是沒有差別、沒有矛盾的社會，更不是眾口一詞、「萬眾一心」的社會。

費孝通先生在他 80 壽辰的聚會上，曾經就文化與社會的多元共存意味深長地講了一句 16 字箴言：「各美其美，美人之美，美美與共，天下大同」。這被後人視為是對「君子和而不同」的極好的闡釋。費老對世界文化多元性的概括用在對和諧社會的理解上也是恰如其分的。有不同、有特色而能共存互惠才談得上「和諧」，如果全都一樣，誰跟誰和、誰又跟誰諧？

　　真正的和諧社會應該是多元的。多元社會、多元文化、多種思想、多重聲音，形成百花齊放、百家爭鳴的氛圍。強加一種意識形態或一種統一思想的社會不是和諧社會；全社會用一張嘴發聲、用一個頭腦思考更不是和諧社會。曾記否，文化大革命時期，有一個經常被呼喊的口號：「統一思想、統一認識、統一指揮、統一行動」——這樣的大一統與希特拉的極權社會已相差無幾；而根據常識，最具個性、最自由而無法禁錮的思想又如何能夠統一？

　　真正的和諧社會要允許多元存在，而且要允許多元的表達。這意味着不應因言獲罪，不應「因人廢書」，不應禁錮思想，不應設置學術研究的禁區，不應關閉討論爭辯的空間，不應封殺不同意見的出現。只要是在不違背憲法、法律範圍內的言說和行動，都應該有其合法存在的空間。構建和諧社會要在開通多元表達的渠道上下功夫，而我們的社會現實與此尚有相當距離，我們不時遭遇封閉、遭遇刪除、遭遇「腰斬」；網民們習慣上把帖子被刪除稱為「被和諧了」，足見不夠和諧的社會現實。其實誰都不難理解，多元表達與美妙音樂的道理一樣：在唱響主旋律的同時也要有多聲部、多重旋律的和聲，多種聲音共鳴合奏，方為和諧。

　　真正的和諧社會建立在人的社會性基礎之上。強調多元性既是突顯個體的權利、個性和個人自由的合法性，同時也在強

調人的社會性。多元不是孤立的存在，而是社會性的存在，一個多元社會中的成員是享有憲法法律所賦予的權利同時承擔相應義務的公民，而不是原子化的個體或散眾，這意味着社會中私域和公域都有其存在的空間，而個體可以依據享有的權利做出是否參與公共事物或結成某種共同體的選擇。和諧社會的重心在於「社會」，和諧絕非意味着對公民的結社和有組織行動一概禁止和過度緊張。在此意義上應該說，真正的和諧社會是有公共領域的社會，是公民社會能夠合法存在的社會。沒有了社會，還談什麼和諧？

和諧社會需正義公平

黨提出的構建社會主義和諧社會的又一重要原則是：「必須堅持民主法治。加強社會主義民主政治建設，發展社會主義民主，實施依法治國基本方略，建設社會主義法治國家，樹立社會主義法治理念，增強全社會法律意識，推進國家經濟、政治、文化、社會生活法制化、規範化，逐步形成社會公平保障體系，促進社會公平正義」。

我們先看一個與和諧有關的例子。2007年8月18日晚，北京市房山區史家營鄉金雞台村一非法採煤點發生塌冒事故，有幾名礦工被困。事故發生的第三天即20日中午，該市國土局、市安監局、房山區政府辦、區安監局、區國土局及市礦山應急救援搶險隊等部門開會討論決定停止救援，理由是「事發地屬於採空區，被困人員已不具備生存條件，繼續救援極易造成次生事故危及救援人員安全」。8月24日上午，被困在地下礦井130個小時的煤礦工人孟憲臣和孟憲有兄弟在有關部門停止救援之後，靠吃煤塊、喝彼此的尿為生，挖掘五天半，從礦井裏逃了出來。生還的孟氏兄弟拒絕了美國CNN電視台的採訪，理

由是：雖然「覺得對不起他們，讓他們白跑一趟。但是咱咋說也是中國人，內部的事情應該內部解決」。歲末，他們被某雜誌評選為 2007 年度魅力人物。頒獎盛典上，主持人問兄弟倆：當那些專家認為，已經不可能生還了，他們就撤離了，請問你們恨專家嗎？弟弟回答：「不恨。因為我們是和諧社會，要更和諧」。在評論媒體有關他們的報道時，哥哥說：「我倆就不該出來，不出來就是英明決策。也就是說我倆太無聊了」。在接受有關記者採訪前，他們甚至還和記者討論了個人與政府、個人與國家的關係。「要開奧運會了，我們會不會給國家抹黑？」是他們認真提出的問題（《南方周末》2008 年 1 月 4 日）。

面對普通百姓如此的「和諧意識」，讓人無話可說。

一個社會的和諧必須建立在公平正義的基礎上。若要天下太平需要正義公平；要達到正義公平首先須是非分明，正義感來自於正確的是非判斷。在中國文化傳統中，判別正/誤、對/錯、是/非、善/惡、美/醜，是天道，是天理；不公平到了極點就是沒了天理。而在現實中，我們屢屢見到違背天道甚至傷天害理的事情：明明是冤假錯案卻長期得不到糾正和補償是沒有天理；農民工辛苦工作一年卻拿不到工錢甚至連回家過年的路費都不夠是沒有天理；山西黑窯奴工的存在是沒天理，而且是傷天害理；廣東潮州饒平的「性奴營」更不僅是沒有天理，而且是傷天害理；一切的權利不平等造成的濫用職權、貪贓枉法、草菅人命、恃強凌弱都是傷天害理。

一個沒有了正義感的社會、一個人們普遍不再相信「善有善報，惡有惡報」的社會，必定成為壞人、小人、惡人的樂園；在其中好人、正派人、老實人吃虧受害、流血流淚在所難免。這樣的社會只能是弱肉強食的叢林社會，是強者通吃、贏者通吃、權勢者通吃的河蟹社會。在這樣的社會環境中，是非

混淆甚至黑白不分必然帶來行為突破道德底線。例如在一些地方的官場中，如果官員不包幾個二奶，不備幾個「小蜜」[1]就會被視為沒本事、少魅力；在對人品人格的評判上，忠厚老實者被人瞧不起，視為傻瓜，甚至連找女朋友都困難；扶老攜幼、見義勇為者反遭誣陷，上演現代版的「農夫與蛇」……網絡媒體上不時會討論這樣一些話題，如：是不是應該贍養父母、孝敬老人？公交地鐵上是不是要給老人、孕婦讓座？

我們正在變成一個失去正義感、沒有是非標準的民族。我們要追問的是，究竟是什麼讓我們變成這樣的一群？

在這裏社會公正並不意味着絕對平均主義，主要不是指分配的均等或結果的平等，社會公正主要是指在法律面前的平等、權利和義務的平等，即各個利益集團、社會群體都應享有平等的權利，完成相應的義務。實現社會公正需保證社會成員有平等的知情權、參與權、表達權和監督權：首先要使信息暢通、透明，沒有知情權，參與、表達和監督都無從談起；維護社會公正還需社會成員的組織化參與，作為原子化的個體是無法真正實現參與和保護個人權利的；常規的制度化的利益表達渠道也必不可少，而和諧社會正是有不同利益群體存在、這些群體能夠保護自身利益並且表達各自利益訴求的社會。簡而言之，權利的壟斷、信息的壟斷、暴力的壟斷建不成真正的和諧社會，只會造就偽裝的和諧，虛假的社會。

以人為本，多元共存，正義公平是和諧社會最基本的三個條件，也是區分真假和諧的重要標準。

2008 年1月7日

1　即小秘、女秘書，指男性官員、經理等身邊的女秘書兼秘密情人。

27 克服社會恐懼症

這裏所討論的社會恐懼症狀不是一般心理學或精神醫學意義上的「社會恐懼症」——社交恐懼與焦慮，指與他人交流和相處的障礙，而是指對主體性社會的恐懼、懷疑，將其視作具有破壞性的威脅力量。

中華人民共和國成立六十多年來，真正意義上的公民社會一直未能建立起來，其重要原因之一就在於「社會恐懼症」，即對獨立於市場和政府權力之外的主體性社會的恐懼，以及由此而產生的對培育、建設和發展主體性社會的拒斥。

我們究竟懼怕什麼？

社會恐懼症與社交恐懼症雖非一事，但卻有類似的心理機制，都是將尚不存在或可能發生的事物妖魔化，預設為洪水猛獸，想像其會導致可怕後果。社會恐懼症是將社會本身妖魔化，而其悖謬在於，人本來是社會性動物，離開社會關係網與正常的社會生活人無法作為人而生存。舉例來說，發生在富士康的十幾起青年員工跳樓自殺事件和出現在不同地區的喪心病狂的屠童案，都與社會性的喪失不無關係：前者是在半軍事化的專制主義工廠政體控制下，青年農民工成為孤獨、冷漠、脆弱的原子化個體，在資本與權力雙重壓迫下走投無路而選擇輕生；後者則是因缺失正常社會生活與社會支持而形成反社會人格、

並以極端暴力報復社會的惡性事件。既然社會生活對於人類不可或缺，我們卻如同中邪一般地懼怕社會又是為何呢？對此可以從權力和公眾兩個面向以及二者之間的互動關係來理解。

統治權力自視為無所不能、能處不在的力量，試圖包打天下，是造成社會贏弱和社會恐懼症的首要原因，對此可以從社會治理的歷史過程來看。1949 年以後，我國在應對近代以來總體性危機的基礎上建立起一個政治、經濟和社會高度合一的總體性社會。這樣的總體性社會是通過一系列的制度安排建構起來的。除了資源壟斷制度之外，在組織結構方面最重要的就是城市中的單位制和農村中的人民公社制度。通過這兩種基本制度，國家不但將全體社會成員高度地組織起來，而且通過這兩種壟斷性的就業機會和收入與服務的分配組織，造成單位和公社的成員在多方面嚴重地依賴於組織亦即對國家的依附。與單位制和人民公社制度同樣重要的是戶籍制和主副食品的配給制度，一個人只有在這種戶籍制度中獲得了一個合法的身份，才能成為城市中的某個單位中的一員或是農村中的某個人民公社的一員。而如果喪失了這種由戶籍制所賦予的合法身份，人們將無法接近由國家所控制、由單位或人民公社來具體分配的那些機會和資源。正是通過這一系列的制度安排，國家實現了對社會的全面的控制。

與此同時，為了強化對社會的總體性控制，消除任何帶有獨立傾向的社會力量就成為必然。1949 年以後，對宗族、民間信仰及秘密會社甚至工商團體的打擊和取締，摧毀了民間社會中的傳統組織和力量。土地改革、對資本主義工商業的社會主義改造消滅了地主和民族資產階級，同時也將其掌握的資源轉移到國家手中。包括反右在內的歷次政治運動，使知識分子自近代以來剛剛開始形成的一點獨立性蕩然無存。在另一方面，則將各種有影響的民主人士通過政治協商會議等形式吸納到體

制結構中來；工會、婦聯、工商聯等群眾團體亦處於國家的直接支配之下。可想而知，在這種情況下，任何處於國家控制之外的相對獨立的社會力量已經不復存在。

上世紀70年代末的改革開放在某種程度上打破了這一局面，經濟體制改革的推進為經濟自主提供了契機，使得經濟逐漸從國家的全面掌控中被釋放出來，開始嘗試着按照市場的原則運行。市場經濟和民主政治的發展也為社會的發育和自主性提供了契機，相對獨立的社會力量也在開始緩慢生長，一種更具有現代特徵的社會結構正在逐漸形成。人們依稀從加速發展的非政府組織中、從新興的城市社區中，或是從各種各樣自組織的集體行為和社會運動中，看到了社會空間的有限開放和中國公民社會生長的可能。

但是，近年來，伴隨着世界性的金融危機以及在此前後發生的一系列事件，一種相反的趨勢也正在出現：我們這個國家似乎正在重新開始依靠權力來解決面臨的一系列新的問題，試圖用權力來包打天下的努力處處可見。而在社會生活領域，某種似曾相識的政治與意識形態氛圍正在被重新營造起來，權力主導一切的傾向越來越明顯；以壓制社會為代價擴張和強化權力的跡象清晰可見；在某些地區，權力的任性、霸道和恣意妄為顯露得越來越明顯；以權代法，重申法律為政治服務的趨勢開始出現，以至有人認為，在過去的若干年中，中國的法治出現了明顯倒退。尤其值得注意的是，一些強化權力的過程甚至是在「社會建設」的名義下推進和展開的。

阻止社會的成長出自於大一統的治理思路。怕亂，懼怕多樣性和多元社會帶來混亂與不穩定。以為回到總體性權力就可以維持社會穩定，造就社會和諧。

來自於權力的社會恐懼症必然影響到普通民眾。如果說權力對社會的恐懼表現為懷疑、排斥和否定社會自主性，限制、打壓或吸納社會的自組織，那麼大眾對社會的恐懼則更類似於醫學意義上的心理恐懼症，其表現為：逃離公共領域、切斷社會聯繫並禁閉自身。這種病症是由於長期以來總體性權力的強制性和不受約束造成大眾對於單一權力核心的信奉與依賴，形成總體性權力是社會穩定之必要條件的迷思，因此造成對社會自主性的懷疑和否定。而權力對社會自組織的負面定義和高壓維穩也必然造成大眾在表達、追求和維護自身權益的過程中，不斷強化訴諸總體性權力的記憶與實踐，從而主動避免公共參與和形成社會自組織。

權力與大眾對社會的恐懼及其相互作用形成了整個社會對社會自主性和自組織的排斥與否定，這是自主且自治的社會在當前中國缺失的根本原因。

資本主義、社會主義都離不開社會

站在中國社會轉型的十字路口，我們須清醒地認識到，作為特定歷史階段產物的包打天下的總體性權力是具有歷史局限性的；一個疲弱、被動的社會模式已經不能滿足今天經濟社會發展的需要。而且，總體性權力並不必然帶來社會秩序和社會穩定。在特定歷史階段，總體性權力也許是社會有序與穩定的前提和保障，但是在日益複雜化的經濟社會生活中，面對層出不窮、錯綜複雜的社會問題，總體性權力不僅應接不暇，而且因其自身缺少制約、官僚化、簡單化等缺陷，反而會成為社會失序的根源。

回顧一下世界範圍內社會進步的歷史對我們今天的社會建設或許是有利的。在近代歷史中，市場經濟本來就是在與社會進步的互動中得到完善的。在西方市場經濟發展的大轉變過程中，總是有「社會保護運動」與之形影相隨，交互作用。比如19世紀末20世紀初的美國，經濟發展雖然很快，但由於財團和寡頭壟斷，權力與資本結合，官員腐敗十分普遍，勞資矛盾尖銳，貧富差距加大。而從1900年到1917年，美國興起了一場「社會進步運動」——反壟斷、反特權、反歧視；爭取平等權利、改善工人待遇、緩解勞資衝突；開展社會慈善運動、消除貧困、救濟窮人；解決食品安全、環境衛生、貧困人口教育等問題。這一揭露社會黑暗與弊端、抑制權貴經濟、進行政治改革、重建法治規則、商業道德和社會價值的社會進步運動幾乎涉及社會生活的方方面面，對日後美國的發展和社會的長治久安產生了極其深遠的影響。

　　人們看到，資本主義的現實發展進程並沒有如馬克思預期的那樣，因其「內在動力最終會破壞它自我再生產的條件」而走向必然的衰落。相反，資本主義似乎有着更強大的生命力。同時，在資本主義社會中，階級結構也不是變得更為簡單和更加兩極化，而是變得更加複雜和愈加分化，階級鬥爭也並沒有導致資本主義的崩潰。「資本主義在20世紀的真實軌跡」並未提供支持馬克思論斷的證明，這恰恰是因為社會、特別是公民社會的存在和作用維持了資本主義的持續和發展。

　　對此，倡導社會學馬克思主義的麥克·布洛維（Michael Burawoy）評論道：「經典馬克思主義也沒有料到，資本主義內部發展出的社會再生產的多種機制會那麼有活力、有彈性和有效力」[1]。基於對資本主義發展歷程的分析，社會學馬克思主義認

1　麥克·布洛維，〈走向社會學馬克思主義：安東尼·葛蘭西和卡爾·波蘭尼的互補合一〉，《公共社會學》，沈原等譯，社會科學文獻出版社，2007年。

為，資本主義之所以垂而不死、腐而不朽，其根本原因在於公民社會與能動社會的形成與發展。公民社會成為國家和日常生活進程相聯繫的一個新的鬥爭場所，使資本和勞工之間的利益得以協調。既與國家合作又具有獨立於國家的自主性的公民社會與國家的結合，穩定了階級關係，又為挑戰和發展資本主義提供了條件，遏制了革命趨勢。資本主義延續的另一原因，正是通過能動社會來抵禦過度市場化、商品化的毀滅性後果。能動社會是以自由權利為基礎而形成的社會保護運動，其意義在於保護社會的結構，保護維持公平正義的條件，制約具有毀滅社會傾向的市場力量，避免社會被市場所吞沒。美國當年之所以能走出大蕭條，並不僅僅是由於實行凱恩斯主義，由政府干預經濟，更重要的是「通過社會利益關係的調整、社會結構的轉型和社會制度的建設」，「通過重建社會來拯救經濟進而重建資本主義」，「將一個原始資本主義轉變為有福利制度和公民社會來保障的、可持續的現代資本主義」[2]。歷史證明，一個健全的社會，對於日常生活秩序的形成，對於公平與正義的維護，對於形成市場經濟的良好社會基礎，對於防止社會結構兩極化都起到了重要的作用。

應當看到，即使到今天，這種建設社會、保護社會的努力仍然沒有停止。有學者認為，近些年來，在全球化的過程中，資本的力量在急劇擴張，同時社會也在繼續努力，以抑制資本的過度膨脹。近幾年中，社會保護運動甚至佔據了主導地位，有人據此將其稱之為後全球化時代[3]。2007 年以來，由美國次貸危機引發的全球金融危機更是引起人們對不受規制的市場力量的懷疑。歐洲一些國家的政府和政黨甚至明確提出了「要市場

---

2 孫立平，〈以重建社會來再造經濟〉，《社會學研究》，2009 年第 2 期。
3 高柏，〈全球化選擇：釋放市場還是保護社會〉，《21世紀經濟報道》，2008 年 1 月 5 日。

經濟，不要市場社會」的主張。這進一步表明國家、市場和社會三者的角色關係：社會是用來與市場相抗衡、矯正市場消極作用的；而國家的重要角色之一則是採取措施以保護社會免受市場侵襲。

如果社會建設對資本主義都如此不可缺少，我們作為以社會主義制度立國的國家又為何要懼怕社會呢？

沒有社會才更可怕

權力懼怕社會是出於自保而產生的對於社會的誤識（Misrecognition），而公眾對社會的恐懼則來自於權力製造的虛假意識（False Consciousness）。如此上下互動必然形成社會建設的誤區和阻力，不利於落實黨提出的「堅持協調發展，加強社會事業建設；加強制度建設，保障社會公平正義；建設和諧文化，鞏固社會和諧的思想道德基礎；完善社會管理，保持社會安定有序；激發社會活力，增進社會團結和睦」[4]的重要方針。

社會建設的阻力之一是高壓維穩，其結果是造成「越維穩越不穩」的惡性循環。近年來大量的案例表明，旨在消除不穩定因素的維穩工作，實際上已經成為導致社會不穩定的因素之一。其重要原因在於，現有的維穩思路往往是以壓制正當的利益表達為前提的。在「穩定壓倒一切」的口號下弱勢群體的利益訴求和表達沒有出口，無論是信訪還是報刊，無論是網絡還是社會組織，都難以成為弱勢群體表達利益的有效渠道。實際上，當我們以穩定為由不允許農民工組織起來集體追討被拖欠

4　參見2006年10月11日中國共產黨第十六屆中央委員會第六次全體會議通過的《中共中央關於構建社會主義和諧社會若干重大問題的決定》。

的工資，不允許被拆遷戶就拆遷補償進行討價還價之時，維穩實際上已變成維護拖欠農民工工資的不法企業和承包商利益的工具，成為維護開發商掠奪被拆遷戶利益的工具。[5]

高壓維穩還不可避免地造成體制性防衛過當，杯弓蛇影、草木皆兵；而這種高度緊張、過分敏感狀態會導致權力濫用——以維穩的名義不作為或者胡作為，必然帶來更多更尖銳的矛盾與衝突。高壓狀態下的社會是很僵硬的，缺少彈性，因而必然也是很脆弱的。正常的公民社會實際上是能夠在緊張、僵硬的關係中起到緩衝、和解作用的，公民社會越強大，發育得越好，社會其實是越穩定的。而在國家、市場、民眾中間沒有這個公民社會，剛性的穩定就會是很脆弱的。失衡的利益關係，斷裂的社會結構，使任何一個偶然性事件都可能成為引發大規模衝突的導火線。而直到今天，在關於社會的本質、作用和意義上還存在着巨大的誤區，在一些人頭腦中，社會似乎總是站在國家或體制對立面的敵人，甚至被一些地方官員視為洪水猛獸。「社會」這個團結、穩定、和諧的最重要的組織和機制被視同異端，成為與其特質相悖的負面因素，這實在是天大的誤解。

由此可見，社會建設的當務之急是破除社會恐懼症，為社會正名，肯定社會的主體性，認識社會積極的建設性意義，允許社會的自組織，實現社會的自治與自律。具體而言，自治的社會首先是一種利益凝聚機制和民意表達機制，只有經過凝聚和提煉的利益訴求才能接近政府決策的層次，而分散的、散射的要求是很難在決策層面上進行處理的。利益要求的凝聚和提煉，必須以一定的組織形式作為載體——以有組織的方式增加公眾參與的環節，如用聽證、表意、監督、舉報等方式在涉及

5　參見清華大學社會學系社會發展課題組，〈以利益表達制度化實現社會的長治久安〉，《領導者》總第33期，2010年4月號。

公眾利益的問題上給人們表達的渠道和機會。由於不同的社會群體所掌握的資源和表達的能力都存在很大差異，組織起來的集體表達、溝通與協商對於弱勢群體就顯得尤為必要。經驗表明，經過凝聚的利益訴求和有組織的民意表達也更容易通過談判和仲裁等和平理性的方式獲得解決。

自治的社會同時也是相應的施加壓力機制。當今的社會，不同利益群體已經有了強勢和弱勢之分，強勢群體擁有的資源多，為自己爭取利益的手段也多；而弱勢群體要有為自己爭取利益的能力，必須得有特殊的施加壓力的機制。當然對施加壓力的機制需要用法律法治加以規範，但如果根本沒有這樣的機制，社會中弱勢群體的利益就無法得到保障。行之有效的施加壓力機制，應當包括集會、遊行、請願和罷工等有組織方式。例如在市場經濟條件下常見的勞資矛盾中，勞方往往在社會資本和政治資本方面均處於顯著劣勢，罷工是其最後、但也是最為有效的施加壓力的方式，而且這種方式若能轉變成常規政治的一個組成部分，即便是大規模的罷工、示威也不會對社會的基礎秩序造成整體性衝擊，反而有利於及時釋放和消解掉那些可能導致社會動盪的緊張。

構建和諧社會亦即建設主體性社會，在這一過程中，社會結構是社會主體性的基礎，社會組織是社會主體性的載體，而社會制度則是社會主體性的保障。其終極目標則是形成建立在有限的政府、有邊界的市場與自組織的社會三者之間相互制衡與良性互動基礎之上的多元社會治理模式。社會建設的當務之急是鍛造公民、培育自組織的社會、爭取信息透明和民意表達的渠道，使社會成為實在。這一切都有賴於自覺的公民、公民權、公民意識的生產，而這一切的前提須從破除社會恐懼症開始。

2011 年 3 月 6 日

28　社會進步 勢在必行

　　辛亥革命一百週年了。一百年來，中國社會經歷了難以盡數的內憂外患，一路坎坷、步履蹣跚地走到了今天。維新、改良、革命、建設、改革、發展，走向全球化現代社會的方向看似清楚而且形成共識，但轉型的道路何在，又如何去走卻是百轉千回，紛爭不斷。到了這二十一世紀的第二個十年開始的時候，我們似乎依然在「摸着石頭過河」。無論是篤信「模式」的，還是強調「特色」的，都無法證明自己指出的道路是坦途還是迷途；而沉迷於「大國堀起」的自信和驕傲的人們甚至無法找到支撐這國家大廈的社會基礎。

社會結構的失衡與斷裂

　　在經歷了超過三十年時間的改革開放之後，在進入了信息數字時代的今天，人們看到的是一個經濟快速增長、政治基本穩定而社會矛盾衝突日趨尖銳的中國。社會學家孫立平用社會斷裂與失衡來表述這樣一個社會的結構性特點[1]，而生活於其中的普通人也不難從日常生活的方方面面感受到社會出了問題，而且很嚴重。

---

*　本文原載於《巨輪上的中國：當前國際國內重大形勢分析》，中國發展出版社，2011 年 4 月。

1　參見孫立平，《斷裂：20 世紀 90 年代以來的中國社會》，社會科學文獻出版社，2003 年；《失衡：斷裂社會的運作邏輯》，社會科學文獻出版社，2004 年。

與經濟的高速增長、每年「保八」「保九」的經濟目標相伴的是社會階層化日益顯著，社會鴻溝日漸加深，社會衝突不斷加劇。體現為收入分配不均和貧富懸殊的現象實質是人們社會地位的差距。經濟學家陳志武指出，人們常常忽略了「中國最大的收入差距是政府跟民間社會之間的收入差距，而不是民間社會裏邊不同私人、不同私人群體的差距。當然我們知道北京也好、上海也好，還是在中國農村也好，不同人之間、不同人群之間、不同家庭之間收入差距越來越大，這個肯定是存在的。但是我覺得更大的、更嚴重的、更加失控的收入差距是在政府和民間社會之間……抑制政府收入不斷膨脹的問題，不止涉及到老百姓口袋裏邊能夠留下多少錢的問題，而且同時也涉及到整個中國經濟增長模式的問題」[2]。

　　發展速度很快而人們卻怨聲載道，緣於對社會不公正的切身感受，這形成一種經濟－社會悖論：雖然經濟快速增長，但社會中大部分人卻沒能從中受益；反之如若沒有經濟的快速增長，社會中的大部分人卻會從經濟停滯中受害。這一發展的悖論正是社會斷裂與權利失衡體現：社會等級與分層結構呈現為嚴重的兩極化，同時不同階層和群體之間缺乏有效的整合機制；城鄉之間、地區之間的鴻溝加大；社會生活與文化等多方面也呈現為斷裂狀態[3]。當改革開放的巨大經濟成果沒能為大多數人享有的時候，改革開放本身就會受到質疑，而這恰恰證明了民生與民主之間不可分割、不可替代的關係。

2　陳志武，網易財經訪談，載http://www.chinainperspective.com/ArtShow.
　aspx?AID=7366。
3　參見孫立平，《斷裂：20世紀90年代以來的中國社會》，社會科學文獻出版社，
　2003年，頁1–34。

處於轉型過程中的社會存在種種差距和分化甚至嚴重分化都不足為奇，而真正讓人憂慮的更有社會階層的定型化趨勢和機會結構的鎖閉。具體而言，所謂社會結構定型化與封閉化是指社會流動渠道（如教育、就業、升遷等機會）窄化或阻塞、發展機會不平等、階層之間的溝通和流動減弱等等，簡而言之，就是人們被固定在社會地位階梯的某個位置上不得動彈，社會下層看不到出路何在。

　　社會分層結構定型化的趨勢與資源配置格局的變化有關。上世紀80年代，是一個資源相對擴散的階段──集中在國家手中的財富開始以市場的方式向個人和不同群體擴散；在這一過程中，各階層、群體相對普遍地受益，而且對通過「努力奮鬥」而「共同富裕」的未來充滿希望；整個社會亦充滿活力。到上世紀90年代，資源配置格局和方式發生改變，經歷了從資源擴散到資源重新積聚的過程。通過權力與市場的結合，如大規模瓜分國有資產、貪污受賄、增加稅收、城鄉壁壘、國進民退等制度機制，收入和財富越來越集中。這一財富聚斂過程意味着社會中各種資源日益集中到極少數強勢群體手中。

　　資源配置的一體化格局和社會結構的定型化趨勢導致財富、權力和聲望的高度壟斷，造成強勢壟斷集團的「通吃」；與此同時是一個龐大的底層群體的形成。這一底層群體的成員經濟收入微薄，政治地位低下，社會保障不足，而最根本的是他們基本權利的缺失，而且在巨大的社會不公正背景下形成強烈的階級意識。社會權利失衡與社會結構定型化必然造成富者愈富，貧者愈貧，而且強者恆強，弱者恆弱。

　　社會結構失衡與定型化造成機會結構的鎖閉，使得除強勢壟斷集團之外的其他社會階層尤其是下層無法向上流動，他們就是再勤勞、再聰明也難以提升自己的社會地位，看不到發展

的機會和出路在哪。當今中國社會中的「×二代」現象就是這種機會不平等的突出體現：

「官二代」——運用權力帶來的各種資源如非正式渠道、裙帶關係甚至賄賂腐敗等，在教育、求職、升遷等方面佔盡先機，甚至公務員崗位量身定制，未畢業先定崗，未成年已就業的情況時有所見；

「富二代」——由於社會財富可通過不動產等方式進行再分配，加之金融股票市場方面的優勢，特別是權錢交易的猖獗和社會關係網的存在，他們在招生、招聘、和各類市場信息獲得上也佔據相當優勢，易於獲得有利位置和豐厚收益；

「窮二代」——缺少各類資源和關係，在所有競爭、博弈中均處於不利地位。近年來有調查數據顯示，來自農村和城市貧困家庭的大學生在各重點高校中呈明顯下降趨勢：「在高等教育擴招之後，重點高校的農村學生比例明顯下降，優勢階層的子女更多集中在熱門專業，低階層家庭子女的高考錄取分數普遍高於優勢階層的子女，高等教育入學機會的階層差距呈現擴大的趨勢」。[4] 在一些地區，高考中「棄考」現象大量出現。窮二代即使憑自己的勤奮和聰明考上了大學，在就業上也難免遭遇困境，畢業即失業的情況並不鮮見，淪為「啃老族」、「蟻族」甚或「鼠族」[5]的大有人在。鄭輝、李路路關於階層再生產和代際流動的研究表明：在市場轉型過程中，中國不同類型的精英群體（行政幹部精英、技術幹部精英、專業技術精英）通過排斥非

4　楊東平，〈高等教育入學機會：擴大之中的階層差距〉，《清華大學教育研究》，第27卷第1期，2006年2月。

5　指蝸居於城市中的廉價出租房或地下室中的大學畢業生和農民工。

精英群體進入的方式在代際間實現了人員的自由交換,在市場轉型時期,中國的非精英群體的子代很難進入精英群體。中國的階層流動出現了明顯的封閉趨勢。工人農民等下層群體的後代進入上層的比例明顯低於社會上層家庭出身的孩子[6]。

強勢壟斷集團的「通吃」使得權利關係嚴重失衡,造成強者和弱者之間完全沒有進行利益博弈的可能性;進而向上流動的門檻高到無法逾越,整個社會流動趨於凝固。這必然導致社會矛盾不斷積累、日趨尖銳和底層群體的絕望。一聲「你們算個屁」、一句「我爸是李剛」將這一社會結構的定型化趨勢表達得淋漓盡致。

社會信任結構崩解,尤其是公信力喪失,是社會結構斷裂與失衡的又一突出表現。中國社會現階段的信任危機已經是朝野上下有目共睹和共同憂心的現象:人與人之間、不同的社會群體之間各存戒備,體制內外互不信任,官民之間尤其互不相信。人本是社會性的存在,一個社會中若是基本的信任結構崩塌,人類活動的交易成本就會高得驚人,這樣的市場環境、生存環境會讓生活於其中的人們不堪其重,身心俱疲。不僅如此,信任結構崩潰還會導致社會矛盾加劇,衝突事件頻發。至今仍未平息的浙江樂清錢雲會案就是這種公信力喪失的典型例證,即使在官方以前所未有的方式反復、詳細地公開案情材料、調查證據之後,涉事村民和廣大網民依然是憤恨難平,悲情滔滔。「任你說破了大天我也不信」是長久以來公權力與公眾之間深深的不信任的積累,其原因在於,真相是權力所壟斷的、是權力所宣佈的,而公眾所要求的真相不僅僅指事件發生

6　鄭輝、李路路,〈中國城市的精英代際轉化與階層再生產〉,《社會學研究》,2009 年第 6 期。

的真實過程，而且包括事件何以發生的邏輯──其完整背景和前因後果。在探尋真相的過程中，公眾有邏輯思考、推理判斷的能力，他們不能接受如以往惡性事件發生時的掩蓋和離奇的解釋，不能接受僅就事件表相的「宣佈」，不能容忍那麼多缺少邏輯關係的「恰恰」。根據常識，有真相才有社會的公平和正義，有真相才有信任。就真相有不同的判斷和觀點是正常的，就複雜事件追索真相因而是一個複雜的論爭和博弈過程，而真相正是在多種聲音中才能呈現。因此公民參與追尋真相的過程就萬分重要；而打破權力的真相壟斷也十分必要。

對於信任危機的存在人們有目共睹，但是關於造成危機的原因和化解危機的機制可能就意見分殊了。一般性地將信任缺失歸結為社會的現代化進程──利益分化、人口流動、信息爆炸、社會變遷或社會轉型，恐怕並不能真正解釋中國社會的結構性特點和內在邏輯。畢竟，任何社會的發展變遷過程也同時是建立和完善規則（制度）的過程，基本的遊戲規則如果建立不起來或者只停留於紙面，人們當然不能相互信任，共同的遊戲（社會的運行）也當然沒法玩下去。

社會生態惡化與權力不受制約

權利失衡與社會斷裂達到相當嚴重的程度意味着整個社會生態的惡化甚至是文明的淪陷。近年來不斷發生的惡性事件諸如在不同地方一再出現的黑窯奴工現象、年年上演的拖欠農民工工資的事件、多起發生在學校幼兒園的屠童案、充滿血與火的暴力拆遷、富士康青年農民工十幾起連續跳樓自殺、造假謀利導致食品安全危機的重大案件等等，無不是社會生態惡化的表徵。

社會生態惡化即孫立平所說的「社會潰敗」,[7]它是指社會系統自身的組織或細胞出了嚴重的毛病,如同人體的免疫系統疾病,造成肌體腐敗、功能喪失,堪稱社會癌症。而社會生態惡化與權力的膨脹和失控是密不可分的。就現實而言,在缺少自主的市場和自主性社會的情境下,權力非但解決不了經濟和社會的問題,甚至連它自己的行為也無法控制。而權力一旦失控,即「權力成為不但外部無法約束而且內部也無法約束的力量」時,腐敗、作惡和枉法就已處於「不可治理」的狀態。如此上無約束,下無監督,左右無制衡的不可控權力,必將導致權力合法性的喪失,各種潛規則支配着社會的實際運作,對整個社會的公平正義和道德理念造成嚴重侵蝕;與此同時,公眾的信任感和社會認同也會急劇喪失。權力失控和腐敗必然導致現實中巨大的社會不公正,於是整個社會衝突頻發,上下交惡,以鄰為壑,規則不存,亂相環生。事實已經證明,腐敗是失控的權力的必然結果,而沒有對權力的有效約束,任何反腐敗措施都是不可能奏效的。

　　在這樣一個病態的社會中,官民雙方都難免患有某種病症:一方面是高度緊張、風聲鶴唳而又蠻橫妄為的權力;另一方面則是憤怒而絕望的悲情大眾;雙方都很容易失去理性,訴諸暴力,而自殺、殺人、打、砸、搶、燒等極端方式和突發性群體性事件也就在所難免。化解社會矛盾、消散暴戾之氣需要大悲憫和大智慧,而這都離不開正常的社會生活。人畢竟是社會性動物,缺失了正常的社會關係、社會互動和社會規範就難免進入病態。在市場和社會發育程度低而權力獨大的情況下,

7　孫立平,〈對中國最大的威脅不是社會動盪而是社會潰敗〉,載 http://blog.
　sociology.org.cn/thslping/archive/2009/02/28/13195.html。

發生權力的濫用、失控和腐敗是不可避免的，而暴力抗爭、以暴易暴幾乎也是不可避免的。

中國改革開放三十年來，在取得巨大經濟成就的同時，諸多社會矛盾和社會問題也已經浮出水面，比如貧富差距擴大、官民關係緊張、勞資糾紛增多等等。歸根到底，這些矛盾和問題的根源是由於改革過程中權力、市場和社會三種力量的失衡，以及由此造成的「權力之惡」和「資本之惡」。更危險的是，「權力之惡」與「資本之惡」的效果已經疊加在一起，正如有學者將當前中國的市場經濟稱為「權力市場經濟」。[8]

權力市場經濟的一個顯著特點就是權力和資本結合而形成壟斷性的特殊利益集團，壟斷稀缺資源、攫取超額利潤，影響政策制定和執行，從而造成嚴重的社會不公正。社會的羸弱和缺失會導致在經濟快速發展的同時社會矛盾突出乃至激化，資本和權力如果不能置於社會的監控之下，就會成為一種失控甚至作惡的力量。就此而言，社會建設的任務已經迫在眉睫。

走出困境的社會之路

面對中國社會轉型的困境和社會生態惡化的嚴重態勢，會有各種治理方略出台，但是錯誤的判斷和錯誤的治世藥方，常常是治標不治本，甚至是頭痛醫腳、腳痛醫頭，無異於畫餅充飢甚至飲鴆止渴。中國社會的強權力、弱市場、無社會三個因素結合在一起，是社會生態惡化的根本原因。它造成特殊利益集團畸形發育，不公正的社會秩序得以形成。在此情況下，唯

8　楊繼繩，《三十年河東：權力市場經濟的困境》，武漢出版社，2010年。

社會建設是公平正義得以實現的保證，重建社會或許是我們走出這個困境的唯一道路。

從理論上說，一個正常、健全的社會應該是權力、市場、社會三種力量鼎足而立、相互制衡。在市場和社會發育程度低而權力獨大的情況下，會發生權力的濫用和失控；在市場和權力的力量很強而社會很弱的情況下，則會導致權錢結合的治理模式。不難看到，當下中國社會的現狀即是權力與市場緊密結合，擠壓和佔領社會空間，使得「社會」這個社會主義制度本應具有的最重要的內涵無從形成。如此情境下，黨的十七大提出的「社會建設」目標，以人為本的科學發展觀和構建和諧社會，正是治理社會生態惡化的根本方向。

建設什麼樣的社會？是我們首先要面對的問題。社會不是虛無縹緲的，它如同國家和市場一樣，有着實質的含義和內容。對於社會的理解，有兩種不同的角度：一是作為領域的社會，即社會是與經濟、政治、文化並列存在的一個領域。把社會領域內的事辦好，如大力發展科、教、文、衛等社會事業，改善社會管理和加強社會保障等社會制度也是社會建設的重要內容。二是作為主體的社會，即我們所理解社會必須將其放在與國家和市場的關係之中，社會是獨立於國家和市場之外，又與前兩者緊密相關的一個制度空間和行動領域；我們所強調社會建設的含義重在建設和維護社會的主體性，即培育一個獨立、自主、自治、自律的主體性社會。就此而言，相對於國家的「公民社會」和相對於市場的「能動社會」構成了社會的兩個基本面向。

「權力之惡」與「資本之惡」的存在意味着我們面臨對社會的雙重呼喚，即我們既需要制約權力的「公民社會」，也需要駕馭資本的「能動社會」。公民社會以民主為第一要義，有助於避

免葛蘭西意義上國家吞沒社會的「政治專制主義」；[9]能動社會以民生為第一要義，有助於避免波蘭尼（Karl Polanyi）意義上市場吞沒社會的「市場專制主義」。[10]當前的社會建設，因此必須從兩個方面同時用力，即建立有效的勞資雙方的利益博弈機制、以調整勞資關係為突破口的「能動社會」建設和建立公民參與機制、以調整「官民關係」為突破口的「公民社會」建設。[11]

在中國社會結構轉型的過程中，我們竟然面對一個巨大的悖論：社會並不是一種實體性存在，社會主義無社會！[12]現實當中虛擬的網絡社區尚不能合法存在與正常運行；公共領域和公民行動尚無合法性空間；各類社會組織的發展亦面臨種種困境。我們所要建設的社會是實體，是主體性存在，否則就是不存在。

誰來建設社會？涉及到社會建設的主體和動力問題。權力主導的社會建設將導致重建總體性權力。如此的建設社會，結果只能是以建設社會為名，行建設權力之實，其結果是壓制社會和進一步強化權力，根本無助於社會主體性的培育和發展，無助於社會的形成，與社會建設的真正目標背道而馳。社會建設就其根本而言，應該是一個「自組織」而非「被組織」的過程。

重建社會要靠公民的參與和行動，也就是說，建設社會的主要力量是懂法律、有理性、明白自己的權利、義務且能夠合法合理地保護自己權利的有組織的公民。組織起來的公民通過

9　安東尼奧・葛蘭西，《獄中劄記》，人民出版社，1983年。

10　卡爾・波蘭尼，《大轉型：我們時代的政治與經濟起源》，浙江人民出版社，2007年。

11　參見清華大學社會學系社會發展研究課題組，〈走向社會重建之路〉，《戰略與管理》，2010年第9/10期合編本。

12　郭于華、史雲桐，〈馬克思主義與社會〉，《開放時代》，2008年第3期。

行動才有可能擺脫「被」的命運；社會是在實踐公民社會理念的行動過程中生產出來的。社會建設要着眼於三個基本點：社會結構是社會主體性的基礎，社會組織是社會主體性的載體，而社會制度則是社會主體性的保證。如前所述，社會建設的基本內涵是建設對應於國家的公民社會和對應於市場的能動社會。而建設的當務之急是鍛造公民、培育或生產自組織的社會、爭取信息透明和民意表達的渠道，使社會成為實在，形成市場－國家－社會之間能夠相互制衡的結構。社會組織、公民運動、信息溝通和公共性的形成，這一切都有賴於公民、公民權、公民意識的生產。構建社會須從培養公民開始，需要制度、文化和行動者之間的互動與互構。具體而言：

首先是信息透明，有暢通的信息渠道才能實現公民的知情權──了解真相的權利；有真相才有信任，有真相才有社會公正。近年來發生的「甕安事件」、「石首事件」等一系列群體性事件幾乎都與信息的發佈、傳遞、接受的方式有關。在信息高度壟斷的情況下，公眾經常寧願去相信各種「來路不明」的消息，卻不相信來自正式渠道的信息，而且越聲稱是權威的、官方的、專家的信息和解釋，人們就越不相信。公信力的喪失是信息壟斷甚至虛假信息的必然結果。

其次是利益表達，承認和保護公民的合法權益是社會建設的應有之義。公民需要通過社會參與來實現和保護個人權利；常規的、制度化的利益表達渠道也必不可少。一個健全的體制應該容納各種合法的表達方式，包括信訪、上訪和通過各類媒體的意見、質疑和批評的發表，也包括集會、遊行、請願、對話等法律框架內的抗爭表達方式，而不是一味地嚴防死守、草木皆兵。就此而言，和諧的社會正是有不同的利益群體存在、這些群體能夠保護自身利益並且表達各自利益訴求的社會，這需要體制具有包容和化解社會衝突的能力和容量。

最為關鍵的是制度建設和體制改革。社會建設需要制度的保障，社會組織需要合法性空間，健康的公民運動也需要制度化過程。近年來，中國公民社會的成長已經初露良好趨勢：日漸趨於理性、溫和、成熟。例如四川大地震救災中的志願者和草根組織的救援行動；上海 11.15 特大火災後公民自發的獻花哀悼活動和遇難者家屬所表達的「先問正義，再談利益」的公共意識；發生在各地的理性平和地維護合法權益的運動，等等。這些都體現着公民意識的成長與自覺，也表明對社會建設的迫切需要，應該說公民社會的成長已經獲得各種社會力量的共識。

社會建設的最終目標是形成建立在有限的政府、有邊界的市場與自組織的社會三者之間相互制衡和良性互動基礎之上的多元社會治理體系和社會治理模式。我們應該做的是讓三者各歸其位：政府的歸政府，市場的歸市場，社會的歸社會；三者各司其職，各守本分，互補互助，相互制衡；這才是應對日益複雜的經濟社會生活的正確選擇。就此而言，走社會建設之路，通過公民社會的成長來制約權力，遏止社會潰敗，可能是我們走出困境、走向理性、進步、和平發展的唯一道路。

建設作為主體的社會，必須依靠作為主體的、有現代社會理念、尊從法律的公民。暴力革命的道路一再被證明是走不通的。重建社會是一條理性的、溫和的改良之路，是成本代價最低的進步之路、和諧之路。因而，公民社會對於執政黨和政府而言並不是洪水猛獸，而是理性、溫和的改良與進步的力量，勿寧說是保證其穩定、安全的最重要力量。作為公民，應該通過社會參與和積極行動實現和保護自己的合法權利，同時推動公民社會的建設。而對權力而言其實也很簡單：放鬆緊繃的神經，放開緊握的拳頭，向社會開放合法性空間，讓公民社會健

康發育。給社會以正常的空間，實在是良善之舉，也是明智之舉。換言之，推動社會建設、社會保護、社會進步，是為了實現社會的公平正義，是為了全體人民的福祉，也是為了自身的安全。為此國家應承擔更多的責任，也應有更多的自信和寬容：社會進步的方向是歷史的必然，不可逆轉，無處回避。

2011 年 3 月 14 日

29 我們究竟有多特殊？

　　特殊主義與普遍主義的關係是一個長久爭論的話題。作為處理社會關係的不同標準和方式，二者其實並非絕然對立，非此即彼。在幾乎所有社會中，普遍主義與特殊主義都會並存；只是一般而言，傳統社會通常更強調和盛行特殊主義而現代社會普遍主義會獲得更多的認同，畢竟，人類所構成的世界正變得愈來愈相似和關聯緊密，人們的社會生活需要更多的共同準則與價值。

　　上個世紀 80 年代以來，伴隨着文化多元主義、社群主義和女權主義的興起，西方社會盛行的反普遍主義思潮，包括對一元現代性、對單極化的批判、對科學主義、啟蒙話語的質疑等，是西方社會面對自身的問題進行的批判性反思，實際上正是以批評西方文化中心主義和文明優勢論為思想基礎的。如若在不同的情境下，即在中國社會還羈絆於前現代、非現代困境時，盲目追逐或套用西方的反普世主義，無疑會導致南轅北轍的結果。

　　現代社會－文化人類學一直強調文化相對主義，對西方中心論和文化霸權持批判立場。其實這種相對主義也是相對的：相對於文化中心主義——即認為自身文化最為優越，最為文明，是全人類仿效的對象。但文化相對主義走到極端也會成為它所

＊　本文原載於《社會學家茶座》，2012 年第 6 輯。

反對的文化特殊主義，所謂相對，就是反對絕對化、單極化；而主張的則是多元共存。既然要共存就須同場博弈，如同一起玩一場大遊戲；而一起玩就得有相互認同的遊戲規則，就要有共同接受的價值標準──普世價值；因而，可以說普世價值是構成人類社會共同準則的理性基礎。

當下不時看到強調中國國情特殊、不宜實行來自西方的自由民主制度，中國必須保持自己的特色、走自己的道路等的特殊論觀點；而且為了證明「中國模式」的獨特和優越，舉國體制、集中力量辦大事，統一（相對於多元）、穩定（相對於動亂）常常拿來說事。為了強調中國的特殊性，就得批判普世價值，以中國特殊之優越來證明共同價值之不存；而十分悖謬的是，與此同時這種論點還經常指責中國人民素質低，因而不適合民主。

每當看到這樣的觀點和論證，總不免讓人想問一聲：中國有那麼獨一無二嗎？進而，中國人是人嗎？

何為普世價值？根據維基百科的表述，就是泛指那些不分領域，超越宗教、國家、民族，只要本於良知與理性皆為所有或幾乎所有的人們認同之價值、理念。簡而言之，就是每個人都應該得到符合人性的或者人道的對待；就是作為人享有基本的信仰自由、言論自由、出版自由、結社自由，免於匱乏和免於恐懼的自由。

在幾年前官媒官學猛批普世價值的時候，我曾經寫過「普世價值本是常識」一文。按照常識性的理解，「普世價值」是指人類在長期的歷史進程中形成的共同價值觀和創造的文明成果，大體包括自由、民主、科學、人權、法制、平等、博愛等等理念；這些普通人都不難明白的道理，說白了就是人人都需要人人都喜歡的價值觀，有人說得極端些，就是連流氓都不能公開否認的東西。是啊，流氓都得承認的理，強盜都得遵守的

道，還用得着討論麼？否認普世價值基本上就是公開表明：我就是不講理了。這讓人想起文革時曾經有「寧要社會主義的草，不要資本主義的苗」的口號，前不久又看到「寧可華夏不長草，也要收回釣魚島」，「寧可中國遍地墳，也要殺光日本人」的標語，這就是不講道理的表現。

如此說來，無論中國人多麼堅定地要保持自己的「特色」，多麼強烈地反對西方現代性並要形成自己的現代性，進而走出一條優越於西方的發展道路、實現中華民族的偉大復興，也不能以反對普世價值為宗旨，也不能背離人類文明的主流。除非我們根本就是苗草不分、黑白不明、是非不辨的一群。

魯迅曾以「投槍」、「匕首」般的尖刻對傳統國民性進行批判：他着重鞭撻主子（統治者）、奴才、看客等類，並深刻揭露「怯弱，懶惰，而又巧滑」、自主精神缺失、「瞞和騙」、「精神勝利法」、麻木、守舊、盲目自大、順從忍讓等一系列所謂國民劣根性[1]。

其後，更有柏楊以《醜陋的中國人》為書名，痛指「這麼一個龐大的國度，擁有全世界四分之一人口的一個龐大民族，卻陷入貧窮、愚昧、鬥爭、血腥等等的流沙之中，難以自拔。」對中國人的「髒、亂、吵」、「窩裏鬥」、「不能團結」、「死不認錯」、「沒有包容性的性格」，只有「狹窄的心胸」等等醜陋現象一一針砭，並分析醜陋的原因在於「中國人是一個受傷很深的民族，沒有培養出讚美和欣賞別人的能力，卻發展成自鬥或阿諛別人的兩極化動物。更由於在醬缸裏醬得太久，思想和判斷以及視野都受到醬缸的污染，很難跳出醬缸的範疇」。而「文革」這樣一場人造浩劫，不僅造成生命的損失，「最大的損失是

---

1 見《魯迅全集》，《墳》，《熱風》，《吶喊》，《野草》等。

對人性的摧殘和對高貴品德的摧殘。人如果離開了人性和高貴的品德，就跟禽獸毫無區別」[2]。

有着強烈民族自尊心和自豪感的國人看到這樣的評價多半會氣得發抖，但仔細琢磨一下恐怕又覺不無道理，所謂愛之深，恨之切。回到本題，我們到底有多特殊？我們還是不是人類共同體中的成員？無論我們在飲食、服飾、語言、文化、宗教、信仰方面有多麼獨特，我們屬於人類這一點應該沒有異議，問題在於究竟是什麼讓我們如此特殊？以至於像是人類社會中的另類？

中國人是不是人，取決於制度安排和治理理念是不是以人為本，是不是把人當作人，是不是以人道主義待人。

我們常常聽聞人們在面對現實的社會不公而無奈時說的一句話：「別忘了你是在中國」。這道出了體制機器從不把人當作人的本質。人們熟知的雷鋒日記中有這樣的句子：「我要做一顆革命的螺絲釘，黨把我擰在哪裏我就在哪裏閃閃發光，永不生銹」。文革時的革命口號說：「革命戰士是塊磚，哪裏需要哪裏搬；搬到大廈不驕傲，搬到廁所不悲觀」。

很顯然，螺絲釘不是人；磚石泥土不是人；草芥螻蟻不是人；馴服工具不是人；馬鈴薯不是人；烏合之眾不是人；義和團不是人；紅衛兵不是人；凡被驅使者都不是真正意義上的人！內戰中的士兵不是人，是炮灰；歷次政治運動中的鬥爭對象不是人，是要被消滅的階級敵人即非人，而作為運動動力的群眾也不是人，是被利用的武器；大饑荒中被餓死的不是人，只是作為數字存在的人口；新世界工廠中的工人不是人，而是靈巧

2 柏楊，《醜陋的中國人》，另載http://book.sina.com.cn/nzt/1099295539_chouloudezhongguoren/

又馴服的人手；奧運賽場上的運動員不是人而只是拿金牌的工具；死於「躲貓貓」等五花八門形式的在押嫌疑犯們沒有被當作人；在街頭被城管追、打、搶、砸的小商販們沒有被當作人；倒在強拆車輪下的錢雲會們沒有被當作人！在現實和虛擬世界中被禁言被失蹤的也同樣沒有被當作人！同樣地，實施強制壓迫的國家機器當然也不是人。

「以人為本」，這是黨和政府早在2003年黨的十六屆三中全會上就明確提出的，並且作為科學發展觀的基礎。為此，我們必須改變不把人當作人的制度與文化基礎，中國諸多問題的癥結是沒把人當人。而當我們探索中國的憲政民主之路、努力融入人類文明主流的時候，卻總有強大而不停的呱噪：中國人不適合民主，一旦民主就會亂；決不搞西方那一套；中國模式最優越。這就如同當你還跪着的時候，就有人告訴你一旦站起來就會摔倒因而很危險。

當今世界中，一國之國民要成為真正的人，首先必須成為公民，即懂法律、有理性、知曉自己的權利、義務且能夠合法合理地保護自己權利的有組織的公民。是不是人取決於我們要把自己當作人！要努力成為公民，要推動公民社會的成長。這也是漢娜•阿倫特（Hannah Arendt）意義上的行動的人，獨立思考的人，積極生活的人。在阿倫特看來，公民的性質不僅僅是一種政治共同體成員的身份，而且更是一種作用和能力，自由的個體以此在共同事務中成為有效成員。而相較於勞動和工作，行動置於「人的條件」的核心位置。行動是至高無上的人性的形式，沒有行動的生命「簡直是死寂一片，它不再是一種人類生活，因為此時人不再生活於人與人之間」[3]。

3　漢娜•阿倫特，《人的條件》，竺乾威等譯，上海人民出版社，1999年。

公民的行動以人的自由、尊嚴以及積極進取的主體性為基礎，以人的自我啟蒙為條件。由此個人才不再是孤獨冷漠絕望的個體，而是現代社會中的公民——承擔作為公民的責任，為自己的權利負責，為公共事務負責。公民社會的力量，公民的覺醒與能動性——公民的勇氣、公民的能力和公民的智慧是創造性力量，也是社會活力與改革動力的不竭之源。體制改革的動力來自社會而非權力自身：體制內的改革力量是在社會力量的逼迫下產生的；公平正義的規則是在各種力量的博弈中形成的；公民社會是在公民的參與行動中生產出來的。走出停滯狀態、恢復社會活力只能從公民的自覺和公民的行動開始。

　　1804 年 2 月28日，德國小鎮哥尼斯堡所有的教堂喪鐘齊鳴，在許多素不相識的市民的矚目下，80 年前從這裏誕生的哲學家康德下葬在故鄉冰冷的墓穴裏。一塊樸實的墓碑上，鐫刻著音樂家貝多芬從康德《實踐理性批判》中摘錄的句子：「位我上者，燦爛星空。道德律令，在我心中。」[4]

　　《美國獨立宣言》第二段開頭的字句：

We hold these truths to be self-evident, that all men are created equal, that they are endowed by their Creator with certain unalienable Rights, that among these are Life, Liberty and the pursuit of Happiness. That to secure these rights, Governments are instituted among Men, deriving their just powers from the consent of the governed.

這段字句被稱為「改變人類歷史的五十五個字」而廣為人知。

4　參見http://club.kdnct.nct/dispbbs.asp?id=2485483&boardid=1。

從現實的日常生活開始，為實現和保護生命權、自由權和追求幸福的權利而行動、而發聲，我們將證明中國人不是另類，而是人類大家庭中生而平等的成員。而此行動的過程中也將站立起真正的人、大寫的人！

2012 年 10 月 21 日

30 憲政之路，光明之路

近日，關於憲政和依法治國的討論又進入新一波熱議，原本以為十分清楚的概念出現了分歧和爭執，似乎有關依法治國的討論又回到了起點。

憲政民主，國之根本

憲政（Constitutionalism）又稱立憲主義，據百度百科解釋，是一種主張國家權力來自並被一部基本法律約束的政治思想，是規定公民權利的學說或理念。這個基本法即憲法。

據維基百科：憲政是代議制民主的基礎和保障，同時也是對民主政治的制衡，在憲政國家，政府和公民的行為都是有邊界的，不能互相僭越，政府所代表的行為世界是公部門，相對來說公民的行為世界稱作公民社會。憲政的根本作用在於防止政府（包括民主政府）權力的濫用（即有限政府），維護公民普遍的自由和權利；傳統上，憲政本身並不直接涉及到政府是否通過民主選舉產生，但現代憲政理論往往與民主的概念密不可分[1]。

---

1 見維基百科，〈憲政主義〉，載 http://zh.wikipedia.org/wiki/憲政主義；求是理論網〈關於憲政的綜述〉則更為全面，不僅從概念、理論層面加以說明，還就西方國家的憲政歷程、憲政在中國經歷了什麼？憲政在當下的意義、憲政夢的內涵等進行了充分討論。見求是理論網，〈關於憲政的綜述〉，載http://www.qstheory.cn/ztck/2013nd/xzzs/。

從概念出發，不難理解，所謂憲政的基本涵義有兩點：保障每一個公民的基本權利和自由；限制公共權力，一切公權力行使的合法性和權威（經同意的治理權）來自於憲法。

十八大以來，習近平總書記多次強調憲法法治的首要性：「堅持依法治國首先要堅持依憲治國，堅持依法執政首先要堅持依憲執政」。有媒體梳理了習近平「依法治國」論述的七大關鍵詞，即：依憲治國，立法反腐，依法改革，司法公正，司法改革，法治思維，依法治軍[2]；更有媒體以新聞圖解的形式將習近平關於憲法的論述展示得一目了然，例如：憲法是治國安邦的總章程；任何組織或個人都不得有超越憲法和法律的特權；黨自身必須在憲法和法律範圍內活動；保證公民在法律面前一律平等，尊重和保障人權，保證人民依法享有廣泛的權利和自由；等等[3]。

顯而易見，無論是哪種梳理和概括，新一代黨和國家領導人對依憲治國、依憲執政的強調都是言之鑿鑿且清清楚楚的：憲法至上，法外無權，黨在法內，保障人權，這些基本要點簡單明瞭，無有歧義，而且與憲政的定義完全吻合。可以不含糊地說，依憲治國、依憲執政就是憲政。而且在這一點上，體制內外和社會各階層是有着相當共識的。

然而令人有些詫異的是，本來清楚明瞭的憲政概念在一些人的言說中卻變得含糊曖昧起來。

2　〈媒體梳理習近平「依法治國」論述七大關鍵詞〉，搜狐新聞，載 http://news.sohu.com/20141018/n405229753.shtml。

3　〈習近平關於憲法的論述〉，正義網，載 http://news.jcrb.com/chart/201412/t20141204_1456004.html。

話語遊戲，誤國害民

第一波反憲政高潮出現在 2013 年 5 月，《紅旗文稿》首發楊曉青的〈憲政與人民民主制度之比較研究〉，該文開宗明義反對《南方周末》提出的「中國夢，憲政夢」，給憲政民主賦予資本主義的屬性，並直接反對「憲法和法律至上」。其時還有發表於《黨建》雜誌的〈認清「憲政」的本質〉，稱「憲政主張指向非常明確，就是要在中國取消共產黨的領導」；稍後未久，《紅旗文稿》再發〈對憲政問題的一些看法〉，稱「西方國家恰恰是寄希望於中國宣佈實行憲政，從而以之作為突破口，逐步取消共產黨的領導和社會主義制度」。

時至當年夏季，又一批反憲政之作密集出台：如王小石的〈中國若動盪，只會比蘇聯更慘〉，馬鐘成的〈「憲政」本質上是一種輿論戰武器〉、〈美國憲政的名不副實〉、〈在中國搞所謂憲政只能是緣木求魚顛覆社會主義政權〉〉，高翔的〈憲政潮是對十八大精神的挑釁〉和〈「憲政」理論是對中國改革的干擾和誤導〉等等，不勝枚舉。

對上述批憲政之論，一大批學者以簡潔清晰的憲政理論和對現實的分析給予有力的反擊，使憲政民主法治常識為廣大民眾所了解。財經網發表中國憲法學研究會名譽會長許崇德先生的文章，明確提出：〈憲政是法治國家應有之義〉。更有賀衛方、張千帆、王振民、秦前紅、陳弘毅等權威憲政學者和胡德平、楊恒均等以各種方式進行表達，對憲政的本質、要素和中國憲政之路進行了透徹的論述。我以為，本是常識性的道理並且在許多國家和地區為實踐所證明的憲政之路，已經無需再加以論證，而且黨和國家領導人所倡導的依憲治國、依憲執政與之完全不矛盾。然而沒想到的是，不知算是第幾波的反憲政潮流再起：

先有 2014 年底中國社會科學院法學所副所長莫紀宏在答《人民日報》節目「問政」時言:「依憲執政」不能簡單地等同於「憲政」,因為漢字的「憲政」已經在歷史上被作為許多命題表述的簡略形式使用過。當「憲政」一詞很大程度上被隨意地作為某些命題的縮寫版對待時,就會陷入概念含混的是非爭議中。總而言之,我國的依憲執政絕不是西方資本主義的憲政,兩者存在着涇渭分明、不容混淆的根本區別。簡單地將我國依憲執政類比於西方資本主義國家的憲政,在法理上是站不住腳的,在民主政治的實踐中也沒有任何現實意義[4]。

　　繼有新華社 2015 年初〈絕不允許「黨大還是法大」偽命題干擾政治定力〉的禁令強勢「亮劍」:「黨和法、黨的領導和依法治國是高度統一的」⋯⋯黨的領導是社會主義法治最根本的保證。法是黨的主張和人民意願的統一體現,黨領導人民制定憲法法律,黨領導人民實施憲法法律,黨自身必須在憲法法律範圍內活動,這是黨的領導力量的體現,是中國特色社會主義法治建設不可撼動的政治邏輯。牢記歷史教訓,立足中國國情,堅持黨的領導、人民當家作主、依法治國有機統一,增強「三個自信」,我們就能「任憑風浪起,穩坐釣魚船」,始終沿着中國特色社會主義的法治道路闊步前行[5]。

　　細究一下,前者非要在作為普世性的憲政原理與中國式依憲治國之間劃出楚河漢界,卻又説不出二者在法理上和實踐中到底有何區別;而後者則陷入詭辯式話語遊戲,黨＝法＝依法治國?法＝黨的主張＝人民意願?黨領導人民制憲、施憲＋黨

4　見人民網,〈「依憲執政」為何不能簡稱「憲政」〉,載 http://opinion.people.com.cn/n/2014/1203/c1003-26140256.html。

5　見新華網,〈絕不允許「黨大還是法大」偽命題干擾政治定力〉,載 http://news.xinhuanet.com/mrdx/2015-02/06/c_133974138.htm。

必須在憲法法律範圍內活動＝黨的領導力量？即使只從語言層面理解，誰能明白這是何種表達邏輯？到底想表達什麼意思？至於將「普世價值」、「憲政民主」視為「必須排除的各種干擾」[6]，就更是強詞奪理、甚至是不講道理的霸道作法。

憲政究竟是什麼？這個問題一點也不深奧，憲政學者張千帆明確指出：在形式意義上，憲政無非就是依憲執政，就和法治無非就是依法治國一樣[7]。

一系列反憲政言說，很大程度上是在玩語言遊戲，以纏繞循環手法使讀者陷入混沌，把原本清楚的道理往糊塗裏說。正常的頭腦都不難理解，非要強調依憲執政、依法治國不是憲政，就如同強詞奪理非要說「白馬非馬」、「鹿才是馬」一樣無理，一般荒謬。

正大光明，走向憲政

在命運多舛的近代歷史中，中國人對一個自由、民主、法治、公正社會的追求已逾百年。而百年之中，憲政進程卻屢遭挫折，憲政的理念也在種種曲解、詭辯甚至污名化當中變得模糊不清。且不提自辛亥革命以來艱難的立憲過程，即使1940年代末的憲政民主追求也超過了半個世紀之久，早在抗戰勝利之前，毛澤東就曾指出：

中國的缺點就是缺乏民主，應在所有領域貫徹民主：

中國人民非常需要民主……政治需要統一，但是只有建立在言論出版集會結社的自由與民主選舉政府的基礎上

---

6 參見http://news.ifeng.com/shendu/qiushi/detail_2013_10/16/30374719_0.shtml。
7 張千帆，《憲政中國的命運》，世界華文出版，2013年，頁5。

面，才是有力的政治。我們希望於國民政府、國民黨
及各黨派、各人民團體的，主要的就是這些。中國共
產黨所已做和所要做的，也就是這些。（《解放日報》
1944年6月13日）

如果連半個多世紀前也不須提及，至少中國邁向市場經濟、民
主政治的改革開放歷程也已經三十多年了。

英年早逝的憲政學者蔡定劍先生有言：「憲政民主是我
們這一代人的使命」，這是他留給外界的最後一句話，被稱為
「留下了長長的中國夢」[8]。一代又一代中國人，在前赴後繼地思
考和實踐着憲政理想，其實只是想要這個國家變得正常。

憲政民主和普世價值本是普通公民都應該了解的常識，
其中道理並不難懂。既不需要高深玄奧的理論，也用不着紛繁
複雜的論證，以現實為基礎，用常識來思考，是人人都能明白
的。正如企業家任志強一語道破的：其實憲政很簡單，就是把
「權力關進籠子裏，把鑰匙交給國民」！

政治學者劉軍寧通過對比説得更為清晰：

憲政是國家管理社會的一種政治體制，是人類歷史上迄
今為止最為人性有效的一種政治體制。憲政就是把統治
者關進籠子裏，並加以馴化，把他們從統治者馴化為執
政者，完全並永久剝奪他們手中作惡、專橫的權力。
一句話：憲政就是限政，就是馴服統治者，就是公民的
權利與自由的最大化，政府權力的最小化。反之就是暴

8　〈蔡定劍留下了長長的中國夢〉，《南方日報》，載 http://www.china.com.cn/news/
txt/2010-11/30/content_21454450.htm。

政，無可質疑！二者的區別是：暴政是用強權來建立政府，而憲政是用自由選擇來建立政府。[9]

作為憲政的基本內容之一，用選舉來建立政府，其背後的理念是，政府的統治是經過人民同意的，而絕不是打江山坐江山的邏輯。正如反極權專制的先驅者林昭詩云：「祇應社稷公黎庶，那許山河私帝王？」「打江山者坐江山」認同的是成王敗寇，是相當原始野蠻的邏輯，距離現代政治理念何止千萬里。

憲政作為制度，是基於人性惡的設計。英國保守主義思想家大衛・休謨（David Hume）說：「在設計任何政府體制時，必須把政府裏的每個掌權者都設想為無賴之徒，並設想他的一切作為都是為了謀求私利，別無其他目標」[10]。麥迪遜等在《聯邦黨人文集》中也認為：「如果人都是天使，就不需要任何政府了。如果是天使統治人，就不需要對政府有任何外來的或內在的控制了」（第51篇）。林達曾以「一個收銀機的故事」來說明制度作為一種機制的發明，如何解決了人的不可靠性——收銀機保障了對於不可靠的人的篩選，和對於不可靠行為的監督和控制；[11]恰恰因為人是有弱點的，人是靠不住的，甚至總統也是靠不住的，所以必須依靠制度設計實現經濟活動和社會生活的正常運行，而不是寄希望於「素質」最佳和「道德」最優。美國的立國之父們曠日持久的「制憲會議」，就是在「設計一台收銀機」。

概而言之，憲政是作為機制的制度，即能夠實際運作起來的制度，而不僅僅是停留於紙面的法律條文。中國當前之所以

9　劉軍寧，〈告訴你什麼是憲政和暴政？〉。

10　休謨的「無賴假定」，見劉軍寧，〈專政等於憲政嗎？〉，載 http://www.aisixiang. com/data/81458.html。

11　林達，《總統是靠不住的》，三聯書店，1998年。

有憲法有法律而無法治，就在於憲政尚未真正運轉起來。百年蹉跎，時不我待，建立在普世價值基礎上的憲政民主須儘快上路。「歷史的先聲」尚記憶猶新，新時代的承諾更猶言在耳。新時期領導人對人類共同追求的價值觀的表述，被視為中國社會向現代文明全面回歸的標誌，這理當成為真正落實憲政民主、推動政治體制改革、構建和諧社會的強大動力。而在此繞圈子、設陷阱或畫地為牢的做法都是在拖延乃至毀壞中國社會的進步。讓我們重溫：憲政保證人民的自由和權利，限制政府的權力和邊界。普世價值，本是常識；依法治國，方為正途；憲政之路，才是光明之路，光榮之路。

2015 年 2 月 23 農曆破五之日

31 從批「普世價值」到
信「宇宙真理」

夢醒何時？

近日，圍繞着憲政議題「新」論頻出：大概計有劉小楓的「新國父論」，楊曉青的「憲政屬資論」，《解放軍報》的「宇宙真理論」，還有《環球時報》的「憲政兜圈論」。諸論雖然鼓噪喧囂，主張卻不離其宗，大體是反對憲政民主和普世價值，可以《環球時報》〈「憲政」是兜圈子否定中國發展之路〉一文加以概括：「『憲政』這個概念同中國改革開放的現實相比輕飄飄的，正因為如此，它在中國落不了地，生不了根。」諸論一出，掀起互聯網上軒然大波，有人稱為亂雲翻捲，有人說是暗流湧動，更多網民則視之為「突破底線」，「直接裸奔」。

在我看來，以上諸「新」論倒是有個積極作用，把「憲政」這一原來多在廟堂上、書本中、學校裏談論的概念一夜間傳入尋常百姓家，使之成為人們普遍關心和思考的問題。紙媒體上、新媒體上許多人在討論中國適不適合憲政？憲政姓資還是姓社？姓馬還是姓毛？憲政到底是什麼？許多年來，一批憲政學者胼手胝足、艱辛推進中國的憲政民主意識的普及，我們熟知的就有江平、蔡定劍、劉軍寧、張千帆等，他們的論著已經把憲政的普世道理講得十分清楚，只是社會層面尚缺少對這一

---

* 本文原載於影響力中國網，見http://www.impactchina.com.cn/ziyouluntan/2013-05-25/27303.html。

至關重要問題的關注和反應。這一次不同了，幾大主媒一齊上陣，民眾想不關心都不行了，就此而言實乃功莫大焉。

其實，憲政民主和普世價值本是普通公民都應該了解的常識，其中道理並不難懂。既不需要高深玄奧的理論，也用不着紛繁複雜的論證，以現實為基礎，用常識來思考，是人人都能明白的。正如微博大V任志強一語道破的：其實憲政很簡單，就是把「權力關進籠子裏，把鑰匙交給國民」！

作為憲政理念基礎的普世價值，早在在幾年就曾遭官媒官學猛批。其時我曾經寫過〈普世價值本是常識〉一文。按照常識性的理解，「普世價值」就是泛指那些不分領域，超越宗教、國家、民族，只要本於良知與理性皆為所有或幾乎所有的人們認同之價值、理念。這是人類在長期的歷史進程中形成的共同價值觀和創造的文明成果，是普通人都不難明白的道理。

憲政民主、普世價值作為普通的道理為什麼會讓一些人痛恨和惱怒？這似乎成了不是問題的問題。上一次的批普世價值，計有來自教育部、中宣部、中國社科院和高校的領導、教授、專家、學者和「科學衛士」等在各主流媒體上猛批猛攻，頗有大張旗鼓、其勢洶洶、聲色俱厲、不依不撓之勢。這一次則更是多管齊下，言語極端，甚至不惜置基本邏輯於不顧地喊出「我們信仰的主義，乃是宇宙的真理」這樣的宗教(有網友說是傳銷)話語——之前以「中國特色」對抗普世價值，這次卻把自己的信仰推廣為「宇宙真理」，真是穿越時空啊！請問「特色」哪去了？該不是把外星人也大一統了？《環球時報》也不甘其後，直接把憲政主張扣了個「用新說法提出中國接受西方政治制度的老要求」，「否定中國現行政治制度」的大帽子——提醒一下環時，同文上一自然段中你剛說過「新一代中國領導人集體學習憲法，執政者對憲法的忠誠非常明確」，這是自抽耳光不成？

問題是究竟憲政民主碰痛了他們哪根神經？又是什麼讓他們氣急敗壞、肝火大熾以至邏輯錯亂？說穿了無非就是憲政的基本要求是限制權力、保護權利，這會觸動特殊利益集團的「奶酪」。

> 法學界對於憲政的解釋是，憲政或憲政主義是一種以法治為形式、以民主為基礎、以分權制衡為手段、以個人自由為終極目標的一種現代政制。（維基百科）

憲政即「限政」已有世界共識，在中國也不例外。中共十三大政治報告和《中國共產黨章程》總綱都明確指出：「黨必須在憲法和法律的範圍內活動」；上一屆領導人和新一屆領導人都曾多次強調「依法保障人民享有自由、民主和人權，實現社會公平和正義」（胡錦濤）和「民主、法制、自由、人權、平等、博愛，這不是資本主義所特有的，這是整個世界在漫長的歷史過程中共同形成的文明成果，也是人類共同追求的價值觀」（溫家寶）；習近平主席更是直接提出「把權力關進制度的籠子裏」的憲政主張。

　　回顧一下歷史，早在抗戰勝利之前，毛澤東就曾指出：「中國的缺點就是缺乏民主，應在所有領域貫徹民主」；「中國人民非常需要民主……政治需要統一，但是只有建立在言論出版集會結社的自由與民主選舉政府的基礎上面，才是有力的政治。我們希望於國民政府、國民黨及各黨派、各人民團體的，主要的就是這些。中國共產黨所已做和所要做的，也就是這些」。（《解放日報》1944年6月13日）

　　「歷史的先聲」尚記憶猶新，新時代的承諾更猶言在耳。新時期領導人對人類共同追求的價值觀的表述，被視為中國社會向現代文明全面回歸的標誌。這本來會成為真正落實憲政民主、推動政治體制改革、構建和諧社會的強大動力，但卻出人

意料地遭遇狂犬吠日般的反應。所以這裏必須問一句：在中國社會轉型這樣關鍵的時刻，你們怎麼不和黨中央保持一致了？

關於民主政治的思考，讓我將著名學者阿瑪蒂亞‧森（Amartya Sen）關於民主價值觀「放之四海而皆準」的論述引在這裏：

> 若要在二十世紀裏發生的諸多進步當中選擇一項最重要的，那麼，我會毫無困難地指出，那就是民主的興盛……在整個的十九世紀裏，民主思想的理論家們覺得，議論一個國家或另一個國家是否「適合於民主制度」是十分自然的事情。直到二十世紀，這一看法才發生了變化，人們開始承認，這樣提問題本身就是錯誤的：根本不需要去判定一個國家是否適合於民主制度，相反，每個國家都必然在民主化的過程中變成適應民主制度的社會。這一變化的確是個重大的變化，它把民主理念潛在的影響擴展到了歷史和文化各不相同、富裕程度千差萬別的數十億人當中。人類社會已經公認，民主制度是普遍適用於各國的，民主的價值觀也被視為是放之四海而皆準的；這是思想史上的一場重大革命，也是二十世紀的主要貢獻之一。[1]

相形之下，在我們的社會中經常可以聽到對於民主制度的質疑或恐懼，例如，「民主強調甚至崇拜多數，有可能成為多數人的暴政」。其實只要稍微關注一下歷史與現實，就不難意識到，包括中國社會在內的世界範圍中，暴政究竟是更多地來源

1　阿瑪蒂亞‧森，〈民主價值觀放之四海而皆準〉，載 http://www.aisixiang.com/data/19163.html?page=3。

於權力，特別是不受約束的權力還是來源於多數人？被暴政所加害的對象更多地是享有民主的公民還是專制、獨裁治下的臣民或草民？

還有一種說法是「民主不能解決一切問題」，這更是一個不能成立的偽命題，並沒有人聲稱民主制度能夠解決一切問題，也沒有人說民主是十全十美的；實行民主制度的社會也要面對各種各樣的社會問題，但是民主可以通過最廣泛的公民參與「保證人們的基本人權，給人們提供平等的機會，它本身就是人類的基本價值」（俞可平，〈民主是個好東西〉）。所以說，民主至少是目前解決問題的最不壞的方式。

當今世界各個不同社會中的民主實踐再次表明，無論國情、特色、族群或文化差異都不能成為抗拒民主的理由。沒有人天生地不適合民主或者甘願被專制獨裁統治。民主是人類對合理社會的探索；天賦人權，人人生而平等，自由、民主和法治應該是人類共有的核心價值，是凝聚了人類精神而且超越種族、文化、地域、國度的普世價值，也是我們要為之實現而努力的理想。如此說來，無論中國人多麼堅定地要保持自己的「特色」，多麼強烈地反對西方現代性並要形成自己的現代性，進而走出一條優越於西方的發展道路、實現中華民族的偉大復興，也不能以反對憲政民主和普世價值為宗旨，也不能背離人類文明的主流。除非我們承認自己根本就是苗草不分、黑白不明、是非不辨的一群。

否定了憲政的中國夢，必定只能是白日夢。醒醒吧。

2013 年 5 月 24 日

32 參與和表達
打破僵局的希望

　　近年來，如果讓人們用具有主觀感受色彩的詞來形容社會現狀，恐怕很多人會説出「停滯」、「沉悶」、「僵局」之類的詞語，進而讓我們意識到帶有普遍性的「失望」甚至「絕望」的社會心態。這種感受來自於經濟高速增長而人們獲得的利益和改善的不足，也來自於「大國崛起」的聲勢下個人經濟社會地位提升幅度的反差。

　　社會各階層的普遍失望表現在各個方面：人們失望於改革帶來的經濟增長收益分配不公，造成富者愈富，貧者愈貧，而且強者恆強，弱者恆弱；人們失望於教育、就業、升遷機會的不平等，競爭成為「拼爹」遊戲，以至向上流動愈發困難；人們失望於血與火的強拆不止，拆掉了房屋財產也拆毀了民心民意；人們失望於特供制度下食品安全問題長期得不到解決；人們失望於精英大量移民海外，放棄對這塊國土的責任義務；人們失望於各類「美美」毀了慈善、公益事業，並導致社會信任體系崩解；人們失望於高壓維穩下合法的利益訴求無法正當表達；人們失望於紅歌高唱卻唱不來幸福感和凝聚力。失望、失落而又無從排解必然導致不滿甚至怨恨，整個社會焦躁暴戾之氣陡增，人人覺得不安全，個個感覺沒出路，社會生態與社會心態惡性互動、共同惡化。

＊　本文原載《信睿》。

「轉型陷阱」致使社會失去活力

當下社會的停滯與沉悶狀態與上世紀80年代的社會氛圍可謂對比鮮明，那是一個資源相對擴散、活動相對自由的階段——集中在國家手中的財富開始以市場的方式向個人和不同群體釋放、不同個人和利益群體各奔生路、社會富於生機的年代。在這一過程中，各階層、群體相對普遍地受益，而且對通過「努力奮鬥」而「共同富裕」的未來充滿希望，整個社會亦充滿發展向上的活力，尤其是社會中下層者首先獲得了改革所帶來的機會與利益。

而90年代中期特別是進入21世紀以來，中國社會逐步定型化為一種相對穩定的社會結構，結構固化的趨勢已經顯現。這就是社會學家孫立平所指出的中國社會進入「轉型陷阱」的問題，即「在改革和轉型過程中形成的既得利益格局阻止進一步變革的過程，要求維持現狀，希望將某些具有過渡性特徵的體制因素定型化，形成最有利於其利益最大化的『混合型體制』，並由此導致經濟社會發展的畸形化和經濟社會問題的不斷積累。」[1] 這種特殊利益集團綁架國家與社會阻礙進一步改革的現象，孫立平比喻為「在一個爛尾的大樓中，修建大樓的人們將其簡單裝修一下，搭灶做飯，娶妻生子，也儼然成為一片天地」；進而，雖然「經濟在慣性推動下仍處於高速增長中，甚至不無大躍進的表象，但這種發展已經越來越畸形化，並開始顯露出明顯的疲態，步履越來越沉重；同時作為三十多年發展動力源泉的體制變革基本止步不前，甚至出現某種回歸的跡象。」對漸進式改革陷入「轉型陷阱」也好有一比：在改革初期，提出

---

1 清華大學社會學系社會發展研究課題組、清華大學凱風研究院社會進步研究所報告，《「中等收陷阱」還是「轉型陷阱」？》，2012年1月8日。

「摸着石頭過河」是一種現實的選擇。但問題是，也存在一種可能性，摸石頭摸上癮了，卻連河也不想過了[2]。

落入轉型陷阱並掙扎於其中，會使整個社會難以正常運行，社會的停滯、沉悶即由此而來：社會階層之間矛盾衝突擴大並加劇；僵硬維穩模式成為壓制正當利益表達的工具並激化社會矛盾；權力失控導致腐敗不可治理和社會的潰敗；社會信任結構瓦解與文明底線失守；社會活力和生機不斷喪失。

權力失控導致改革失去動力

就體制改革的推進而言，關鍵的問題不僅在於特殊利益集團的阻力，更在於改革中形成並坐大的既得利益集團濫用了改革，同時敗壞了改革的聲譽，使得相當一部分民眾失去了對改革帶來改善和發展的希望，也失去了對改革的基本認同。在這種情況下，重新形成改革共識已經相當困難。

正如經濟學家吳敬璉先生所憂慮的「中國陷入最可怕的死胡同」：新世紀以來，我們社會有兩個愈演愈烈的趨勢值得特別警惕，一個是腐敗的趨勢；另一個是貧富懸殊的趨勢。而更不好的勢頭是在兩個愈演愈烈出現之後，「一些人希望用擴大政府權力的辦法去解決矛盾。問題越多越強化政府權力，政府權力越強化問題越多。這樣的惡性循環就愈演愈烈，直到最後出現國進民退這套東西，路徑依賴就到了一個死胡同裏面。」[3]

2　清華大學社會學系社會發展研究課題組、清華大學凱風研究院社會進步研究所報告，《「中等收陷阱」還是「轉型陷阱」？》，2012年1月8日。

3　吳敬璉，〈中國陷入了最可怕的死胡同〉，阿波羅新聞網，見https://hk.aboluowang.com/2012/0325/240350.html。

近年來，學者秦暉一直在強調「為自由而限權，為福利而問責」的主張，針對的正是國家權力沒有限制同時推卸責任的狀況。人們可以發現，憲政民主國家政府的日子都不算好過，因為有來自左右兩方的力量，一方面通過問責而要福利，另一方面通過限權而爭自由。相形之下，中國社會的現狀卻是秦暉所批評的「權既不受限，責亦不可問」，前者導致民眾自由不足，後者導致福利不足或者甚至是「負福利」的狀態[4]。

就此而言，我們不難理解體制因何缺少變革動力：權力、市場、社會三種結構力量失衡，權力整合並支配市場而形成新總體性社會。在這種失衡狀態下，權力不受限制和監督，也不承擔其應承擔的責任，造成權力無限大而責任無限小的權力格局，如此變革的動力從何而來？又為什麼要改革？社會的停滯與僵局就是由此造成。這對整個社會而言是困境，是「轉型陷阱」，而對特殊利益集團而言則是樂園，是「天上人間」。

如果說上世紀 70 年代末的改革開放主要是舊的計劃經濟體制瓦解的時期，其需要衝破的是舊體制和傳統意識形態的藩籬；那麼當下的社會轉型過程則需要體制的根本轉變和制度與規則的建立與實踐，需要通過社會建設來「制約權力，駕馭資本，遏止社會潰敗」[5]。這是更加需要勇氣、擔當和智慧，而且需要自上而下與自下而上互動配合的過程；然而由於上述原因，「頂層設計」缺少基本的動力，出路和希望何在？

4　秦暉，〈為自由而限權為福利而問責〉，《經濟觀察報》，2007 年 7 月 19 日。
5　參見清華大學社會學系社會發展研究課題組報告，《走向社會重之路》，2010 年 10 月。

公民表達的力量

在改革共識難以形成、「頂層設計」缺乏動力的情境下，來自於社會的力量就至關重要，這是社會自主的、自治的和能動的力量，也是對體制改革的倒逼力量。這一過程是從公民表達開始的，「沉默的大多數」一旦開始發出自己的聲音，沉悶、瘖啞的社會就有了生機，成長為公民的過程與公民社會的建設就開始了。當然這裏所指是廣義的「表達」概念，各種公開的具有公共性的行動也包含其中。

首先，公民以行動來表達訴求、爭取或維護合法權利，是最具積極意義的表達。各地反對非法強拆保衛生存權的抗爭，城市社區中保護合法財產權的業主維權，為保護生存環境與生態環境而進行的「散步」抗議活動，工廠勞工為實現自身合法權益而舉行的罷工，網絡上與現實中的公民聲援活動等等，均在公民行動之列。值得注意的是，這類抗爭行動雖然效果有限，但卻意義非凡，因為公民的行動有賴於公民意識的覺醒，或者應該說是行動與意識的相互建構過程。近期發生的「烏坎事件」向人們召示了在圍繞着土地這一重大資源所發生的激烈衝突的可能解決途徑，在官民之間一度似乎已經成為死結的巨大矛盾面前，經過雙方艱難的互動、博弈、妥協，終於以一種理性方式緩解了矛盾衝突。這表明社會力量與公民行動有可能衝破僵硬的「維穩」體制，在實現民眾利益的同時也維護了社會穩定，即「以利益表達制度化實現社會的長治久安」的努力。[6] 2011年末，美國《時代》週刊將「示威民眾」(Protester) 推選為年度人物以昭示公民行動的普遍意義，是不無道理的。

---

6 參見清華大學社會學系社會發展研究課題組報告，《以利益表達制度化實現社會的長治久安》，2010年4月。

參與，是公民表達的另一重要方式。公民參與主要體現為主動參與社會管理與社會建設，如農村中的村民自治、城市中的居民自治和社區自治等；業主委員會、業主代表大會等公民自治組織的建立也是重要的參與方式。對公益、慈善活動的參與和支持也是重要的公民參與內容，我們看到，在「郭美美事件」後，雖然民眾對官方背景的慈善機構的信任和信心可謂一落千丈，但對公益和慈善事業本身的熱情與信任卻並未泯滅，進而對體制色彩濃厚的官方權威的信任轉向對自身、自組織，即對社會的信任，這對民間公益組織的發育和社會信任的重建反倒成為一個契機。而公民能夠積極參與公益事業和公共事務，就是社會的希望所在，生機所在。至於2011年出現於各地的獨立候選人參選人大代表的嘗試，更是公民政治參與的集中表達。雖然這一過程充滿坎坷、波折，亦未見成功的案例，但其社會意義更是不可小覷。還是以烏坎村為例，近日該村在眾多媒體和公眾的注視下，以獨立、公開、透明、經由村民認可的民主程序，逐步選舉產生村民選舉委員會、村民代表，最終選舉產生了村民委員會組織，這一選舉過程不僅與官方的開明讓步相配合緩解了嚴重的矛盾衝突，而且更有意義的在於基層民主法制的制度化建設和村民自治的努力探索。烏坎村選舉的成功，堪稱新世紀改革的創舉。

　　新媒體表達也許是公民表達中最具智慧和創造性的部分，這種表達在狹小的空間和強大的壓力之下尤為可貴。在微博、博客、論壇、討論組等網絡媒體上，網民們以話語、照片、視頻、漫畫等多種形式傳遞信息，探尋真相，針砭時弊，揭露腐敗，表達觀點；其犀利、智慧、幽默的高水平表達常常令人歎為觀止。由公民表達形成的這樣一個自主、多元、「去中心化」

的公共空間，具有「眾愚成智」之功效[7]，而在這一過程中公民的心智品質也得以鍛造生成。雖然，新媒體表達不可避免地存在信息海量、真偽難辨、語言暴力、人身攻擊等一系列問題，但這一虛擬社區影響甚至改變現實社會生活的積極作用卻是無可否認的。原因之一在於，網絡媒體在許多社會中或許只是一種表達途徑，而在中國社會中卻可能是普通公民唯一能夠有效使用的表達途徑，公民的主體性和創造性在逼仄的空間中超水平發揮。

此外，行為藝術形式的表達、公民閱讀和各類討論會、沙龍等形式也是重要的表達空間，並發展為真正意義上的公共領域和民主課堂。這些都讓人不由得感歎：如果有正常的社會氛圍和表達空間，民眾的能力和智慧能夠充分釋放，這該是多麼巨大的創造價值和推動社會進步的力量！

簡而言之，打破沉悶、跳出陷阱的良方善策不僅在決策者的辦公室中，也不僅在研究者的書齋裏，更是在千百萬公民的行動過程中。而充滿勇氣、力量和智慧的公民的表達則是最具活力與創造性的一部分，是公民社會的先聲，也是中國社會走出困境的希望所在。

2012 年 3 月 7 日

---

7 凱文·凱利，《失控——全人類的最終命運和結局》，陳新武等譯，新星出版社，2010 年。

33 公私界線如何劃分？
公共討論何以可能？
老畢事件的社會學思考

　　畢福劍在餐桌上以調侃方式評論前領袖人物而引發的事件，關涉到公共領域和私人領域的關係和界線問題，也和歷史真相如何呈現、普通人的歷史權利如何實現等密切相關。對此進行社會學的思考，有助於我們認識和理解中國社會的結構性特點及其社會轉型過程，並推進社會的多元共存和表達空間的拓展。

　　央視著名主持人畢福劍在一次私人聚會時的餐桌説唱引起網上網下軒然大波，媒體上輿論滔滔，現實中後果嚴重。一次私人聚餐釀成一場公共事件，而且給當事人帶來了可謂改變人生軌跡的影響。作為「社會事實」，其過程、意義以及所表現出的社會邏輯值得從社會學角度加以分析和討論。

公共領域與私人領域

　　作為一個哲學與社會學概念，公共領域（Public Sphere）相對於私人領域（Private Sphere），是指介於國家和社會之間的一個公共空間，公民們應當可以在這個空間中不受強制和干預地自由討論公共話題並參與公共事務。這一最早由思想家漢娜·阿倫特（Hannah Arendt）提出、經德國哲學家尤爾根·哈伯

＊　本文原載於《學海》，2015年第4期。

馬斯（Jurgen Habermas）在〈公共領域的結構轉型〉一文中進行了充分闡釋的概念，在社會現實中和學術理論上都產生了廣泛的影響。哈伯馬斯更加關注確保「未失真的溝通（Undistorted Communication）」，他認為理想的公眾演講情形有四個有效性要求：理解、事實、適當和誠實，他宣稱這四點相互聯繫並被證明。[1]

這樣一種公共領域是否應當具有中立性的問題，這取決於公共領域和政治（權力）領域以及私人領域是不是能夠真正加以區分。只有前者和後兩者真正分離開來，公共領域才真正具有中立性。哈伯馬斯在〈公共領域的結構轉型〉中強調，私人問題或者個人利益的問題不應該進入公共領域並成為公共領域中討論的問題。換句話說，公共領域不是用來保護私人利益的，而是要討論共同的善——一個政治共同體中的人們所期待的美好生活是什麼樣的。在一個國家內部存在着無數的、相互交叉和重疊的微觀的公共領域，幾個人在一起喝咖啡、一群人對於地方政府行為的抗議（如垃圾焚燒）、幾個人進行的學術討論等等。通過這種交流，人們或者成為朋友，或者形成有共同愛好的群體。他們有時為了某種共同的利益而結合在一起，有時為了凝聚共識，溝通情感而結合在一起。在這種交流中，人們獲得了新的生活體驗，對社會生活獲得新的理解。人們甚至會對「日常生活中佔統治地位的編碼」提出質疑或者重新編碼。[2]

公共領域和私人領域這樣的概念通常是在市場經濟、民主政治和公民社會的語境下界定的，對於中國人而言是相當陌生的，只在近年才逐漸為學界和公眾了解。在相當程度上，這

1　參見維基百科，〈公共領域〉，載http://zh.wikipedia.org/wiki/公共領域。

2　參見王曉升，〈「公共領域」概念辨析〉，載http://www.cssn.cn/zhx/zx_wgzx/201310/t20131026_621317.shtml。

是由於中國傳統社會並不是一個公私分明，群己界線明確的社會，而是一個以血緣為紐帶、按照父系親屬制度決定人際關係的社會；即費孝通先生所概括的有着「禮治秩序」、「長老統治」、「男女有別」、「維繫着私人的道德」等特點的「差序格局」的社會。這些社會結構性特徵帶來了公私不分、公權（政權、族權、父權等）對私人生活的干涉過多等。既缺少普遍主義的公德、又沒有個人自由，是中國傳統與制度文化的重要特點之一。

中國進入現代社會之後，公私領域不分，群己界線不明的狀態並沒有從根本上改變，只是公權力的主體發生了改變——原來的小共同體被大共同體所取代，國家與集體（單位或公社）直接面對個體，並深入而透徹地直擊私人生活的方方面面。原本就缺少空間的私人領域面對以國家和集體形式存在的大共同體，暴露無遺，無處可逃。個人的自由（包括隱私權）一直得不到尊重和保護，而這種情況在文革時期達到極致。完全屬於個人私域的例如日記、通信、談話，甚至想法、念頭都被監督和控制，在家庭中甚至父母子女、夫妻之間的私密關係都在監視之列。例如，文革中許多人因私人通信、個人日記而被打成反革命導致家破人亡；私下談話或某種個人觀點的私下表達被舉報披露，給當事人帶來滅頂之災。

中國式的公私不分一方面表現為公權力或公共輿論對私人生活的粗暴干預；另一方面則是個人對公共領域的極力回避和對公共事物的冷漠。後者是前者造成的，不受制約、沒有邊界的公權力給個人和社會帶來的災難性後果與教訓，直到今天仍然沒有很好地記取。

回到老畢事件這一話題，可以説是比較典型的公私領域不分的表現，是公權力對私人領域的進入和干涉。老畢在私人聚

餐時的(模仿)唱段和評說，雖然涉及對前領袖人物的評價，但畢竟是相對私人領域中的調侃逗樂。老畢與熟人朋友的聚餐，雖然不同於家庭親友構成的純粹私域，其間也難免會涉及某些公共話題，但是，就其具體情境而言，仍然不屬於公共領域中的活動，也沒有讓公眾獲知參與者特定的人際關係和談話內容的意圖。如若要把聚餐中的相關信息公佈出來，必須徵得所有當事人的同意。這樣場合中的談笑、調侃或嘲諷，迅速演變成公共事件並成為公眾褒貶攻訐的話題，甚至導致當事人在現實中受到懲處並做出公開道歉，是非常不當的。它證明公權力依然在越界作為，依然嚴重侵犯個人的自由和權利。而在當下中國，這類人際交往交談釀成公共事件也是屢見不鮮的現象。

同樣值得我們思考的是，若在沒有新技術、自媒體的時代，老畢這一類的私人聚會談笑內容幾乎是沒有可能被非參與者獲知的，更不可能釀成公共事件；然而在人人都可以利用自媒體、但對公私領域依然未加區分或概念模糊的情境下，其資訊行為的後果就難以預料。這也說明，新媒體、大數據時代，公私領域如何區分，個人權利如何保護，也是我們不得不面對的新課題。

批評的尺度和方式

老畢事件涉及到的另一個社會問題是普通人能否就領袖人物或重要歷史事件做出評論價以及用何種方式進行評論。這一問題的答案似乎應該是肯定的：當然應該評價，而且應該以理性的、公開的、免於強制的方式進行討論和評論。如果是這樣這個問題就不成立或者不是一個真問題。然而現實中，這卻是一個真實存在的問題：信息知識、學術研究、公共討論仍然存

在諸多禁區，閱讀、理解特別是討論的空間依舊狹小，有着種種有形和無形的束縛。在缺少公共討論的空間和平台，公眾沒有機會學習和實踐如何進行正常有效的公共討論的情境下，各類變形的表達形式就五花八門地出現了。

比如，以段子、笑話或某種民間文藝形式所進行的「惡搞」，對正統文藝作品進行改編以「山寨」版形式出現，如老畢所為。其實，「惡搞」也是一種表達，而且是無奈的表達。政治人類學家詹姆斯·斯科特（James C. Scott）在對東南亞農民進行研究時曾經推出與「弱者的武器」（weapons of the weak）並存的另一個重要的概念──「隱藏的文本」（hidden transcript），指的是相對於「公開的文本」（public transcript）而存在的、發生在後台的話語、姿態和實踐，它們避開掌權者直接的監視，抵觸或改變着「公開的文本」所表現的內容。它們是千百萬人生存智慧的重要部分。斯科特指出，每一從屬群體因其苦難都會創造出「隱藏的文本」，它表現為一種在統治者背後說出的對於權力的批評，它使從屬者有可能破除「虛假意識」（false consciousness）和神秘化的迷障。關注作為底層政治（infrapolitics）的「隱藏的文本」，有助於理解底層群體難以捉摸的政治行為和複雜情境中的權力關係。[3]

老畢所說唱的內容，正是這類在民間流傳的「隱藏的文本」，上不了枱面，卻流傳甚廣，甚至為人們喜聞樂見。我曾經寫文討論過關於網絡神獸「草泥族」與「河蟹族」之間的矛盾與博弈過程，說明「惡搞」固然是無奈之舉，難免成為情緒的

3　Scott, James C., *Weapons of the Weak: Everyday Forms of Peasant Resistance.* Yale University Press, 1985; Scott, James C., *Domination and the Arts of Resistance: Hidden Transcripts.* Yale University Press, 1990.

發洩，但它也是「弱者的武器」，是草根的表達方式。因為表達者不是強勢者，也不掌握「公開的文本」，對他們而言，公開的、正當的、自由的表達渠道是不暢甚至封閉的。他們只能使用「弱者的武器」，創造「隱藏的文本」。但不要小看了這類「草泥」方式，這需要做出自主的選擇：要麼做沉默懦弱的羔羊，要麼做「頑強勇敢」的「草泥族」。這一過程讓我們意識到這類表達不僅僅是以搞笑方式發洩不滿，而且關涉到每個網民、公民社會生態環境的重大問題。

至於這種表達的功效也值得關注，斯科特的研究告訴我們：公開的文本與隱藏的文本的交界處是一個支配者與從屬者持續爭奪的地帶——但並不是一堵結實的牆。通過「隱藏的文本」，從屬階級有可能創造並維持一個社會空間，而這一社會空間本身也是反抗所要達到的成就。缺少表達空間的弱者們，不能指望這一空間能自然而然地獲得，也不能寄希望於被賜予表達的權利。抗爭的空間是在抗爭過程中撐開的，表達的空間是在努力表達中獲得的，過程本身至關重要。

對歷史事件和重要人物的評價，本是一個認識和探索的過程，其間有不同的判斷和觀點、各種意見發生爭論都是很正常的。應該認為，在探尋真相的過程中，民眾有邏輯思考、推理判斷的能力；他們不能接受僅就事件表象的「宣佈」，不能容忍那麼多缺少邏輯關係的「偶然」和美好的理想與災難性現實之間巨大的斷裂；而另一方面，真相卻是權力所決定的，是權力所宣佈的，是權力所壟斷的。如此激憤和衝突不可避免。根據常識，矛盾衝突的各方有不同的立場、角度、不同的利益和訴求，因而就真相有不同的判斷和觀點是正常的。就複雜歷史和人物的功過是非追索真相是一個複雜的論爭和博弈過程，而真相正是在多種聲音中才能呈現，因而公民參與追尋真相的過程就萬分重要；而打破權力的真相壟斷也十分必要。

如若不同的看法意見發生衝突，應該在討論的場域中進行爭論、辯駁，可以針鋒相對，比如，當面提出不同的意見和論據，指出對方證據和邏輯方面的問題，或者直接批評當事人不當的表達，只要不違背討論規則如進行物理的或精神的人身攻擊等。但是如果將私人聚會或者公共性非常有限的話語未經同意而傳播出去，造成外部力量或者借助於公權力對不同觀點大張撻伐，就不僅有悖於約定俗成的道德，而且使得原本狹小的表達空間更為逼仄，於公於私都造成負面後果。

　　至於老畢作為公眾人物，能否在一個相對私密的場合，以許多人認為不那麼適當的方式臧否前領袖人物，也要放在特定的社會結構和語境下來看。在理性認識、正常討論、公開表達的空間不具備的情境下，以惡搞方式表達甚或只是出於純粹逗樂的無意識表達，也並非大逆不道之舉。另一值得思考的問題是不同場域的表達相悖的問題，一位媒體名人在正式公開場合表達某種評價或觀點，而在非正式場合卻表達完全另類的觀點，究竟哪一種為真哪一種為假呢？相互對立的觀點在一個人頭腦中會不會打架？或者原本就是公開的表達與其真實的想法相反，而長此以往，人格能保持完整嗎？如若對這類問題做一社會心理分析，當有助於認識和理解中國當下的話語空間的特點和困境。

　　我常常想，近年來種類繁多、層出不窮的「隱藏的文本」，充滿智慧的民間行為藝術表達、新媒體形式和內容的表達，如若有正常的社會氛圍和表達空間，如果能發展成為真正意義上的公共領域和公民課堂，這些民眾的能力和智慧能夠充分釋放，該成為多麼巨大的創造價值和推動社會進步的力量！

　　就此而言，與其封殺民間惡搞，不如開放討論空間。

信息多元方能使真相呈現

老畢事件因官方介入而發酵膨脹，可能給方方面面帶來不少負面影響，但其至少有一點正面作用：就是促使人們思考到底應該如何看待歷史，如何面對現實，如何在當下的社會關係中自處，如何在參與推動社會進步的過程中做一個好公民。

對歷史人物特別是重要的領袖人物的評價，有賴於對歷史材料和資訊的充分了解和把握。而長久以來，由於人為設置的禁區、障礙，歷史與現實的信息都不夠透明也很不對稱。

我們首先要面對的問題是，歷史作為權力支配與控制的對象，如何為普通人所認識。換句話說，就是普通人如何了解歷史並追尋歷史的真相。

漢娜·阿倫特對極權主義宣傳的論述和喬治·奧威爾（George Orwell）的作品分別以理論和文學方式揭示了權力技術如何通過歷史的重構與記憶的剝奪達到支配人們精神心理的作用——各種歷史記錄被有意識、有步驟地忘卻、篡改和消滅，「過去給抹掉了，而抹掉本身又被遺忘了，於是謊言就變成了真話」。正如一句口號所說：「誰控制過去就控制未來；誰控制現在就控制過去。」通過改變和消除個人的記憶，思想實際上就被切斷了它最重要的源泉。在理解了權力對於歷史的作用的同時，我們還須思考普通人在追尋歷史真相、進行歷史反思中的權利與責任。通常，人民群眾在歷史中是被動者：被作為統計數字存在於歷史中；被灌輸、被強迫接受正統的、唯一的歷史。

我們需要建立人是歷史主體的意識，人不僅是歷史進程的動力，而且是歷史表達的主體。對歷史真相的追索，對自己的前輩、家庭、家族、族群乃至國家歷史的認識，特別是對以往經歷進行思考並做出是非對錯的評判，應該是普通人的歷史權

利和歷史責任。實現這一權利，承擔這份責任有賴於我們作為公民的權利意識的覺醒，以及對人的尊嚴的要求。我們應該像保護我們的財產權一樣保護和要求我們的歷史權利。保羅‧康納頓（Paul Connerton）在《社會如何記憶》中着重探討的「群體的記憶如何傳播和保持」的問題，他論證的是「有關過去的意象和有關過去的記憶知識，是通過（或多或少是儀式的）操演來傳達和維持的」，記憶是「社會結構的慣性」造成的，由此，個體層面的「個人記憶」，「認知記憶」和「習慣行為模式」經由「紀念儀式」、「身體實踐」及其中象徵的操演而形塑個體記憶[4]，而操演之手當然無疑是權力。正緣於此，未被完全馴服的個體記憶才尤為珍貴和值得重視。既然我們意識到的，歷史會被權力控制，記憶也被權力所規訓，我們才更應該明白，對於歷史真相的探求，是權力與權利的之間的博弈甚至爭奪戰，我們不應放棄屬於自己的權利。

有關歷史真相的另一重要問題是，歷史真相和真實的歷史邏輯只能在多重證據、多種聲音、多元表述中才能呈現，歷史不能只有一種聲音，同樣對於歷史人物的評判也不能只循單一標準。歷史的多樣性表達本來是一種常識，然而長久以來，我們的教科書、正統歷史著作、相關的文藝作品和輿論導向卻沿着統一的路徑引導民眾對歷史的了解，甚至不允許有不同的歷史表達，更遑論不同的歷史評判和歷史觀。互聯網和新媒體技術的出現使得歷史表述空間和表述方式前所未有地擴展了，民間寫史、個人講述、草根歷史得以進入公眾視野和公共討論，這堪稱是重構歷史的一次革命。

4　保羅‧康納頓，《社會如何記憶》，納日碧力戈譯，上海人民出版社，2000年，頁1–40；莫里斯‧哈布瓦赫，《論集體記憶》，畢然、郭金華譯，上海世紀出版集團，2002年。

老畢對前領袖人物的調侃式評價經由新媒體技術和互聯網而被放大成公共話題，也從一個側面證明了信息時代多種意見、觀點和表達方式的可能性。但另一方面也說明權力仍然在新媒體表達中居主導地位，起支配作用，對個體表達者形成巨大的壓力。我們不難看到，首先，互聯網技術無疑拓寬了普通人的表達空間，但信息不對稱依然是當下的現實存在。就歷史而言，多數人不明真相首先緣於信息高度不對稱，這種不對稱是因為信息壟斷——不公開、不透明因而無真相。信息不對稱本是經濟學概念，主要指經濟活動中不同的利益相關人掌握有關信息的程度不對等，因而一方可以利用信息優勢損害對方的利益，同時使自身利益最大化[5]。信息不對稱的情況在社會生活和社會事件中也同樣大量地存在，它表明社會不公正的程度，而且同樣導致社會不穩定的惡果。

　　其次，雖然信息較之過去多元化了，但依然不夠透明，傳聞豐富了卻還是沒真相，信息的接受者和搜尋者迷失在稠密渾濁、魚龍混雜的信息大海中。受眾所面對的可能是一個信息黑洞：其內部密度極高，其中隱匿着巨大的引力場，這種引力大到任何東西、甚至連光都逃不出它的手掌心，因而黑洞內部的事物無法被外界看見，只能通過受其影響的周圍物體來間接地了解它。從信息的高度不對稱到信息黑洞的出現，都對公眾正確了解歷史明辨是非造成屏障。面對大量信息人們依然無從判斷，這緣於他們長久以來難以獲知真相而導致的不相信——林林總總、數量巨大的信息反而讓人們無所適從，這同時意味着社會信任的喪失，特別是公信力的喪失。我們時常看到，公眾經

5　參見喬治·阿克洛夫（George Akerlof）於1970年發表的〈檸檬市場：品質不確定性和市場機制〉。另見維基百科，〈檸檬市場〉，載 http://en.wikipedia.org/wiki/The_Market_for_Lemons。

常寧願去相信各種「來路不明」的消息，也不時有網民在綜合各類消息的基礎上進行主觀演繹、推斷，甚至不無各類陰謀論的推測，但他們卻不願相信來自正式渠道的信息，而且越聲稱是權威的、官方的、專家的信息和解釋，人們就越趨於不相信。

老畢事件也從一個側面告訴人們，公民的知情權包括了解歷史真相及其背後真實邏輯的權利，這是公民實現並保護自身權利的根本前提，也可以說是成為有判斷是非能力的公民的重要條件。有真相才有權利的實現和保護，有真相才有社會的公平和正義。就此而言，真相是公民的力量；懂法律，有理性，善表達是公民的能力。這一成長為公民的過程是從公民的表達實踐開始的，「沉默的大多數」一旦開始發出自己的聲音，沉悶、瘖啞的社會就有了生機，成為公民的過程與公民社會的生長就開始了。當然這裏所指是廣義的「表達」概念，各種公開的具有公共性的行動也包含其中。

在中國社會當下的話語空間中，新媒體表達也許是公民表達中最具智慧和創造性的部分，這種表達在狹小的空間和強大的壓力之下尤為可貴。在微博、博客、論壇、討論組和後起之秀的微信等媒體平台上，網民們以話語、照片、視頻、漫畫、笑話等多種形式傳遞信息，探尋真相，針砭時弊，揭露腐敗，表達觀點；其犀利、智慧、幽默的高水平表達常常令人歎為觀止。由公民表達形成的這樣一個自主、多元、「去中心化」的公共空間，具有「眾愚成智」之功效[6]，而在這一過程中公民的心智品質也得以鍛造生成。雖然，新媒體表達不可避免地同時存在着信息海量、真偽難辨、語言暴力、造謠潑污、人身攻擊等一系列問題，甚至造成社會撕裂的後果，但這一虛擬社區影響

6　凱文•凱利，《失控——全人類的最終命運和結局》，陳新武等譯，新星出版社，2010年。

甚至改變現實社會生活的積極作用卻是無可否認的。原因之一在於，網絡媒體在許多社會中或許只是一種表達途徑，而在中國社會中卻可能是普通公民唯一能夠有效使用的表達途徑，公民的主體性和創造性在狹窄壓抑的空間中常有超水平發揮。

如若老畢事件能夠引起人們對於中國社會結構特點及其社會轉型的更多思考，能夠幫助我們理解公共領域和私人領域之間應有的關係和界線，能夠在歷史的多元性和表達空間的拓展方面有所推進，也不枉當事人為此付出的代價和公眾花費大量時間對此進行的討論與爭執。

34 公民權利的政治學

　　政治可謂是「讓人歡喜讓人愁」、「有人痛恨有人愛」，但無論你喜歡還是厭惡，它都與我們每個人、每天的生活息息相關。中國普通民眾對於政治的冷漠甚至厭惡不難理解，這來自於我們曾經歷過政治主宰一切的時代，即所謂的「政治掛帥」—— 政治成為社會生活的中心內容。例如文革時期，有所謂「政治生命」的說法，政治生命完結幾乎意味着生存的絕境。政治決定着人們的衣食住行，婚喪嫁娶，生老病死，喜怒哀樂；有人因政治而一夜間飛黃騰達，也有人因政治身家性命不保。當政治一統天下時，人們想逃避而不能。對於普通人來説，政治有着神魔般的力量，離不了躲不開，唯有受其支配與擺佈。那是整個民族全面而深入地捲入政治生活的年代。

　　以上世紀80年代的改革開放為起點，中國人經濟生活和政治生活的轉型過程開始了：「以經濟建設為中心」，「發展是硬道理」，「聚精會神搞建設，一心一意謀發展」—— 標誌着社會逐漸從全面政治化的牢籠中解脫出來，社會生活重心發生的轉變意味着之前的總體性權力與總體性社會的變革。然而，這一轉型過程並不是順理成章一路走來：漸近式改革中逐步形成的特殊利益集團迫切需要維護現有利益格局並使之定型化，導致轉型過程中定型下來的權力－市場混合性體制形成自洽邏輯與路徑依賴，進而中國社會的改革面臨進退維谷的困局，觸於「轉

＊　本文原載《人民論壇•學術前沿》，2013年第23期12月。

型陷阱」[1] 難以自拔。經濟體制變革了而政治體制和意識形態依然保持不變導致了政治、經濟與社會之間關係的嚴重失衡,這意味着我們依然無法遠離政治,或者說政治仍然是整個社會上空的巨大陰影。

窮人的非政治化

讓我們先從基本概念入手。韋伯在其《政治作為一種志業》的著名演講中指出:「政治」意味着在國家之間,或者是在同一個國家的不同利益集團之間追求權力的分享和影響權力分配的鬥爭[2]。這樣一個關於「政治」的定義很容易讓人不假思索地以為,政治是掌握權力者們的事情,與絕大多數既無權又無勢的普通人關係不大,與處於社會下層的窮人更是無緣。

在以往的歷史與政治研究中,普通人特別是處於社會下層的窮人從來不是政治性的存在。他們被認為缺少組織與合作、沒有獨立的意識形態、其行動是完全自利的或機會主義的、即使反抗也沒有革命性的後果。例如,作為窮人的農民就經常被形容為一盤散沙或者一堆馬鈴薯。一個重要的學術團體——以印度學者為主的南亞底層研究(Subaltern Studies)小組首先將這類底層人納入政治研究視野。他們將從屬階級的日常經驗作為研究主題,對「底層」的概念進行深化和豐富,從集體意識的角度,將「底層意識」(Subaltern Consciousness)視為帶有歷史與政治特性的類別。他們認為:底層意識的獨特結構塑造了底層政

---

1 清華大學社會學系社會進步研究課題組,〈中等收入陷阱還是轉型陷阱?〉,《開放時代》,2013年第2期。

2 《韋伯作品集I:學術與政治》,廣西師範大學出版社,2004年,頁197。

治（Subaltern Politics），構成底層政治自主性的來源[3]。例如，帕沙・查特吉（Partha Chatterjee）曾對印度加爾各答地區鐵路附近存在了 50 年之久的違建戶居民進行研究，分析這些非法存在的居民團體如何以共同體的形式出現，動員公民社會的非官方組織與國家所屬的社會福利部門來謀取自己生存的權利。對此，無論是西方的自由主義與社群主義、還是非西方的民族主義和東方主義論述都無法提供令人滿意的解釋[4]。在對這種「非政治的政治」的分析中，查特吉提出了「政治社會」的概念，用以捕捉許多國家在獨立建國之後的後殖民時期所浮現的新的民主抗爭空間與形式。他的核心論點是，既有的國家／公民社會分析架構並不足以描繪和解釋第三世界的下層人民，是如何在實際的社會關係中創造非主流政治的民主空間的。這些人民不是國家的主體，也不是公民社會的主體，他們的存在甚至被認定為非法的，或是要在現代化過程中被清除的，也因此基本上被排除在正式的政治參與過程之外，最多不過成為社會精英動員的對象，在權力分配完成後，繼續被統治；但是在許多狀況中，為了生存，底層群體必須與這兩者（國家及以中產階級為主體的公民社會、或是公共領域）周旋。在這個周旋過程中，他們的目的不在於奪取國家機器，也不在於取得公民社會的領導權，因而開啟了介於兩者之間的暫時性空間，稱為政治社會。這些來自下層人民的抗爭其實是後殖民時期主要的政治活動，只是國家精英不以「政治」來對待他們，也正因為如此，查特吉企圖創造新的理論概念來揭示出這個新政治空間的重要性[5]。

3　Guha, Ranajit and Gayatri C. Spivak, (eds.) *Selected Subaltern Studies*, Oxford University Press, 1988, pp. v–x, 3–32.

4　陳光興，〈簡介 Partha Chatterjee 及其政治社會〉，《現代性、國家暴力、與後殖民民主》，2000 年，另載 http://www.cc.org.cn/newcc/browwenzhang. php?articleid=3216。

5　陳光興主編，《發現政治社會——現代性、國家暴力與後殖民民主》，巨流圖書公司，2000 年，頁10–11。

另一位提出並論述底層政治問題的學者是美國政治學與人類學研究者詹姆斯・斯科特（James C. Scott）。他以 "infrapolitics" 一詞指稱從屬階級的行動與表達，並將底層政治形象地比喻為可見光譜之外的紅外線——處於政治的視野和學術研究的視野之外。斯科特指出：只要我們將政治的概念限定於公開宣稱的行動，就只能得出這樣的結論，即從屬群體根本上缺少政治生活或他們真正具有的政治生活只限定於那些特殊時刻的民眾暴動。如此我們就會失去處於靜止和反叛之間的廣大政治地帶，如同只關注可見的政治海岸線而失去它以外的大陸，而那正是被統治階級的政治環境[6]。與非常稀有的公開反叛相對的是大量存在的日常形式的反抗（Everyday Forms of Peasant Resistance），即斯科特所命名的「弱者的武器」（Weapons of the Weak）。這些看似瑣細卑微的、匿名的、隱蔽的行動典型地體現了農民的政治參與，構成底層政治的基本特徵。斯科特進而指出：任何一種農民政治學的歷史或理論若想證明農民作為歷史行動者的正當性，必須掌握這種日常反抗形式[7]。

窮人作為非政治化存在的另一常見理由是其所追求目標的非政治性，簡而言之，就是窮人通常並不關心社會制度的性質，也不思考價值理念的問題，更不會為某一政治目標而團結組織起來，而是以生存為取向的追求，即物質利益至上。這種情況古今中外都差不多。由此社會下層也被視為沒有政治追求的烏合之眾。這裏值得關注的問題是底層政治的物質基礎，底層的非政治化在很大程度上來自於其行動的物質利益訴求，人們通常把為減少剝奪、追求利益的行動視為無組織的、非系統

6　Scott, James C., *Domination and the Arts of Resistance: Hidden Transcripts*, Yale University Press, 1990, pp. 183–201.

7　Scott, James C., *Weapons of the Weak: Everyday Forms of Peasant Resistance,* Yale University Press, 1985, pp. 28–48.

的、自利的因而是非政治的當然也是非階級的行動。其實在歷史上與現實中，追求生存和個人利益與反抗的結合正是激發農民和無產階級反抗的關鍵力量。正如斯科特注意到的，他們在被剝奪、被剝削的經歷中意識到存在着與自己相反的利益，並着手圍繞這些利益進行鬥爭，而且正是在鬥爭的過程中，發現自己作為階級而存在，這一發現就是階級意識的產生。[8] 可以說階級是在為利益而進行鬥爭中產生的，這是行動與意識的相互建構過程，也是底層政治的本質體現。

較之安東尼奧•葛蘭西（Antonio Gramsci）和以歷史學家為主的底層研究群體，斯科特更為強調從屬群體的行動和與之密切關聯的意識形態並且試圖以此對霸權理論有所超越。他提出的作為農民反抗的日常形式的「弱者的武器」和作為底層意識形態的「隱藏的文本」（Hidden Transcripts）都是意涵深刻的關於底層政治的洞見。斯科特進而指出：

首先，霸權概念忽略了大多從屬階級能夠在其日常物質經驗的基礎上對主流（統治）意識形態進行洞察和去神秘化的程度。具體而言，剝削是農民在每日生活中經歷和體驗的，不需由外人教給他們剝削的概念。

第二，霸權理論經常混淆何為不可避免的與何為正當的區別，而這種錯誤從屬階級是很少會犯的。出於暴力強制下的、實用性的順從和由於「虛假意識」（False-consciousness）而認同支配是完全不同的。[9]

8　Scott, James C., *Weapons of the Weak: Everyday Forms of Peasant Resistance*, Yale University Press, 1985, pp. 289–303..
9　這種不同即斯科特所表達的農民的沉默是鎮壓造成的沉默而不是共謀的沉默。

第三，根據定義，一種霸權的意識形態必須表現為一種理想狀態，因而必然造成（霸權的內在）矛盾，它可以被批評但要使用它自己的話語。就此而言群眾激進主義的意識形態來源既可以在主流意識形態內部尋找，也可以在其外部尋找。從屬者可以用支配者的承諾、話語作為反抗支配的理由。

第四，對幾乎任何明顯的革命的群眾運動的歷史考察都表明，目標的確定通常是有限的而且多帶有改革色彩，儘管為達到目標所採取的方式可能是革命性的。因而，「工團意識」（Trade Union Consciousness）並非如列寧所稱是革命的主要障礙，而是其唯一可能的基礎。工團意識和改良主義也同樣是政治性鬥爭[10]。

斯科特更廣闊的意圖是要闡明如何在權力關係中理解和解釋從屬群體的難以捉摸的政治行為。「隱藏的文本」不僅是幕後的惱怒和怨言，它也是為減少佔有而在實際上被實施的行動──「弱者的武器」（偷竊，裝傻，偷懶，逃跑，放火等）。隱藏的文本不僅闡明或解釋了行動，它還有助於建構行動。關鍵在於，反抗的實踐與反抗的話語相互依存與維繫，構成底層政治的領域和獨特性。

梳理和理解底層政治研究的經典理論，有助於我們去除窮人非政治化的幕障。將窮人排除在政治世界之外，抑或他們也自甘處於界外，不願涉及政治事務，是造成「肉食者謀之」的政治壟斷和政治冷漠的大患，也是背離現代政治文明的落後之舉。

10　Scott, James C., *Weapons of the Weak: Everyday Forms of Peasant Resistance*, Yale University Press, 1985, pp. 304–350.

對普通人而言，生存就是政治，有尊嚴地生存更是政治

什麼是政治？我們不妨先放下科學嚴謹的定義，從日常生活世界出發。我們每日的生活、我們的生命歷程、我們如何與同屬一類的他人相處，是由政治安排決定的。這一安排是好還是壞，是合理還是不合理，是公正還是不公正，關乎我們的生活質量，因而政治也是關於是非正誤的常識。現實中的悖論是大多數人對政治不感興趣，認為政治是政治家們特有的事業；甚至許多社會精英——在商言商的企業家、術有專攻的專業人士、知識分子、作家藝術家、媒體人士……都不約而同地逃離政治，這也稱得上是一種「中國特色」。除了如前所述中國社會曾全面被政治宰製所造成的心有餘悸之外，另一重要原因在於，我們並未真正理解政治的本質以及政治與日常生活的關係。事實上，若就人性的本質意義而言，我們既是社會的存在，我們因而也是政治的存在。你可能對政治沒有興趣，但政治對你卻很有興趣；你千方百計逃離政治，可政治卻時時在你身邊。

你的身份地位——包括你是官（尤其是相當級別的官）還是民，你出生在城市還是農村，你是官二代還是富二代、窮二代，你的性別是男還是女，決定了你在生活的方方面面得到非常不同的待遇，而這不同是制度安排也就是政治決定的。具體而言：

你住在單位福利房還是商品房、保障房、租用房、農村住房中，取決於你的出身、你的職業和你的財富狀況等。不同的居住格局反映了改革以來國家通過一系列政策安排和組合，對人們居住生活的重新佈局和建構，也因此而形成了不同的居住

群體，以及不同的身份政治，進而住宅成為當代社會分層的重要標誌。居住，這一最基本的物質生活內容，卻日益被塗抹上政治的色彩。都市住宅形態的演變，基於商品住宅私人產權誕生的業主群體，以及各種各樣的人群為維護自身居住權利而蔓延開來的都市運動，最直接地映射出轉型期日常生活的政治。因而居住和與居住有關的活動不再僅僅是個人日常生活的微小實踐，而是往往直接演變成一種政治行為。不同的居住形態歸根結底所反映的是居民之不同的體制身份、社會地位和資源來源，其背後的根本問題則是權利問題，因而歸根結底是市場、國家與公民的關係問題。

飲食，最為直接地滿足生存需求的物質，依然與政治密切相關。作為窮人，是否能夠裹腹，是否可攝入足夠量的營養，在饑荒之年能否活下來，不是取決於自然而是取決於政治。著名經濟學家阿瑪蒂亞·森（Amartya Sen）的「饑荒的政治學」以「着眼於現實」的方式雄辯地論證了「為什麼運行良好的民主制度可以免於饑荒」這一命題，森指出：「事實上，饑荒的發生與統治形式有着特別密切的聯繫」，「只要公共政策得當，一個物質豐裕的現代世界是完全能夠杜絕饑荒發生的」；「貧困必須從可行能力剝奪的角度來理解。因此，消除貧困以致防止饑荒發生最終就必須落實到提升個人的可行能力，從而擴展人們所擁有的實質自由」[11]。

日常生活中的飲食，同樣與政治有關，以當下人們頗感焦慮的食品安全問題為例，如何面對食品安全危機，本身就是制度安排造成的社會分層的體現。如果是位高權重的官員或者就

11　阿瑪蒂亞·森，《正義的理念》，中國人民大學出版社，2010年；阿瑪蒂亞·森，〈民主價值觀放之四海而皆準〉，《當代中國研究》總第69期，2000年第2期；吳瑞財，〈阿瑪蒂亞·森的饑荒政治學〉，《讀書》，2013年第7期。

職於體制內重要部門，他們可以享受到單位特供系統提供的綠色無公害食品，放心食用而且物美價廉；如果屬於城市中的中產階層，他們有比較高的收入可以買得起高價的糧食、蔬菜、水果、肉蛋等，以保證自己和家人的安全飲食；如果是種植農產品的農民，他們許多人會種一小塊不施農藥化肥的自己食用而把大量非綠色農產品賣到城裏；但如果是城市中的貧困人口和進城打工的農民工，他們就只能聽天由命吃自己能吃得起的食物，甚至不能保證自己年幼孩子所食奶粉的安全。不同的社會階層用各自的方式解決食品安全問題，窮人無力解決這一問題，這當然是政治。

除了居住和飲食，其他生存問題亦然。當你生病的時候，是否能夠得到相對公平的醫療資源的救治，這是政治問題；當你老邁之時，是否老有所養，能否得到公平的退休金待遇還是受到不公正的養老雙軌制待遇，這是政治問題；你作為納稅人，是否被合理地課稅，你是否知道你繳納的錢用作何處，這也是政治問題；你若觸犯了法律，是不是能依法得到公正的審判，這還是政治問題。你是否真正享有了信仰的自由、言論的自由、結社的自由、免於匱乏和免於恐懼的自由，你是否不會因為出身、族群、性別、年齡、性取向等而受到歧視與不公正待遇，簡而言之就是不僅能夠活着而且能過一種有尊嚴的生活，這當然是政治問題，而且對一個社會中包括窮人在內的所有成員來說，都是政治問題。

斯科特等研究者早已注意到弱者為生存而進行抗爭所形成的底層政治特點：它們幾乎不需要協調或計劃，而是利用心照不宣的理解和非正式的網絡；通常表現為一種個體的自助形式；避免直接地、象徵性地對抗權威。了解這些為爭取生存權的平凡的反抗形式更有利於理解農民長期以來為保護自己的利益對抗或保守或進步的秩序所作的一切。而正是這類反抗長期

以來是最有意義和最有效的[12]。斯科特還着重討論了農民非政治化的另一種表現即對支配的順從或「共謀」(complicity)。他認為有必要區分「虛假意識」造成的順從和強制性暴力造成的不反抗，在很多情況下，底層的沉默是鎮壓造成的沉默而不是共謀的沉默。在強大的經濟佔有、政治統治和意識形態支配情境中，農民運用屬於自己的「弱者的武器」和「隱藏的文本」，以堅定而強韌的努力對抗無法抗拒的不平等[13]。

這裏值得注意的是斯科特對於日常形式的反抗與統治意識形態之間微妙關係的探究，他並不否認馬克思關於「統治階級的意識形態就是統治的意識形態」的經典論斷，但他更為強調的是，認清在何種程度上統治階級能夠將自己的公正社會秩序的想像，不僅強加給被統治階級的行為，而且強加給他們的意識。換言之，底層能否擁有自己獨立的意識？斯科特的研究表明，恰恰因為有「隱藏的文本」存在，從屬群體可以撐開一方自己的政治與意識空間。正是從這樣一個角度，斯科特表達了對「虛假意識」、「霸權」和「神秘化」的有限同意和反思性批判──從屬群體以「隱藏的文本」對「公開的文本」進行洞察和解構。

底層政治的理論有助於啟發我們如何從日常生活出發，立足於物質基礎，賦予窮人政治地位。這裏有一個從物質利益訴求走向政治訴求的過程，我們早晚要意識到，我們共同生活在一定的制度框架中，因而我們就生活在政治裏，我們無可逃避地就是政治性動物。所有的統治者都希望被統治者不關心政治，而當大家都埋頭生活而不關心政治時，政治就成為強者獨享的獲取暴利的工具和壓制異端的利器，而大多數普通人必然

---

12 Scott, James C., *Weapons of the Weak: Everyday Forms of Peasant Resistance*, Yale University Press, 1985, pp. xv–xxii.

13 Scott, James C., *Domination and the Arts of Resistance: Hidden Transcripts*, Yale University Press, 1990, pp. 1–16, 108–135.

成為被榨取被宰製的「弱肉」。長久以來的意識形態灌輸，包括缺失了獨立自由精神的教育、對歷史有意識地歪曲與忘卻，以及模糊人們的是非觀念等，都是在製造非政治化的統治對象。

公民權利的政治學

窮人是物質匱乏之人，而物質之匱乏來源於權利匱乏；窮人之所以貧和弱，是因為權利的缺失。我們知道，任何社會都會存在分化和差異，人們在物質財富的佔有方面、在享受生活的舒適程度方面不可能平等，但在享有權利和機會方面則應完全平等。一個以公平正義為基礎的和諧社會並不是絕對公平的社會，而是人們能夠在其中正常生活的社會，是基本保持底線公平的社會。正如著名學者阿瑪蒂亞‧森明確指出的：「讓我們難以接受的，並不是意識到這世上缺乏『絕對的公正』——幾乎沒有人會這樣指望，而是意識到在我們的周圍存在着一些明顯可以糾正的不公正……這些人並不是在追求實現一個絕對公正的社會，但他們的確更希望盡其所能地消除那些顯而易見的不公正。」[14]

窮人的貧困和沒有能力改變貧困只是問題的表層，問題的實質在於那些「顯而易見的不公」，在於他們的合法權利沒有得到保障，而權利的缺失則是一系列制度安排諸如身份戶籍制度、土地制度、社會保障制度、社會救助制度等造成的，而這些制度安排能否改善，又是與人們能否表達正當的利益訴求、公權力是否受到限制等更基本的制度聯繫在一起的。意識到貧困與權利的關係需要一個過程，權利意識的覺醒常常是從具體

---

14 參見阿瑪蒂亞‧森為《正義的理念》（中國人民大學出版社）一書所寫的序言，王磊等譯。

的物質利益或經濟權利向公民權利的延展。以一些城市社區的業主維權為例，我們可以看到：

在維權的實踐過程中，行動者的權利意識是在一定的組織動員和逐漸形成的社會網絡中建立的，在各種類型的維權群體中存在着不同層次和不同程度的權利意識：包括從具體的土地使用權、房屋產權、公共空間使用權和收益權，到更具普遍性的表達權、團結權等公民身份與公民權利的意識。維權行動者不僅為自身的合法權益而抗爭，而且在抗爭過程中學習如何界定私權和公權的邊界，如何進行公民的正當的理性的表達，例如包括私房主在內的各類被拆遷戶的上訪、訴訟行動。維權實踐還有助於行動者學習如何適應一種建立在相互權利基礎上的社會自組織和公共生活，尤其在新建小區業主的維權運動中，建立業主組織並與政府組織和市場組織形成制衡關係也是行動的重要指向。這是一個從產權訴求走向公民權訴求的過程。

作為行動者的業主和居民，在維權過程中經歷了從被動者到主體的轉變，其主體性是在抗爭實踐中生成、形塑的；這也是公民意識與公民社會的生產過程。例如北京市的「萬人訴訟」，至今已經持續十幾年之久，可作為公民生產的突出案例。一群普通的市民，面對自己合法權利的被剝奪被侵害，以理性、智慧特別是極大的勇氣依法維權，這同時是公民成長的過程[15]。

今天在很多領域、很多地方都明確提出了為窮人還權賦能的主張，而還權賦能一方面要有制度設計和實施的變革，另一方面還須通過公共生活和社會參與，使包括窮人在內的普通人真正具有政治地位。

15　郭于華、沈原，〈居住的政治〉，《開放時代》，2012 年第 2 期。

這首先需要人們理解私人生活與公共生活的關係。正如阿倫特所指出的，每個人的存在都展現在兩種生活領域中，一個是私人生活領域，另一個是公共生活領域[16]。前者是滿足個人生活的需要和由欲望所驅動的領域，家庭生活以及個人獨有的、僅僅關涉到自己生活的事務都屬於私人領域；後者則是通過追求公共福祉、維護公共利益而表現的公共行動領域。這就是說，日常生活以家庭生活為基點來展開，並構成主要的私人生活領域。但是這種私人生活領域本身也具有實現向公共領域轉化的潛能。

　　通常而論，家庭生活是非政治的，公共生活則是政治的，政治就表現在公共性中。公民對公共生活的關注通過公民行動而表現，這就是思、言、行。在公共領域中的思想、言說和行動表現了公民個人的公共精神。實際上，公共生活空間是每個人自我展示的空間，而自我展示的方式是通過公共的思想、言說和積極的行動來實現的[17]。公民對公共事務的理性的自由討論和公開言說是公共領域存在的條件和表徵。

　　對於每個人而言，正是因為有了公共生活的長期薰陶和滋養，才使得他們的公民性（civility）獲得發展和提升，從而建構起一個具有高度自治意識和自治能力的日常生活領地。這種日常生活領地通常也成為人們抵制體制「殖民化」的主要源泉。正如哈伯馬斯所言，「系統對生活世界的殖民化」是現代社會所面臨的一個重大的理性化危機[18]。在當代西方社會，唯有重建日常生活世界才能使現代社會朝着更加健康的方向發展。

16　漢娜・阿倫特，《人的條件》，竺乾威等譯，上海人民出版社，1999 年，頁18。

17　同上，頁42。

18　尤爾根・哈伯馬斯，《交往行動理論》，洪佩郁等譯，重慶出版社，1994 年，頁205。

就中國社會而言，新中國建立之初的政權是一個全能主義的政府，力圖實現對社會的全方位控制，居民的衣、食、住、行都由國家負責提供和管理。城市通過單位制度、農村通過人民公社制度而有效地實現了對城鄉社會的高度統轄。這些表明在我們的國家中從一開始就少有真正的私人生活領域。隨着後續一系列政治運動的展開，居民的日常生活被進一步政治化，充滿了意識形態的渲染和裹挾，到文化革命而至其極。那時，真正意義上的日常生活，即人們自組織的社會生活不復存在，政治話語滲透到家庭之最為隱秘的領域。改革開放之後，隨着「自由流動資源」和「自由活動空間」的出現[19]，中國民間社會得以稍稍成長，居民自組織的日常生活才逐漸獲得了較大的空間。然而，雖說這種生活空間是在市場化改革中由國家主動釋放出來的，但國家卻從來就沒有放棄對它的控制權和主導權。不難發現，至少是在改革以後的城市基層結構，一方面顯現出社會自我發育的某種跡象，另一方面則是基層國家政權建設的日益增強。這表明，無論是改革前，還是改革後，中國社會背景下人們的日常生活始終充滿和彌漫着國家權力的滲透、構造和把握，從而使得人們的日常生活變成了一種國家事務，並成為國家治理的重要內容。

　　圍繞着人們的物質生活和經濟利益，不同利益主體之間的社會分化與利益博弈日漸浮現並趨於顯著，而這一利益博弈和社會抗爭過程鮮明地體現着中國社會轉型過程中國家、市場、社會之間複雜的互動關係。因而，私人生活空間不僅由於前述的身份政治而具有了政治內涵，而且因為利益的保護和利益訴

19　孫立平，〈自由流動資源和自由活動空間——論改革過程中中國社會結構的變遷〉，載《探索與爭鳴》，1993年第1期。

求的表達而導致公民權利意識的覺醒與公共生活的形成，公民的意識與公民的有組織行動當然構成政治生活的重要內容。

以主體方式參與公共生活，言說與行動具有優先於結構的重要性。阿倫特認為，行動根植於人的多樣性和獨特性，而通過「言」與「行」的展示，我們得以進入人類世界這個「公共領域」（polis）。公共領域是行動和相互交談的場所，言與行（word and deed）是創造公共領域的能力，這是一個自由的領域，一個「真正的人」的領域。阿倫特一語道破公共性與政治的關係：「極權主義的問題不在於政治的擴張，而在於政治的消亡，那些在自然的、政治的或者經濟的『規律』面前無所作為或者隨波逐流的人，是在放棄自由的可能性」。正是由於沒有政治自由就不可能有真正的公共生活，因而阿倫特讚美雅典城邦，認為其特殊意義在於，「由於雅典人在一起行動和說話，雅典成為一個人民的組織」[20]。在阿倫特意義上，唯有為權利而進行的表達與行動才是積極生活，也才是真正的政治。公共生活的政治性就在於，公民的參與有賴於人的政治自由，也實現了人的政治自由。

公平正義的好社會不會自己從天而降，它需要所有的社會力量的參與、追求和奮力。阿瑪蒂亞・森指出：公正最終是與人們的生活方式相關，而並非僅僅與周遭的制度有關。我們認為，過於關注制度方面（假定行為處於從屬地位），而忽略人們的實際生活，是有嚴重缺陷的。研究公正問題時，關注實際的生活對理解公正理念的本質和影響範圍具有深遠的意義[21]。這道

20　漢娜・阿倫特，《人的條件》，竺乾威等譯，上海人民出版社，1999年，頁18。轉引自徐賁，《人以什麼理由來記憶》，吉林出版集團有限公司，2008年，頁57。
21　參見阿瑪蒂亞・森為《正義的理念》（中國人民大學出版社）一書所寫的序言，王磊等譯。

出了個體與社會的關係、行動相對於結構的重要性。公民的行動以人的自由、尊嚴以及積極進取的主體性為基礎，以人的自我啟蒙為條件。由此，個人才不再是孤獨冷漠絕望的個體，而是阿倫特意義上的公民——承擔作為公民的責任，為自己的權利負責，為公共事務負責，與其他社會成員分享分擔社會責任。公民的覺醒與能動性——公民的勇氣、公民的能力和公民的智慧是社會活力與改革動力的不竭之源。

從行動的政治性和行動社會學的視角來看，為擺脫貧困而進行的努力，就是保護作為生存權的人權。因而，為了生存和有尊嚴地生活進行表達與行動並追求社會公正，對於窮人而言就是最大的政治。同時，社會權（社會經濟權利、社會福利與保障權利）的實現也是政治的應有之義：人們在追求好的生活質量的實踐過程中，會發現物質利益的追求和維護與社會公正、憲政民主、公民社會有着密切的關係，維權的實踐終會走向政治。

政治對所有人而言至關重要，對窮人來說更是如此。

參考文獻

清華大學社會學系社會發展研究課題組，〈以利益表達制度化實現社會長治久安〉，《領導者》總第33期，2010年4月號。

清華大學社會學系社會發展研究課題組，〈走向社會重建之路〉，《戰略與管理》，2010年第9/10期合編本。

郭于華、孫立平，〈中國的機會結構與社會公正〉，《共識網》，2011年11月，http://www.21ccom.net/articles/zgyj/gqmq/2011/1117/48934.html。

麥克·布洛維，《公共社會學》，沈原等譯，社會科學文獻出版社，2007年。

賴特·米爾斯著，《社會學的想像》，張君政、劉鈐佑譯，台灣巨流圖書公司，1996年。